智慧图书馆

技术及应用

张海波　编著

河北科学技术出版社

图书在版编目（CIP）数据

智慧图书馆技术及应用 / 张海波编著. -- 石家庄 :
河北科学技术出版社, 2020.5
ISBN 978-7-5717-0341-7

Ⅰ. ①智… Ⅱ. ①张… Ⅲ. ①数字图书馆—研究
Ⅳ. ①G250.76

中国版本图书馆CIP数据核字(2020)第066632号

智慧图书馆技术及应用
ZHIHUI TUSHUGUAN JISHU JI YINGYONG
张海波　编著

出版发行	河北科学技术出版社
地　　址	石家庄市友谊北大街330号（邮编：050061）
印　　刷	北京军迪印刷有限责任公司
经　　销	新华书店
开　　本	787×1092　1/16
印　　张	19.25
字　　数	292千字
版　　次	2020年5月第1版 2022年8月第2次印刷
定　　价	78.00元

前　言 QIANYAN

图书馆是人类文明的标志之一，作为重要的公共文化服务机构，承担着传递科学情报和提供信息资源的责任。

从历史发展的角度来看，图书馆从最初重在藏书的传统图书馆，经过自动化图书馆、复合型图书馆、数字图书馆发展阶段，目前已经进入了智慧图书馆阶段。

智慧图书馆是随着智慧城市概念及其理念的推广并逐渐深入人心，成为图书馆领域研究热点的。智慧图书馆在图书馆发展史上将具有革命性的意义，必定会彻底改变图书馆的建设方式、服务理念和服务领域。

时至今日，业内对智慧图书馆的概念及技术都进行了深入研究，获得了骄人业绩，对促进智慧图书馆的建设和发展具有重要的意义。但目前对智慧图书馆的概念、架构以及怎样建设智慧图书馆等方面还仍有分歧。

本书主要在以下几个方面做了一些工作：

第一，提出了一种智慧图书馆的定义。认为目前应更多强调"智能说"，智慧图书馆应该是图书馆的"全面"智慧化，智慧图书馆对读者要做到"我懂你"，对馆员要做到"我帮你"。在梳理目前智慧图书馆概念的基础上，提出了一种新的智慧图书馆定义，并指出智慧图书馆的概念应该随着技术的发展而发展。

第二，根据提出的智慧图书馆定义，以高校为例提出了一种新的智慧图书馆功能架构。认为智慧图书馆的建设应涉及物联网、共享数据中心、云计算、数据挖掘、大数据、人工智能等技术。

第三，结合智慧图书馆的功能架构，把与智慧图书馆的相关研究进行了梳理和论述，并从技术的角度提出了新的智慧图书馆建设设想。

本书章节安排如下：

第一章智慧图书馆的概念及技术架构。根据图书馆的根本宗旨，结合智慧图书馆概念最新的研究成果，提出了一种新的智慧图书馆定义，并强调该定义以后要随着技术的发展而发展，随后对智慧图书馆的特征以及智慧图书馆和数字图书馆之间的区别和联系进行了论述，并对目前智慧图书馆的架构进行了梳理，以高校图书馆为例提出了一种新的智慧图书馆功能架构。在该架构中，智慧图书馆的建设涉及物联网技术、共享数据中心、云计算技术、数据挖掘技术、大数据技术和人工智能等技术，全书以此架构进行展开论述。

第二章物联网技术及应用。物联网技术在图书馆获得了广泛的应用，物联网技术不仅为图书馆的各种业务提供支撑和服务，并且是图书馆重要的数据来源。本章对射频自动识别技术、蓝牙技术、Wi-Fi 技术、ZigBee 技术、Beacon 技术、NFC 技术等进行了介绍，并对其在图书馆的应用做了论述，对几种常用的室内实时定位技术进行了比较。

第三章共享数据中心。为了解决图书馆信息系统之间的“信息孤岛”问题，同时为大数据分析打下基础，提出了图书馆需要建设图书馆层面的共享数据中心。对高校图书馆来说，不仅需要把图书馆自己的各个业务系统的数据进行数据交换和统一管理，而且还需要对高校的其他系统，比如一卡通、教务、学工、科研等系统的一些数据进行交换并整合到图书馆的共享数据中心，实现对这些数据的统一管理。通过对共享数据中心的数据标准、数据交换及工具、数据治理等技术进行论述和分析，提出了一种以图书馆共享数据中心为基础的应用系统集成建设思路。

第四章云计算技术及应用。在智慧图书馆的建设中，云计算技术担当着重要的角色，只有利用云计算技术，才能对图书馆积累的海量数据或正在产生的数据进行及时处理和分析提供足够的存储和计算能力的支撑，为全面实现图书馆的智慧化打下基础。本章对云计算的分类和特点、云计算的架构、云计算支撑技术、云计算软件产品、云计算在图书馆中的应用、新一代图书馆服务平台系统、图书馆行业云、图书馆私有云等几个方面进行了论述。

第五章数据挖掘技术及应用。图书馆运用数据挖掘技术不仅可以对图书馆应用系统的数据和日志数据进行挖掘，而且还可对图书馆的信息系统本身进行数据挖掘，甚至对网上的一些公开的网页或数据进行数据挖掘，从中发现有价值的知识和读者个性化的需求，从而为图书馆的管理和决策提供服务，为不同读者主动提供满足其需求的个性化服务。本章对数据挖掘的概念、数据挖掘技术的分类、数据挖掘工具、图书馆的数据源、数据挖掘在图书馆管理和服务方面的应用、Web 数据挖掘技术、流通数据挖掘技术等几个方面进行了论述。

第六章大数据技术及应用。大数据技术是智慧图书馆建设中必不可少的技术，本章对大数据技术进行了概述、同时对 Hadoop 及相关平台、大数据技术图谱、大数据技术在图书馆的应用等几个方面分别进行了论述。其中的大数据图谱把大数据技术按其功能分为数据采集和传输、消息系统、文件系统、内存技术、存储和数据库系统、数据计算与处理、查询引擎、分布式资源调度、机器学习平台、分析和报告工具、其他相关技术等十一个子类，并对每个子类的代表性的工具或平台进行了论述；在大数据技术在图书馆中的应用方面，分为综合应用、管理与决策、服务创新、个性化推荐等四个方面进行了论述。

第七章人工智能技术及应用。人工智能技术是最接近实现智慧图书馆的信息技术，如果要实现图书馆的智慧化，必须采用人工智能技术。论述了人工智能的概念、学派和层次，然后分别从文本智能、语音智能和视觉智能三个方面对人工智能的技术进行了论述，结合以上技术，对人工智能在图书馆的应用进行了梳理和分析。最后论述了一个应用案例——基于情感感知的面料图像数据库系统。

第八章智慧图书馆建设。首先对智慧图书馆的建设，结合大数据和人工智能技术进行了论述和讨论，另外论述了智慧图书馆建设需要考虑的因素。

在本书的编写过程中，参考和引用了大量的文献和资料，多数在文后参考文献中列出。由于有些网上的资料没有显示作者的真实姓名，所以本书把这些网站的名称列在参考文献的作者位置。另外，对一些来自产品官方网站或官方资料的，没有在参考文献里标出。在此向这些文献和资料的原作者、出版单位、所属单位表示感谢！

本书的部分成果获得“北京服装学院服装材料研究开发与评价北京市重点实验室”的经费支持，在此表示感谢！

中国人民大学图书馆张丹东副馆长对本书的初稿提出了宝贵的修改意见，本书的编写过程中受到领导和同事们的大力支持，在此表示感谢！

由于作者知识水平有限，书中难免有不妥之处，恳请广大读者批评、指正。

张海波

2020年1月

目　录 MULU

第一章　智慧图书馆的概念及技术架构

智慧图书馆的建设一般要考虑人、技术、资源、空间、管理和服务等因素。本书着重从技术的角度对智慧图书馆进行探讨。为了理解智慧图书馆的技术架构，找到智慧图书馆建设的思路，本章从图书馆的根本宗旨出发，认为图书馆最根本的宗旨是为读者进行服务；在此基础上，探讨了智慧图书馆的概念，指出“智能说”是目前尤其需要强调的观点，对智慧图书馆的概念进行了再认识，同时对数字图书馆和智慧图书馆进行了对比分析；然后对目前智慧图书馆的功能架构或顶层设计进行了分析和比较，指出需要完善的不足之处，最后以高校图书馆为例，从技术层面提出了一种高校智慧图书馆的功能架构，并对该架构进行了分析和讨论。

1.1　图书馆的根本宗旨

人类的图书馆史几乎跟人类的文明史一样悠长。据考证，最早的图书馆至今已经有 4000 年左右的历史。人们区分古代图书馆、近代图书馆与现代图书馆的最主要的标准并非是文献的载体形式和信息内容，也不是信息技术和管理模式，而是图书馆的办馆理念与办馆宗旨[1]。

《汉语大词典》对“宗旨”一词的解释是：①佛教的教义。佛教一般于解释经论时，多称旨趣为宗旨或宗趣。后多指主要的目的和意图。②主要的思想和意图[2]。这是现在最常用的一个释义。很明显，图书馆的办馆宗旨就是图书馆工作的主要思想和意图。

关于现代图书馆的根本宗旨，文献［3］认为：在各类图书馆中，读者工作是直接面对读者的第一线工作，是图书馆工作的前哨。“读者第一、服务至上”，一切为了读者，千方百计满足读者的需求，这是为读者服务的关键所在。文献［4］认为：一切为了读者，是图书馆工作的根本宗旨，是图书馆一切工作的出发点和归宿。读者工作做得怎样，是衡量一个图书馆办得好坏和办馆水平高低的重要标志。文献［5］直接提出了为读者服务是图书馆工作永恒的宗旨。文献［6］认为：搞好读者服务工作是图书馆工作的灵魂与宗旨。文献［7,8］认为：图书馆应坚持“以人为本”这个宗旨，把满足读者需求和优质服务作为立足点和归宿点。

一些高校图书馆在馆简介或馆长寄语中也提出为读者服务的观点，比如：北京大学图书馆的“用户导向、服务至上”，清华大学图书馆的“读者为中心、服务为主导”，南开大学图书馆的“服务师生为宗旨”等。文献［9］认为高校的图书馆只有贴近教学、科研和读者，图书馆的服务才有针对性；它必须立足高起点，立足社会效益，才能在为读者服务的过程中，实现自己的价值，获得长久生存的主动权。

总之，简单地说，图书馆的宗旨离不开服务，无论是高校图书馆还是社会图书馆，其最基本的宗旨就是：为读者服务。

对图书馆来说，其对读者的服务是没有止境的，为读者提供服务是图书馆的一项长期的任务。尤其在信息化时代的今天，为使图书馆的服务跟上时代的步伐，需要图书馆人在实践中不断总结经验，发现问题，不断提高服务手段，完善服务内容。图书馆工作的核心规范应该是服务，也就是说图书馆制定各种工作规范都应该以服务为核心，即全员服务读者。并围绕这一核心服务对象，建立一整套服务制度，要始终贯彻“读者第一，服务至上”这一宗旨[10]，并在读者服务的深度、广度上，不断开放改革、创新拓展服务新领域。要热爱读者，尊重读者，对读者视若亲人，一视同仁。除此之外，图书馆馆员还要做到以读者的需要为己任，尽最大努力满足读者的需求。

但在实际场景中，有些读者也会体验到图书馆的服务有好坏之分，“人难看，事难办”是服务，“读者第一，服务至上”也是服务。图书馆的大多馆员主观上都希望提供好的服务，都希望做到“读者第一，服务至上”。在付出饱满的热情和辛勤的劳动以后，在一定程度上肯定会获得读者的认可。但有时也不尽如人意，比如有时馆员自己想提供的、可以提供的服务未必是读者需要的；读者自己需要的，未必能快速、有效地在图书馆找到。这时图书馆的建设只有赶上信息化时代的潮流，广泛运用现代科学技术，通过电子化、网络化、数字化、智能化等成果，为广大师生提供高水平的服务，满足读者的迫切需求。

从某种意义上来说，图书馆已经经历了办公的网络化、资源的数字化、管理的信息化过程，而目前进入了智慧化的阶段。这里所说的网络化主要是指图书馆有了局域网、互联网等网络条件；数字化主要是指资源的数字化并建立了各种数据库系统；信息化是指图书馆建立各种信息系统，包括办公、业务、电子资源库、知识库等系统。而目前进入的智慧化时代，是图书馆发展史的必然选择，是在过去发展成就基础上的再一次蜕变和升华，智慧图书馆的建成可为读者提供更加优质的服务。

1.2　智慧图书馆的概念

"智慧图书馆"（Smart Library）一词，最早出现的文献可追溯到 2003 年，芬兰奥卢大学图书馆的 Aittola 等人，在人机交互移动设备国际研讨会上发表的论文提出：智慧图书馆是一个不受空间限制，可以被感知的移动图书馆[11]。2008 年 11 月，国际商业机器公司（IBM）总裁兼首席执行官彭明盛发表了"智慧地球，下一代的领导议程"演讲，首次提出了"智慧地球（Smarter Planet）"这一概念，受到各界的高度关注[12]；"智慧"的思想自此迅速扩散至全球，"智慧国家""智慧城市""智慧校园"等概念开始兴起，"智慧图书馆"也由此应运而生。

目前，智慧图书馆建设处于起步发展阶段，具有创新性和前沿性[13]。智慧图书馆是一项融合多学科、多技术的综合性系统工程，将成为图书馆创新、转型和可持续发展的新理念和新实践。作为图书馆界热议的话题之一，"智慧图书馆"的建设与发展引发了业内专家学者的深入讨论。

1.2.1　智慧图书馆的定义

当前对"智慧图书馆"的定义概括起来大约有五种代表性的学说，包括感知说、模式说、人文说、要素说和智能说[14]。

（1）感知说。文献［15］认为智慧图书馆应该是感知智慧化和数字图书馆服务智慧化的综合。文献［16］认为智慧图书馆是指通过物联网等智能感知技术，为用户提供智慧化服务和管理的一种数字图书馆的高级发展形态。并且认为智慧图书馆是数字图书馆发展到一定阶段的产物，是物联网技术在数字图书馆广泛应用的集中体现，也是数字图书馆发展的最终目标。

（2）模式说。文献［17］认为智慧图书馆就是以一种更智慧的方法，通过利用新一代信息技术来改变用户和图书馆系统信息资源相互交互的方式，以便提高交互的明确性、灵活性和响应速度，从而实现智慧化服务和管理的图书馆模式。并提出，智慧图书馆 = 图书馆 + 物联网 + 云计算 + 智慧化设备，它通过物联网来实现智慧化的服务和管理。

（3）人文说。文献［18］认为智慧图书馆是由技术专家和人文学者构成的图书馆员，在物联网背景下，通过智能化设施，充分利用各种信息资源，为读者提供信息资源服务的新型图书馆。

（4）要素说。文献［19］认为智慧图书馆是物联网技术集成现有数字化图书馆功能，通过云计算、虚拟化、协同交互技术等技术手段实现的能够进行智能知识学习的综合系统。文献［20］认为图书馆智慧应是以推动人的智慧活动过程为目的，充分融合与重构图书馆各要素来构建一个能激发人创造力的智慧学习环境。文献［21］认为智慧图书馆是一个智慧协同体和有机体，它有效地将资源、服务、技术、馆员和用户（五要素）集成在基于物联网和云计算为核心的智能技术的支撑下，通过智慧型馆员团队的组织，向高素质的用户提供发现式和感知化的按需服务。文献［22］认为智慧图书馆是围绕资源、技术、服务、馆员和用户五要素构成的知识生态系统，既要建立各要素相对独立的运行模式，又要建立使各要素相互依存的协作机制，履行知识保存、知识摄入、知识加工和知识升华等职能。现实需要在实践中从基本定义、架构规划、规范标准、服务机制、资源建设及空间设施等方面不断发展完善，使之成为一个智慧协同体和有机体。

（5）智能说。文献［23］认为智慧图书馆是智慧化的综合体，由智能技术、智慧馆员和图书馆业务与管理系统这三个主体要素相互融合发展而成，是智能技术和智慧馆员作用于图书馆业务和管理体系所形成的智慧系统。文献［24］认为智慧图书馆是图书馆数字化、网络化、智能化在特定历史阶段相互交融结合的产物，是数字图书馆、图书馆 2.0、大数据等理念与实践的延续、整合。

文献［25］总结道：智慧图书馆是以数字化、网络化、智能化的信息技术为基础，在广泛应用移动通信技术、物联网、云计算、数据挖掘等技术的环境下，不局限于物理基础设施的建设，以全媒体资源为核心，以提供智慧化的用户服务为目标，利用新一代网络技术、信息技术，实现海量资源共知共享的一种复合式图书馆新形态，具有网络化、智能化、数字化等特点，以实现建筑智慧化、资源智慧化、感知智慧化、管理智慧化、服务智慧化。

王世伟在文献［26—28］中先后对智慧图书馆做了比较全面的论述：数字化、网络化和智能化是智慧图书馆的信息技术基础，人与物的互通相联是智慧图书馆的核心要素，而以人为本、绿色发展、方便读者则是智慧图书馆的灵魂与精髓。智慧图书馆的六个核心要素：书书相联的图书馆、书人相联的图书馆、人人相联的图书馆、任何时间可用的图书馆、任何地点可用的图书馆、任何方式可用的图书馆；智慧图书馆的四个主要特征：数字化是智慧图书馆的技术前提，网络化是智慧图书馆的信息基础，智能化是智慧图书馆的管理特征；智慧图书馆的本质追求：绿色发展和数字惠民。

以上是一些比较典型的有关智慧图书馆概念的论述，其他的论述还有很多，不再一一论述。

1.2.2　“智能说”的崛起

五种学说从不同侧面对智慧图书馆的概念进行了论述，对推进智慧图书馆的建设和发展具有重要的意义。本书目前比较倾向于“智能说”，虽然“智能说”还不能完全概括智慧图书馆深刻的含义，但随着信息技术的发展，尤其是人工智能和大数据技术的跳跃式发展，是时候更多地强调这些新技术在图书馆中的应用了，并且至少 10 年以内强调智慧图书馆的“智能说”是没有太大问题的。比如，2016 年底，Gartner 公布了 2017 年十大具有战略意义的重大科技发展趋势，其中人工智能作为十大趋势之一被广为关注，十大趋势中甚至有三项（应用型人工智能和高级机器学习、智能应用和智能物件）就包含了“智能”这一字眼，可谓以“智能”为中心。从人工智能技术特征来看，人工智能技术区别于其他现代科技（如 IT 信息技术）的核心之处在于其具有的学习能力，特别是“自主性”的学习能力。在实际应用中，人工智能可提供的独特价值是借助其强大的计算能力，可以帮助人们发现存在的问题，把过去只能定性的问题定量化，发现不同对象关联的规则，发现事物未来发展的趋势[29]。前几年很多根本想不到计算机能做的事情，现在可以让计算机来做了。而随着人工智能和大数据技术应用的深入，在图书馆的应用会越来越多，图书馆将更加“智慧”。

《图书馆报》于 2017 年 9 月根据“2017 年中国高校图书馆发展论坛”做了“智能科技人文创新——关注智慧图书馆建设与发展”的专题[30]。该专题汇集了一些图书馆业内专家学者对智慧图书馆的看法和观点，从文内来看越来越多的专家强调信息新技术的应用，更加倾向于“智能说”。比如刘炜认为智慧图书馆是数字图书馆技术应用发展到一定阶段的自然属性，信息技术应用的高级形态就是智能化，一个智能化的图书馆反映在服务上就是智慧图书馆。杨沛超认为智慧图书馆的核心应该是智能技术的广泛应用，就如同数字资源及其服务是数字图书馆的主要特征一样。陈锐也强调：智慧图书馆是数字图书馆、智能建筑及其他新型智能技术的有机结合和创新。

1.2.3 智慧图书馆的再定义

智慧图书馆对应英文是“Smart Library”，“有道词典”解释 Smart 的形容词词义为：聪明的；巧妙的；敏捷的；厉害的；潇洒的；剧烈的；时髦的。最终把“Smart Library”翻译为“智慧图书馆”可以说真正体现了其英文的本意。

在继续探讨智慧图书馆概念之前，首先了解一下“智慧”和“知识”的含义。《现代汉语词典》解释的“智慧”是辨析判断、发明创造的能力。“智慧”是人对事物认识、辨析、判断处理和发明创造的能力，即人们为求得对外部世界客观事物的认识与改造，而在大脑中进行的辨析、推理、归纳、联想、想象等思维活动和能力。《现代汉语词典》解释的“知识”是人类的认识成果。知识来自社会实践。其初级形态是经验知识，高级形态是系统科学理论。按其获得方式可区分为直接知识和间接知识。按其内容可分为自然科学知识、社会科学知识和思维科学知识。相对于知识而言，智慧以“高于知识”的形态出现，或者说，知识是智慧的基础，智慧是知识的升华。因此两者之间是手段与目标、工具理性与价值理性的关系。

假如把图书馆看作“人”，近期也有专家学者把智慧图书馆拟人化进行比喻，中国索引学会副理事长叶艳鸣形象地把智慧图书馆概括为:“一个会猜想的图书馆，一个懂你心思的图书馆。”[31] 华中师范大学图书馆馆长李玉海也认为智慧图书馆应该像人一样，具有感知识别、学习思考、综合判断和响应执行的能力，即感知不同用户的请求，并准确分析考量他们的需求，通过计算处理，最终为用户提供有效、满意的解决办法[32]。对照图书馆提供服务的四个阶段：传统文献服务、信息服务、知识服务和智慧服务，那么可以得出一个“‘人’——图书馆”之间的对比表，如表 1–1 所示。

表 1–1　“‘人’——图书馆”之间的对比表

	“人”	图书馆
1	拥有初期经验的“人”	传统文献服务
2	拥有知识的“人”	信息服务
3	拥有系统知识的“人”	知识服务
4	拥有智慧的“人”	智慧服务

图书馆发展的四个阶段，就像一个人的成长一样，从“不成熟”“较成熟”到“成熟”的一个过程。再结合图书馆为读者服务这个根本宗旨，可以说在智慧图书馆这个阶段，图书馆就像一位“成熟而拥有智慧的人”一样为读者提供智慧化的服务。根据以上思路，再结合业内的一些看法或观点，在过去研究的基础上[33]，从技术的角度，初步给智慧图书馆下了一个版本 1.0 的定义：智慧图书馆是数字图书馆发展基础上的新的质变，它以人工智能、大数据为技术基础，在物联网、云计算、移动通信等技术环境和图书馆在全面实现信息化的前提下，以为读者提供更加优质的服务为目标，整合图书馆所有信息系统的数据以及相关系统的数据，通过大数据智能分析平台，在实现图书馆业务智能管理的基础上，最终实现智慧决策和管理以及全方位智慧服务。要做到这些，智慧图书馆的建设需要实现真正的完全数据交换、可用的全量数据共享中心；同时要做到数据为流程、为业务服务，反过来流程和业务能促进数据升值；在收集、整合、梳理数据（包括结构化数据、半结构化数据和非结构化数据）的基础上，通过建立大数据分析平台，利用人工智能和数据挖掘等技术寻求或挖掘大数据的价值；最终结合人工智能算法实现智慧决策和管理以及全方位的智慧服务[34]。

这里的“版本 1.0 定义”强调的是在可预见的时间内，以后随着技术的发展还会有更加完善和先进的定义。“相关系统的数据”包括几个方面，比如对高校图书馆来说，一是包括校内其他信息系统的数据，比如教务、科研、学工、一卡通等系统的数据；二是合作院校和主管部门等信息系统的数据；三是一些网上数据，比如当当网上纸质图书的信息及书评数据。

图书馆的服务经历了传统文献服务、信息服务、知识服务三个阶段后，又迎来了一个具有里程碑意义的发展阶段——智慧服务阶段。在这个阶段中，没有“最智慧”，只有“更智慧”。本文给智慧图书馆下了一个1.0版本的定义，但实际上目前智慧图书馆很可能还处于版本0.88的初级阶段，具有非常广阔的发展空间。

无论处于何种发展阶段，图书馆最根本的宗旨仍是为读者提供服务。所以说让图书馆具有一定的“智慧”最根本的目的还是为了给读者提供更加优质的、全方位的智慧服务，同时也为管理者、馆员提供智慧的决策和管理服务。而决策和管理服务的最终目的还是为了给读者提供更加优质的服务。那怎么才算是给读者提供优质的服务呢？评价指标可以简单地概括为三个字，“我懂你”。只有图书馆做到“懂”读者，才算具有了一定的“好”智慧，才能真正体现“以人为本，读者第一”的服务理念，才能真正让读者体验到“在家书房”的感觉，才能更好地和读者互动，才能更好地让读者主动或被动获取更多的知识。那怎么才算是“为管理者、馆员提供智慧的决策和管理服务”呢？也是三个字，“我帮你”。就是智慧图书馆要为管理者提供优质的决策服务，为馆员提供优质的管理服务[33]。

1.3 智慧图书馆的特征

文献［35］认为，智慧图书馆具有全面感知、互联互通、绿色发展、和智慧管理与服务四个显著特点。其中，全面感知与互联互通是智慧图书馆服务与管理的技术基础；绿色发展是智慧图书馆的可持续发展战略；智慧管理与服务是智慧图书馆的最终落脚点，也是智慧图书馆最显著的特征。

1.3.1 全面感知

图书馆借助物联网及相应的智能感知技术设备来完成全面感知，为用户提供智慧化服务和管理。文献［36］把全面感知分为：资源感知、人员感知、环境感知和服务质量感知四种。

1. 资源感知

资源感知可分为对馆内设备及纸质文献资源的感知和对数字资源的感知两种[37]。

对馆内设备及纸质文献资源的感知。对馆内设备及纸质资源的感知主要是依靠物联网技术，通过射频识别（RFID）、红外线感应、激光扫描、物体定位系统等软硬件技术，根据其特定的网络协议，将设备、纸质文献资源进行网络链接，与用户进行信息交换和通讯，从而实现对设备和纸质文献资源的识别、定位、跟踪和管理。

对数字资源的感知。随着搜索引擎技术的发展和进步，如何为读者在海量信息中准确高效地找到自己所需信息，从而提高读者查找资源的效率，是智慧图书馆建设必须考虑的一个问题，通过数据整合建立大数据分析平台，采用智能搜索算法也许是一个有效地让读者快速“感知”数字资源的捷径。

2. 人员感知

人员感知可分为对读者的感知和对馆员的感知[37]。

对读者的感知。对读者的感知也包括两个方面，一是对读者本体的感知，二是对读者兴趣与读者需求的感知。对读者本体的感知可以通过自动感知门禁、人物定位、馆内地图自动导引等来实现；而对读者的兴趣与需求进行感知则需要借助云计算平台和大数据分析等技术，根据读者的个人信息（比如年龄、专业、爱好等）、借阅信息等大数据，通过数据分析建立读者的资源喜好画像，从而实现对读者的需求感知，并可把每个读者所需资源自动推送给个人。

对馆员的感知。智慧图书馆阶段很多服务实现了智能化、自动化，但并不是不需要馆员提供服务了。不过这时馆员需要从职能型馆员向服务型馆员和专业型馆员转变，从而更好地为读者提供服务。智慧图书馆对馆员工作的各个方面感知、定位与读者感知相结合，通过智能寻呼系统等平台将二者相联系，实现馆员与读者交流与沟通的目的。

3. 环境感知

图书馆藏书众多，人员集聚，是一个加强安全保护的重要场所，尤其是在消防方面的防护更是重中之重。从馆藏保护角度来说，能够感知环境温度、湿度及光线对图书馆来说特别重要。特别是拥有古籍或者珍贵文献的图书馆，拥有能够自动监测、自动调节馆藏环境的基于物联网的图书馆智慧环境设备管理系统更是尤为必要。

在智慧图书馆阶段，图书馆可以依靠多种传感器模块实现图书馆环境的感知功能。感知系统可以自动检测空气质量，自动通风消毒，自动感知馆内温度湿度，可以防霉防虫；而智慧化消防安保系统则可以在地震火灾等危急时刻帮助工作人员引导人员疏散[38]。

4. 服务质量感知

图书馆用户服务质量感知是指用户期望图书馆服务的心理预期与实际感知到的服务绩效之间的对比。智慧图书馆建设的根本目的就是为了更好地为用户提供服务，所以说用户服务质量感知的效果非常重要，甚至可以用来评价一个智慧图书馆建设的水平。服务是图书馆永恒的主题，优质的服务、良好的用户体验永远是图书馆追求的目标之一。在智慧图书馆服务模式下，图书馆可以利用人工智能、大数据等技术，对用户服务质量进行感知、分析、测评，通过多种方式获得用户服务质量感知数据。并根据这些数据，相应地调整图书馆的服务内容与策略[39]。

1.3.2 互通互联

智慧图书馆的互通互联是指通过数字化、网络化和智能化的技术将读者与知识及图书馆的管理智能连接，实现知识的共享。通过知识的共享，馆员对知识进行智能管理，从而实现图书馆对读者知识需求的快速、高效、灵敏响应，为读者提供优质服务并大大节约了时间。互联互通主要表现为泛在化、聚合化、协同化三个特征[35]。

1. 泛在化

图书馆的“泛在化”是指无处不在的图书馆，包含即时获取图书馆服务、按需获取图书馆服务、任何人都能获取图书馆服务等，泛在图书馆理念的实践体现了图书馆的服务本质和社会使命，尤其在智慧图书馆阶段，服务更应泛在化。“泛在化”的理念是让全世界的任何读者，在任何时间、任何地点，都可获得所需的任何类型、任何格式、任何语种的信息资源或信息服务[40]。

时间方面。一般情况下，图书馆有开放和闭馆的时间，但图书馆可以通过网络提供全天候开放并为用户提供服务。在智慧图书馆阶段，可以让用户在时间上有更多的自由与选择，感到图书馆随时存在和可即时利用[26]。

地域方面。在互联网等各种通信网络支持下，用户在任何有网络链接的地点都可以通过终端设备访问图书馆的信息资源，使用图书馆提供的服务。智慧图书馆让用户感到图书馆的随地存在和便捷利用，真正成为用户身边的图书馆。

终端方面。智慧图书馆利用互联网提供的服务可以支持多种终端设备，用户可以使用台式机、笔记本电脑，也可以使用智能手机、平板电脑、掌上电脑等装置或设备，最大限度地体现用户获取图书馆服务的方式泛在性[41]。

2. 聚合化

图书馆之间、图书馆内部信息系统之间建立起跨系统应用集成、跨部门信息共享、跨库网转换互通、跨媒体深度融合、跨馆际物流速递的广泛联系[26]，实现了信息资源极大范围的聚合。

图书馆之间利用信息技术的支撑建立地区联盟、行业联盟或发展总分馆制，可以有效地解决图书馆信息资源的同质化问题。从而实现资金、人力、信息资源聚合，规模效应凸显。

3. 协同化

智慧图书馆利用信息网络技术提供动态交互的合作与服务平台。用户之间通过该平台可协同阅读、学习、研究或工作，同时用户和馆员之间也可以使用该平台进行读者问答、参考咨询等服务，实现用户与馆员之间的协同探讨，实时交互。

信息资源也要实时的协同更新。在实现共享数据中心平台的基础上，一旦一个系统的数据库的数据进行更新，其他相关系统也随之更新、更改；一馆信息资源变化，所有互联互通的智慧图书馆检索到的相关信息结果也发生变化。

1.3.3　绿色发展

绿色图书馆是指“在建筑物的全生命周期内最大限度地节能、节水、节财，减轻对环境的负荷，保护环境和减少污染，为读者提供健康、适用和高效的使用空间。”在设计时，通过精心选址、使用天然建筑材料和可生物降解产品节约资源以及负责任的废物处理等方式，最大限度地减少图书馆对自然环境的负面影响，并最大限度地提高图书馆室内环境质量。

图书馆是以服务为宗旨的公共文化设施，是硬件设施和软件设施相统一的有机体。为此，绿色图书馆的整体建构要素应当包括概念、建筑及相关配套设施、资源与信息系统、节能管理与低碳服务等常态化项目，环境审计、认证标准与政策则是绿色图书馆运营与发展的促进要素[42]。

在智慧图书馆阶段，绿色发展更应该是图书馆的可持续发展战略。智慧图书馆以可持续发展的思想为指导，提倡低消耗和无污染，合理利用自然资源，保护生态环境，追求人文、自然、健康与和谐。

从硬软件设施建设的角度来说，硬件设施建设主要指图书馆节能环保的建筑、和谐优美的内外环境建设以及技术先进的低能耗、无污染的硬件设备建设；软件建设主要指图书馆科学发展观、可持续发展观、和谐发展观、人文精神等绿色理念的倡导、树立以及在工作中的贯彻落实[43]。

1.3.4 智慧管理与服务

智慧图书馆的智慧管理和服务是坚持“以人为本”的核心理念，聚合各类图书馆的资源建立起了跨系统、跨空间的立体互联，打破物理上的时空限制，充分利用图书馆所具备的多种形态、方式的知识服务渠道来为读者提供高效快捷的智慧服务、为馆员提供智慧管理、为管理者提供智慧决策。智慧服务与管理是智慧图书馆最显著的特征。

1. 智慧服务

智慧服务是智慧图书馆贯穿始终的主线，其基本理念是促进用户的智慧生成，以培养用户在知识运用、驾驭、创新方面的能力为中心。智慧图书馆的服务理念就是坚持以人为本，为读者提供智慧服务，达到便民、利民、为民的根本目标。智慧服务是图书馆服务先后经历了文献服务、信息服务和知识服务的阶段后又上一个新的台阶所提供的服务，是知识服务的升华和深化。图书馆应具备智慧性、公共性、管理集群化和资源丰富性等基本特征才能实现智慧化的服务[44]。智慧服务包括无所不在、形式多样的主动服务、个性化服务、泛在化服务及人性化服务[35]。

文献［23］认为智慧图书馆对读者的智慧服务体现在六个方面，分别是：服务场所泛在化、服务空间虚拟化、服务手段智能化、服务方式集成化、服务内容知识化、服务体验满意化。

服务场所泛在化。图书馆通过引入物联网、通信等新技术，将图书馆打造成虚实结合的智慧感知空间，实现馆与馆、人与人、人与书、书与书之间的关联，使得服务在空间上得到了极大的拓展[23]。

服务空间虚拟化。图书馆通过引入虚拟现实和增强现实技术，建立具有虚拟现实功能的图书馆，从而拓展了图书馆的虚拟空间[23]。

服务手段智能化。高度智能化是智慧图书馆突出的特征之一，图书馆应该为用户提供更多的智能化服务[23]。比如，通过大数据和人工智能等技术对用户进行画像，从而得出每个用户的个性化需求，就可以有针对性地提供服务。

服务方式集成化。物联网技术可将图书馆纸质资源、人员和设备等要素整合、联系起来，形成了一个网状互联的图书馆集成系统，另外通过对图书馆各个信息系统进行集成和整合，建立统一的图书馆信息门户，对所有资源的访问和查询实现一键查询，从而实现用户在最短的时间内能够通过最小的成本获得所需要的资源和服务[23]。

服务内容知识化。图书馆采用数据挖掘和大数据分析等技术，从海量的数据中发现知识并将其转换为智慧和知识产品提供给用户[23]。比如这本书“比较受欢迎”“适合某专业的初学者”等知识，智慧图书馆把这些知识转换为智慧和知识产品提供给用户。

服务体验满意化。随着人工智能、大数据等技术的不断深入应用于图书馆，图书馆员的智慧服务能力会不断增强，智慧图书馆将不断适应时代的变化，为用户提供更加人性化、精准化的服务，更能体现图书馆的人文情怀和人文智慧，以满足和超越用户的期望，从而获得用户对图书馆的高度认可[23]。

2. 智慧管理

在智慧图书馆的智慧管理方面，可以分为为馆员提供智慧管理、为管理者（或领导）提供智慧决策两个部分。

无论图书馆发展到那个阶段，都少不了馆员来对图书馆进行管理并提供服务，为馆员提供智慧管理是保证智慧图书馆智能运转的必要手段。智慧管理的对象包括全馆的纸质书刊、信息资源、建筑环境、硬件设施环境、阅览室、书库、节能、安全消防、日常运行和维护等的管理。一个完善的智慧图书馆应该实现对全馆所有对象进行管理，所有这些管理工作将被接入到智慧图书馆的整个信息管理系统中，通过各种专用的传感节点采集各类有针对性的监测信息，经过智慧图书馆后端的信息综合处理系统后，实现对图书馆管理过程的智能化控制[45]。

智慧图书馆为管理者提供智慧决策。一般说来，对图书馆的管理者来说，日常工作中面临很多的决策，涉及人事、馆舍、采购、阅览、经费、咨询、设备等。而图书馆大数据时代的到来，作为重要的生产力构成和发展要素，大数据中蕴藏着巨大的战略资产和价值，可为图书馆服务模式变革、服务内容创新、产业升级和市场竞争力提升，提供可靠的大数据决策支持和服务保障[46]。

在图书馆进入大数据时代的今天，为了有效地利用大数据的价值，为管理者提供辅助决策的服务，可以采用数据挖掘、人工智能等技术作为发现大数据价值的工具，从大量数据中发现有用的知识。大数据来源于图书馆业务系统和其他信息系统，这些系统积累了大量的有关人、资源、空间、设备、管理、服务等方面的数据，研究如何将数据挖掘有效地用于图书馆[47-49]，变数据为知识，从而更好地为读者服务，为管理者提供辅助决策服务，是数据挖掘和图书馆工作者的共同责任[50]。

3. 高效快捷

高效服务是图书馆智慧服务的基础，高效化的图书馆智慧服务能够提高图书馆服务的效率；快速便捷是为读者提供优质服务的保证。比如，借助于RFID技术、传感技术、定位系统、移动通信等高新技术的发展和应用，使自助借还书籍、智能预约座位、移动图书馆等功能得以实现，更加方便用户的使用[51]。

1.4 智慧图书馆和数字图书馆

从历史发展的角度来看，图书馆从最初的原始卡片目录，重在藏书的传统图书馆发展为机读目录，以藏为主、藏用结合的自动化图书馆；再到以元数据为基础，以用为主、藏用并举的复合型图书馆；到后来逐渐发展成为以资源为基础、基于用户和集成服务的数字图书馆[52]。而时至今日，随着物联网、云计算、大数据、人工智能技术的快速发展，智慧图书馆应运而生。

数字图书馆，是以资源电子储存与自动检索为技术基础，利用计算机或终端来使用这些数字文献信息的图书管理系统[53]，被称为“21 世纪图书馆的原型”[54]。信息数字化引发了图书馆全方位的深刻变革，数字图书馆范式彻底改变了传统图书馆的文化理念、组织管理、服务模式。

数字图书馆具有三个基本特征。一是数据化，将纸质书刊等实体载体形式的信息资源加以编码进行分类，并构建数据库。体现在两个方面：第一个方面是对书刊的名称、作者、前言，甚至内容等进行信息化分类，从而实现更加方便高效的信息化管理；另一方面是通过信息技术实现对图书馆信息资源的数字化、虚拟化，这时需要考虑版权问题。二是共享化，把书刊信息，甚至数字化的书刊放在网上，通过互联网进行传播，使用户能够通过网络随时随地进行访问或浏览。三是服务网络化，不仅可以使用户突破时空限制获取信息资源，还可以通过对用户浏览、借阅等个人行为轨迹和阅读喜好，对用户的需求进行画像并提供个性化的信息资源，从而实现图书馆的智能化管理[55]。

从信息服务的角度来看，数字图书馆与智慧图书馆相类似。数字图书馆以数字化技术、数据库技术、多媒体技术等为基础实现了数字资源、虚拟空间、视听感知空间的信息空间。在数字图书馆阶段，图书馆的主要特点呈现为信息丰富、资源庞大、共享程度较高。而到了智慧图书馆阶段，可以说是数字图书馆服务功能的延伸和拓展，是自动化发展到智慧化的高级实现，是数字图书馆发展的高级范式[56]。

文献［57］根据数字图书馆和智慧图书馆的特点及内涵，从数据采集方式、关联性、信息存储与处理、系统分层构架及使用方式五方面进行了对比分析。下面根据文献［57—59］对这五个方面进行说明。

1. 数据采集方式

数字图书馆利用数字编码技术对实体资源对象进行资源的数字化描述；智慧图书馆是在对互联网的数字编码感知基础上的一种对虚拟感知对象的知识描述。数字图书馆数字化描述是人为的、被动的，而智慧图书馆的感知对象是智能的、主动的；此外，数字图书馆在对象的感知上只是注重单一的一部分，而智慧图书馆则是十分的全面。

2. 关联性分析

数字图书馆储存的信息资源主要是某个领域和针对某个对象来进行的，是以专业网、政府网等条块进行分割的。而智慧图书馆的信息是泛在的、立体的，是跨部门、行业、区域乃至跨国界的互联，可以是物理图书馆的楼楼、层层、室室、机机和藏阅相连，还可以是读者和馆员的人人相连，人机互联，更可以是广电网、电信网和互联网的三网融合的互联。数字图书馆在进行关联时，没有使用物联网技术，缺乏物理实体之间组网的相关技术，因此数字图书馆信息之间的联系具有一定的局限性。智慧图书馆通过引入物联网的技术把各个科室和各个领域以及不同楼层的信息与书籍进行有效的汇集，还可以把各个领域的信息有效进行识别与联系。

3. 信息存储与处理

数字图书馆在信息的收集、储存和处理上主要是依靠数字化技术，然后依靠信息技术采集信息资源之后，将信息储存在信息源头产生的机构里，组建关系型的数据库一般都在这个机构的应用系统中。智慧图书馆则是将收集来的信息储存在云计算之中，云计算储存技术将图书馆之中的各种储存设备进行有机整合，然后通过整合成为一个储存库。数字图书馆需要将数据的规模不断扩充，因此需要很强的信息处理能力。智慧图书馆在此基础上，增加了智慧信息处理技术，云计算可以在短时间对于信息资源进行处理，然后再通过智慧处理，因此，可以在短时间内完成信息的处理，并且能够有效地利用相关资源。

4. 系统分层构架

数字图书馆中的系统架构可划分为物理层、网络层、数据层和应用层。智慧图书馆系统架构中增加了一个终端感知层，通过这层添加使得利用不同设备的使用者实施数据的传输与交流得以实现，即利用物联网、传感器等技术进行信息的收集、汇集、反馈、交流及接受应用程序的操作，最终传达到物理层；同时，智慧图书馆在数据层中还加入了语义描述功能，通过这个功能应用可以让用户的个性化需求更容易得到满足，辅助图书馆对各个分类与领域的信息进行有效的提取与利用。

5. 使用方式

数字图书馆和智慧图书馆在使用方式具有一定的差别，差别主要体现在终端的应用方面。数字化图书馆的使用方式主要是以电脑桌面终端进行检索和查询方式为主；智慧图书馆阶段，用户可以使用更多的阅读终端，比如手机、阅读器甚至 IPTV 等都可无缝对接，并且智慧图书馆最明显的优势是能够按照用户的需求，根据自己的年龄、工作性质、时间、地点等实施个性化与智慧化的服务，更加有效地提高资源的使用率。

1.5 智慧图书馆技术架构

近几年，智慧图书馆建设得到了业内的高度重视，取得了一定的研究成果和建设成效，但对智慧图书馆到底应该具备哪些智慧功能、如何构造其智慧功能结构模型等问题还需要做进一步的探讨。只有明确智慧图书馆功能结构的顶层设计，才能更好地助力智慧图书馆的深入系统化发展。本节拟对智慧图书馆的体系架构进行研究，在分析几个典型案例以后，以高校的智慧图书馆为例，提出一个智慧图书馆的技术架构。

1.5.1 功能架构典型案例

文献［17］从物联网技术体系结构的角度提出了一个智慧图书馆体系架构，该架构分为感知层、网络层、应用层三层。感知层对文献资料、环境信息、设备资料等数据进行采集；网络层将感知层获取的图书信息以及读者信息进行传递和处理；应用层由数据挖掘、信息处理、关联数据等服务子模块和基于服务子模块的自助借阅系统、图书管理系统、微信管理平台、智能环境监测、智能感知 OPAC、用户个性化推荐服务等应用系统组成。

文献［60］提出了一种基于大数据云计算技术的智慧图书馆的总体构建框架。包括技术、资源、服务和应用四层。技术层包括云计算、物联网和大数据；资源层包括云端资源、数据仓库、知识库；服务层包括智慧服务（具有公共性、智慧性和服务性）；应用层包括 24 小时自助图书馆、移动端服务、安全监测、智慧盘点与查找系统、智慧查询系统。

文献［24,61］提出的智慧图书馆顶层设计架构包括三大数据平台和四大应用系统，即“三库四系统”。“三库”是指元数据库、运行库和数据仓库。“四系统”包括全面的信息化、文献服务网络化、统一文献搜索平台和数据挖掘系统。全面的信息化强调图书馆各类管理工作全面的信息化，并且每个管理工作都有合理的业务流程；文献服务网络化，为读者搭建知识社区，实现读者与图书馆的交互、读者之间的交互；整合图书馆的全部文献资源，系统之间实现数据交换，组织必要的文献服务，提供统一的文献搜索平台；在数据整合的基础上，利用大数据技术构建各种行为分析模型，建设数据挖掘系统，支撑决策管理和个性化服务。

文献［23］认为智慧图书馆是由智能技术、智慧馆员和图书馆业务与管理系统这三个主体要素相互融合发展而成的智慧化综合体，是智能技术和智慧馆员作用于图书馆业务和管理体系所形成的智慧系统。其中，智能技术是实现智慧服务的途径和手段，包括物联网和智能代理等关键技术；馆员及其智慧是图书馆开展智慧服务和智慧管理的核心；优化的业务与管理是图书馆智慧发挥作用的基础条件。

文献［62］提出的智慧图书馆基本架构分为三个部分，即智能采集、智慧分析与处理、智慧管理与服务。智能采集是采用物联网技术、将书刊、设备、馆员、读者信息自动采集到中央信息系统，实现图书、设备、管理人员及用户信息的识别，进而通过网络实现信息交换和共享；智慧分析处理采用云计算、大数据等技术对数据库的数据进行智能分析与处理；智慧管理与服务是在具有深度的感知、泛在的互联互通、高度的智能化的环境下，将已有的知识升华，实现系统化前沿的、高效的、面向实际需求的、科学地组织知识资源进行管理与服务的一种新模式。

文献［63］提出的智慧图书馆系统架构可以设计为六个逻辑层次，包括基础层、感知层、数据层、平台层、应用层以及服务层。基础层是保障智慧图书馆运行所必需的软硬件，包括各类自助设备、服务器、数据库系统、存储系统、管理系统、有线网、无线网等；感知层对图书馆的环境进行感知和数据采集，提供所需各类的基础数据，比如纸质书刊的定位、人员定位、亮度感知、温湿度感知、烟尘感知、智能书架等；数据层包括馆藏、用户、环境等数据以及其他相关数据，数据格式可能是结构化的，也可以是半结构化或非结构化的；平台层是为各类应用提供基础支撑的保障系统，比如统一用户认证、信息共享、数据交换、数据中心管理、门户管理等；应用层包括图书馆的各种应用系统，提供各类业务的管理、维护和操作；服务层通过图书馆门户网站、微信公众号平台、移动 App 以及大屏显示终端等途径，面向读者、馆员以及合作伙伴等提供各类专业服务，满足各类型用户对象的需求。

文献［64］将智慧图书馆的顶层架构设计为服务平台和服务体系两大部分。服务平台属于智慧图书馆的“硬件”，是一个能够支持服务体系有序运行管理与控制的平台，担负数据管理、资源整合与服务、评估 / 评价及统计分析的职责，并有效地组织知识关联，响应资源发现的获取请求，该平台是一个数据驱动的智能化平台；服务体系是智慧图书馆的“软件”，借助“硬件”的支撑，实现感知化的按需服务。

文献［65］以高校图书馆为例，提出了一个高校智慧图书馆功能结构模型图，认为智慧图书馆的智慧服务功能应分为“面向用户的智慧化精准服务”“智能建筑”“智慧管理服务”三个方面。其提出的智慧图书馆功能结构模型包括这三大方面以及为这三大方面提供支撑的数据库的构建及其支撑技术和馆内物联网的构建及其支撑技术。

文献［66］提出了一种基于大数据的智慧图书馆系统分层结构框架。该系统结构主要分为数据感知层、数据传输层、数据分析层、智慧服务层 4 个部分。数据感知层是基础设施层，由视频监控设备、网络监控设备、阅读终端、传感器、移动阅读终端、二维码扫描设备、管理信息系统、可穿戴设备等组成，是图书馆大数据处理、查询和网络传输的最底层基础平台；数据传输层由光纤网络、无线局域网络、RFID 网络、传感器网络、蓝牙网络、红外线和网络管理设备等组成，负责将数据感知层采集的大数据安全、快速、经济和实时地传输到图书馆数据中心大数据存储库，并进行共享、处理和挖掘；数据分析层由大数据质量管理模块、大数据挖掘模块、语义引擎、数据噪声过滤模块、数据标准化处理模块、大数据整合模块、可视化分析模块和数据挖掘算法等部分组成，为图书馆的系统管理、用户服务和读者满意度保证等提供科学的大数据智慧决策服务；智慧服务层提供基于大数据分析层的智慧化分析支持，可为图书馆的管理与服务提供智能环境感知、服务智慧管理、智慧阅读推送、服务安全管理、用户需求预测、个性化服务智慧定制、智慧读者、系统智慧评估与优化等支持，并有效保障图书馆大数据决策的科学与读者服务质量。

文献［67］提出一种基于数据管理的智慧图书馆功能框架。该框架以数据管理为基础，将智慧图书馆数据分为三部分，分别是环境数据、用户数据及资源数据。并据此，将智慧图书馆功能分为环境功能项、用户功能项和资源功能项三个部分。环境功能项主要有安保系统及环境调节两部分；用户功能项主要有室内导航、内外互联、信息发布、资源检索、自助借还及监督评价六部分；资源功能项包括资源采购、资源管理、馆藏分布、科研业务及业务管理五部分。

以上是近几年来一些比较典型的智慧图书馆功能架构或顶层设计案例，其他的还有很多[68,69]，这些架构或设计对我国智慧图书馆的发展起了积极的指导作用，具有重要的理论意义和应用价值，有力地推动了我国智慧图书馆事业的发展。

1.5.2 对案例的述评

在对智慧图书馆架构或设计的认识方面还有进一步的提升空间，尤其是近年来人工智能和大数据技术的发展和应用，以上案例还有需要完善之处。

第一，有些案例没有强调数据交换，从而建立全馆层面的数据共享中心，也没有涉及数据标准和数据治理的问题。由于图书馆的各个信息系统一般是互相独立的，比如，对高校图书馆来说，图书馆自己的信息系统相对于学校其他部门的信息系统来说是独立的，在不经过数据交换和数据治理而建立图书馆层面的数据共享中心的情况下，有些智能应用是没有办法开展的，也就是说存在“信息孤岛”的问题。比如高校图书馆对一个学生进行个人“画像”，从而提供图书馆的智慧服务，在不了解这个学生的专业、课程等信息的情况下，是很难完美的完成画像任务的；同样，对一个教师进行个性“画像”，在不了解其科研等信息的情况下，也是较难完成的。

第二，有些案例没有考虑全方位的智慧化。只有全方位的智慧化，才算是一个完整意义上的智慧图书馆。有些案例仅考虑了部分业务的智能化。本书认为：智慧图书馆 = 业务的智能化 + 人工智能 + 大数据。比如纸质图书的采购智能化，如果根据以往读者的借阅信息，加上网上的书评等信息，建立大数据分析平台，采用人工智能算法模型，也许让计算机直接对书商提供的书单进行画“√”采购更能采购到符合读者口味的纸质图书。同样，纸书编目、参考咨询、借阅等都可以分别实现智能化。而智慧图书馆就是在这些业务都智能化的基础上，利用人工智能和大数据技术对数据以及这些业务智能系统产生的数据再次进行分析和建模，最终实现满足本馆实际情况的智慧管理和服务。

第三，有些案例过多考虑物联网的应用。物联网技术给智慧图书馆的发展带来了极大的便利条件，这一点永远不可否认。有些物联网系统仅是一般的信息系统，有些具有一定的智能。比如采用 RFID 技术，可以实现找书、清点等方面的智能化管理，但毕竟是业务层面的智能化管理，而离本书所说的智慧图书馆的智慧管理和服务还具有一定的差距。

1.5.3　智慧图书馆功能架构

本书提出的智慧图书馆功能架构分三层，感知层、网络层、应用层。图 1–1 是以高校的智慧图书馆为例，从技术的层面所设计的高校智慧图书馆功能架构示意图。

在图 1–1 中，感知层和网络层的设计借鉴了文献［17］的经验，感知层包括 RFID、移动终端、环境监测传感器、视频监控等数据采集模块和 Zigbee、蓝牙等短距离通信及协同处理模块。网络层包括互联网、3G/4G、局域网网络等。在网络层之上都是应用层。而在应用层面，云计算和信息安全技术提供全过程的支撑[70]。

图书馆各个业务系统一般指检索、采编、流通、阅览、订座、咨询、办公、定位、图书荐购等业务系统，甚至还包括门禁、环境监测、安全监控等系统。各个数据库系统一般指自建的特色资源库、教师论文数据库、教师著作数据库、硕博论文数据库、知识库、校外访问系统、电子资源访问分析系统、购买的电子资源数据库镜像，甚至包括购买的电子资源数据库等。

以上业务系统的数据和各个数据库的数据，以及需要学校其他信息系统的数据经过数据交换，建立图书馆的共享数据中心。为了使共享数据中心更加高效和完善，需要考虑图书馆的数据标准以及对这些数据进行数据治理。值得指出的是，这些数据的格式众多。

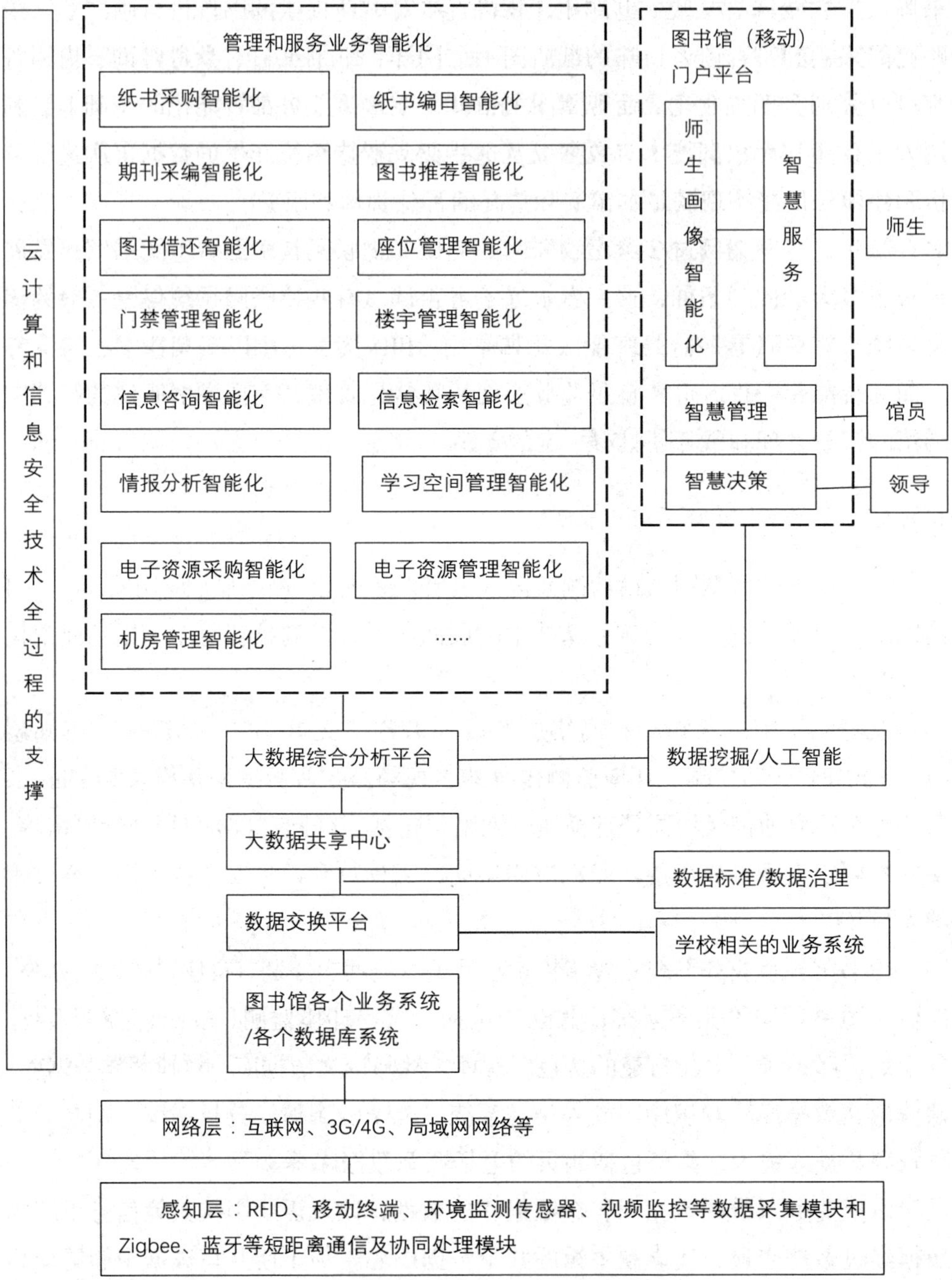

图 1–1 高校智慧图书馆功能架构示意图

共享数据中心的数据，进入大数据综合分析平台，在此利用数据挖掘和人工智能的技术，产生各个业务系统的智能。至此，在解决上节提到的纸质图书采购的智能化问题，就容易多了，当然还有难点就是要对相关数据进行数据挖掘并建立合适的人工智能算法模型。

各个业务智能化会产生新的知识，比如“某某书受师生的欢迎”“某某同学学习优秀”等。在各个业务智能化的基础上，对共享数据中心的所有数据以及新产生的知识数据进行数据挖掘和人工智能技术建模，可以实现对每个师生比较完全的“画像”，针对其“画像”，提供相应的智慧服务；同样，建立不同的模型，可以实现智慧管理和智慧决策。而这些服务可以通过图书馆门户，包括移动门户来和师生、馆员、领导进行展示和交互。而这时，这个门户也可以称为图书馆的“智慧门户”。

有些业内专家学者担心在智慧图书馆建设过程中会出现人文精神缺失的问题[71-73]。他们认为，在现阶段很多图书馆在智慧图书馆建设过程中，一味注重于各种新技术的运用，会忽视图书馆应有的人文精神，在图书馆文化氛围和技术手段的结合方面存在较多问题。而通过以上以高校智慧图书馆功能架构的解释和分析，可以看出，新技术在使用得当的情况下可以在一定程度上解决这些问题，可以让读者更加感受到人文的关怀，想读者所想，做读者之想做，全方位地为读者提供个性化的服务，真正做到“我懂你”。当然，截至目前，如果做到这一点，还有很长的路要走，对每个图书馆人来说，既是机遇，也是挑战。

本章主要参考文献

[1] 蒲桂芝,潘洪峰.21世纪大学图书馆办馆理念与办馆宗旨探析[J].佳木斯大学社会科学学报,2005(04):162-163.

[2] 罗竹风.汉语大词典(第三卷)[M].汉语大词典出版社,1989,3.

[3] 林秀卿.浅谈图书馆工作的“读者第一、服务至上”的宗旨[J].理论学习月刊,1994(02):51,48.

[4] 赵镇平,袁继坤.一切为了读者是图书馆工作的根本宗旨[J].大学图书情报学刊,1996(04):47-49.

[5] 汪剑虹.为读者服务是图书馆工作永恒的宗旨[J].盐城工学院学报(社会科学版),2002(03):58-59.

[6] 权金华.为读者服务是图书馆工作的灵魂与宗旨[J].科技情报开发与经济,2003(02):9-10.

[7] 闫普耀.论以人为本是高校图书馆的宗旨[J].价值工程, 2012,31(06):264-265.

[8] 蒙德成.试述“读者第一”是高校图书馆长期的服务宗旨[J].理论界,2005(12):234.

[9] 武继山.我们是如何实现高校图书馆服务宗旨的[J].河北科技图苑,2001(02):37-38,79.

[10] 巴哈尔古丽·买买提.塑造图书馆“读者第一、服务至上”美好形象[J].科技视界,2013(05):124,202.

[11] Aittola M,Ryhanen,Ojala T. Smart Library: Location-Aware Mobile Library Service[J]. International Symposiumon Human Computer Interaction with Mobile Devices and Services,2003(05):411-415.

[12] 冯禹丁.IBM 抛砖“智慧的地球”[J]. 商务周刊,2009(7):72-74.

[13] 王靖雯.国内智慧图书馆研究现状与发展趋势[J].山西档案,2018(05):116-118.

[14] 孙涛.让“硬智慧”和“软智慧”共同推动“智慧图书馆”发展[N].新华书目报,2017-06-02(004).

[15] 董晓霞,龚向阳,张若林,等. 智慧图书馆的定义、设计以及实现[J].现代图书情报技术,2011(02):76-80.

[16] 韩丽. 物联网环境下智慧图书馆的特点、发展现状及前景展望[J].现代情报,2012(05): 48-50,54.

[17] 严栋.基于物联网的智慧图书馆[J]. 图书馆学刊, 2010,32(07):8-10.

[18] 李凯旋.人文视角下“智慧图书馆”定义的再思考[J]. 图书馆界, 2013(06):14-16.

[19] 许艳丹,张前进.基于物联网的智慧图书馆研究[J].陕西理工学院学报(自然科学版),2016,32(01):50-53.

[20] 夏立新,白阳,张心怡.融合与重构:智慧图书馆发展新形态[J]. 中国图书馆学报, 2018,44(01):35-49.

[21] 齐凤青,穆晓倩,孙晶晶,等.国内智慧图书馆的研究现状分析与展望[J].中华医学图书情报杂志,2017,26(12):56-59.

[22] 陈进.筑梦智慧图书馆[J]. 数字图书馆论坛,2018(06):1.

[23] 初景利,段美珍.智慧图书馆与智慧服务[J].图书馆建设,2018(04):85-90,95.

[24] 许天才,杨新涯,田琳.自主创新为主导的图书馆系统研发历程——以重庆大学图书馆为例[J]. 图书馆论坛, 2017,37(04):9-17.

[25] 叶晨晨.智慧图书馆国内研究现状概述[J]. 卷宗, 2018(31):109-110.

[26] 王世伟.未来图书馆的新模式——智慧图书馆[J]. 图书馆建设,2011(12):1-5.

[27] 王世伟.再论智慧图书馆[J].图书馆杂志,2012(11):2-7.

[28] 王世伟.论智慧图书馆的三大特点[J].中国图书馆学报, 2012,38(6):22-28.

[29] 陆婷婷.从智慧图书馆到智能图书馆:人工智能时代图书馆发展的转向[J].图书与情报,2017(03):98-101,140.

[30] 《图书馆报》专题,智能　科技　人文　创新——关注智慧图书馆建设与发展.版号:003,2017-09-15.

[31] 张丛博,王梅竹.智慧图书馆怎样才能更懂你? [EB/OL].大河报,(2018-7-5)[2018-6-16]. https://news.dahe.cn/2018/07-05/338033.html.

[32] 李玉海.打造智慧图书馆,人、物互联是核心[N].新华书目报,2017-06-02(005).

[33] Haibo Zhang, Peifa Lin, Xiaoyan Li. The Construction of University's Smart Library[C].Asia-Pacific Social Science and Modern Education Conference (SSME 2018),Sep.20,2018.

[34] 张海波.智慧图书馆概念研究综述及再认识[J].内蒙古科技与经济,2019(11):112-113.

[35] 刘丽斌.智慧图书馆探析[J].图书馆建设,2013(03):87-89,94.

[36] 胡海燕,赵全芝.基于全面感知的智慧图书馆创新服务研究[J].现代情报,2014,34(09):105-110.

[37] 王冬侠.浅析智慧图书馆[J].中小企业管理与科技(中旬刊),2014(12):196-197.

[38] 谢稢欣,卢扬波,郜泽. 基于物联网的感知图书馆设计[J].新乡学院学报(自然科学版),2011,(06):524-525.

[39] 胡海燕,赵全芝.基于全面感知的智慧图书馆创新服务研究[J].现代情报,2014,34(09):105-110.

[40] 程文志.泛在图书馆——未来图书馆界的主导[J].经营与管理,2015(07):23-24.

[41] 范广兵,初景利.泛在图书馆与学科化服务[J].图书情报工作,2008,52(1):105-108.

[42] 王晴,徐建华.国外绿色图书馆理论研究与实践进展[J].图书情报工作,2017,61(19):122-134.

[43] 吴小英.绿色图书馆展望[J].图书馆理论与实践,2005,(5):16-17.

[44] 孙莹厚,王园春.智慧图书馆的理念解析及模式构建[J].科技情报开发与经济,2014,24(13):91-92,157.

[45] 赖群,黄力,刘静春.借助“物联网”与“云计算”技术构建智慧图书馆[J].新世纪图书馆,2012,(05):46-49,34.

[46] 陈臣.基于云计算的图书馆大数据分析和决策支持平台构建[J].图书馆理论与实践,2016(05):101-104.

[47] 郑斐,郭彦宏,郝俊勤,等.数据挖掘技术如何在图书馆建设中体现价值[J].图书情报工作,2013.S1:263-264,212

[48] 陈骁,连锲,黄煜,等.基于业务数据的高校图书馆决策支持系统设计[J].中国现代教育装备,2012(23):82-84,92.
[49] 李建伟.论图书馆大数据在读者决策采购中的应用[J].情报探索,2014(06):76-79.
[50] 郭宇红,王路宁,毛玉琪.SPSS Clementine决策树建模在图书馆中的应用[J].计算机时代,2014(04):30-33.
[51] 王颖纯,贺新乾,刘燕权.图书馆智慧服务模式推进路径研究[J].图书馆工作与研究,2018(01):12-17.
[52] 郭玲.从数字图书馆到智慧图书馆发展探要[J].图书馆学刊,2013,35(09):1-3.
[53] 龙三平,张敏.我国数字图书馆理论研究20年——以1996—2015年CSSCI刊文为分析对象[J]. 图书馆,2017(01):55-60.
[54] 朱强.数字图书馆：21世纪图书馆的原型——美国“数字图书馆创始”计划简介[J].大学图书馆学报,1995(04):50-54.
[55] 周洪宾.我国数字图书馆的发展前景论述[J].出版广角,2018(02):42-44.
[56] 饶俊丽.从传统到数字再到智慧图书馆范式的嬗变[J].情报理论与实践,2018,41(03):20-22,10.
[57] 吴吉玲.数字图书馆与智慧图书馆比较研究[J].情报资料工作,2015(02):43-45.
[58] 杨幸然.数字图书馆与智慧图书馆比较研究[J].产业与科技论坛,2017,16(22):113-114.
[59] 冯晓巍.数字图书馆与智慧图书馆比较研究[J].内蒙古科技与经济,2018(12):149-152.
[60] 倪菊.大数据云计算背景下智慧图书馆的构建研究[J].大众科技,2018,20(02):108-110.
[61] 杨新涯,彭晓东,魏群义.图书馆2.0理论架构与系统实践[C].重庆:西南师范大学出版社,2014:19-20.
[62] 王蕙.构建高校智慧图书馆的几个关键点研究[J].情报探索,2015(08):102-104.
[63] 杜亮,刘涛.智慧图书馆系统架构设计与应用系统建设研究[J].图书情报导刊,2018,3(06):10-14.
[64] 陈进,郭晶,徐璟,等.智慧图书馆的架构规划[J].数字图书馆论坛,2018(06):2-7.

[65] 马捷,赵天缘,王思.高校智慧图书馆功能结构模型构建[J].情报科学,2017,35(08):56-61.

[66] 陈臣.基于大数据挖掘与知识发现的智慧图书馆构建[J].现代情报,2017,37(08):85-91,97.

[67] 魏来,张伊.基于数据管理的智慧图书馆功能框架研究[J].数字图书馆论坛,2018(04):2-7.

[68] 尹丽棠.智慧图书馆的概念、特征、构成及平台建设[J].佛山科学技术学院学报(社会科学版),2014,32(04):82-86.

[69] 郭晓柯.我国智慧图书馆建设研究[D].郑州:郑州大学,2016.

[70] 张海波.智慧图书馆功能架构研究综述及再认识[J].大众科技,2019,21(04):120-122.

[71] 刘乾凝,林莉.智慧图书馆背景下馆员人文智慧建设研究[J].大学图书情报学刊,2018,36(02):3-6,27.

[72] 周承聪,刘越强.基于文献计量的国内智慧图书馆研究现状评析[J].新世纪图书馆,2017(10):89-96.

[73] 刘丽丽.智慧图书馆建设有关问题研究[J].中国高新区,2017(13):172-173.

第二章　物联网技术及应用

本章从物联网技术简介开始，论述了物联网的概念及体系结构，随后对图书馆用的感知设备以及产品电子码进行了介绍，其次对射频自动识别技术、蓝牙技术、Wi-Fi 技术、ZigBee 技术、Beacon 技术、NFC 技术等进行了介绍并对其在图书馆的应用做了论述，最后对几种常用的室内实时定位技术进行了比较。

2.1　物联网技术

在 1999 年美国麻省理工学院自动识别中心 Kevin Ashton 教授正式提出物联网概念之后，经过 20 年的发展，物联网的应用在人们的生活中可以说是无处不在。业界普遍认为物联网是继计算机、互联网与移动通信网之后的第三次信息产业革命。尤其是近年来，物联网技术已经成为智慧城市、智慧校园、智慧图书馆建设的主要助推力量之一。世界上已经有很多国家将物联网产业列为振兴本国经济的核心产业。

2.1.1　物联网技术的概念

物联网技术的原理其实就是在计算机互联网的基础上，利用射频自动识别（RFID，Radio Frequency Identification）、无线数据通信等技术，构造一个覆盖世界上万建筑的“Internet of Things”。在这个网络中，建筑（物品）能够彼此进行“交流”，而无须人的干预。

物联网就是通过 RFID、红外感应器、定位技术、激光扫描器等信息传感设备，按约定的协议，把物品与互联网相连接，进行信息交换和通信，以实现对物品的智能化识别、定位、跟踪、监控和管理的一种网络[1]。物联网技术应用领域广泛，主要有公共事务管理（节能环保、交通管理等）、公众社会服务

（医疗健康、家居建筑、金融保险等）、经济发展建设（能源电力、物流零售等）。作为新一代信息技术的重要组成部分，物联网技术也被广泛应用于图书馆中。

物联网的关键技术与领域有三项，分别为传感器技术、RFID 标签系统、嵌入式系统技术。传感器技术将传输线路中的模拟信号转变为可处理的数字信号，转化为数据，然后交给计算机进行处理。最基本的电子标签系统由三部分组成：标签，由耦合元件及芯片组成，每个标签具有唯一的电子编码，高容量电子标签有用户可写入的存储空间，附着在物体上标识目标对象；阅读器，读取（有时还可以写入）标签信息的设备，可设计为手持式或固定式；天线，在标签和读取器间传递射频信号。嵌入式系统是以应用为中心、以计算机技术为基础，软、硬件可裁剪，适应于应用系统对功能、可靠性、成本、体积、功耗等方面有特殊要求的专用计算机系统。

2.1.2 物联网的体系结构

物联网的体系结构主要由三个层次组成：感知层（感知控制层）、网络层和应用层组成。结构图如图 2-1 所示。

<table>
<tr><td rowspan="2">应用层</td><td>行业应用层</td><td>各行各业的应用</td><td rowspan="6">共性技术：信息安全、网络管理、ONS、QoS</td></tr>
<tr><td>管理服务层</td><td>中间件、数据存储与处理、数据挖掘与智能决策、智能控制</td></tr>
<tr><td rowspan="3">网络层</td><td>核心交换层</td><td>专用 IP+ 虚拟网络 + 互联网 + 移动通信 + 专用无线网 + 异构网络互联</td></tr>
<tr><td>汇聚层</td><td>无线个人区域网、无线局域网 / 城域网、局域网、无线移动通信网、无线通信网、电话交换网</td></tr>
<tr><td>接入层</td><td>802.15.4 标准、6LowPAN 标准、蓝牙标准或 ZigBee 标准、局域网或无线局域网、移动通信或 M2M 接入、其他（电话线、光纤或电力线）接入</td></tr>
<tr><td colspan="2">感知层</td><td>各种类型的传感器、RFID 标签与读写设备、智能手机、GPS、智能家电与智能测控设备、各种类型的智能机器人</td></tr>
</table>

图 2-1 物联网体系结构示意图

1. 感知层

人类使用五官和皮肤，通过视觉、味觉、嗅觉、听觉和触觉来感知外部世界。感知层对于物联网来说，就像五官和皮肤对人类来说一样，用于识别外界物体和采集信息，从而解决的是人类世界和物理世界的数据获取问题。

物联网的感知层设备种类众多，但一般可分为两类：一类是自动感知设备，能够自动感知外部的物理信息，包括 RFID、传感器、智能机器人、智能家电等；另外一类是人工生成信息设备，包括智能手机、平板电脑、计算机等。

比如，传感器作为物联网中获得信息的主要设备，可以说目前的应用无处不在。传感器利用各种机制把被测量转换为电信号，然后由相应信号处理装置进行处理，并产生响应动作。据悉，目前全球传感器各类约有 2 万多种。这些传感器被广泛应用于航天、航空、国防科技、医疗设备以及工农业等各个领域。为实现智慧城市、智慧校园和智慧图书馆迈出了坚实的一步。常见的传感器包括温度、湿度、压力、光电传感器等。

2. 网络层

网络层又被称为传输层，位于物联网三层结构中的中间层，是连接感知层和应用层的纽带，其功能为“传送”信息，即通过通信网络进行信息传输。网络层相当于人的神经中枢系统，由各种私有网络、互联网、有线和无线通信网等组成，负责将感知层获取的信息安全可靠地传输到应用层，然后根据不同的应用需求进行信息处理。网络层可分为三层，分别是接入层、汇聚层和核心交换层。

接入层相当于计算机网络的物理层和数据链路层。接入层网络技术分为无线接入和有线接入，无线接入有无线局域网、移动通信中 M2M 通信等；有线接入有现场总线、电力线接入、电视电缆和电话线等。由感知层的 RFID 标签、传感器等与接入层设备构成了物联网感知网络的基本单元。

汇聚层位于接入层和核心交换层之间，主要任务是对接入层和感知层的数据进行分组和汇聚、转发和交换，以及进行本地路由、过滤、流量均衡等。汇聚层技术也分为无线和有线。无线包括无线局域网、无线城域网、移动通信 M2M 通信和专用无线通信等，有线包括局域网、现场总线等。

核心交换层为物联网提供高速、安全和具有服务质量保障能力的数据传输。可以为 IP 网、非 IP 网、虚拟专网，或者它们之间的组合。

3. 应用层

应用层分为管理服务层和行业应用层。

管理服务层通过中间件软件实现感知硬件和应用软件之间的物理隔离和无缝连接，提供海量数据的高效汇聚和存储，通过数据挖掘、智能数据处理计算等为行业应用层提供安全的网络管理和智能服务。

行业应用层可为不同行业提供物联网服务，可以是智能交通、智能教育、智能警务、智能医疗、智能家居、智能物流等。该层主要由应用层协议组成，不同的行业需要制定不同的应用层协议。

在物联网整个体系结构中，信息安全、网络管理、对象名字服务（ONS）和服务质量（QoS）保证是必用的共性技术。

2.2 图书馆的感知设备

感知设备种类繁多，一般情况下，不同种类的感知设备，可应用于不同的场合，根据文献［2］的论述，在图书馆常用的感知设备如下。

1. 射频电子标签

在纸质书刊内置电子标签，取代条形码标签，存储其相关数据信息，比如书名、作者、分类号、副本量、放置位置等数据，起到基础数据的采集作用。

2. 读写器

主要功能是对电子标签的读取、接收和发射，即将读取到的电子标签内的数据信息以电信号的形式通过网络发送到接收端。

3. 安检门禁

图书馆一般有两种功能的门禁，一是对纸质书刊进行监测，二是对出入人员进行监测。在纸质书刊内置电子标签的情况下，带有电子标签读写器的门禁可对纸质书刊进行监测，用户携带未办理正常借阅手续的图书经过时，会声光报警。对人员的监测一般采用刷卡、刷脸等方式，对用户的身份进行识别，监测用户的出入。

4. 分拣设备

一般采用给每一本图书安装 RFID 电子标签，在 RFID 电子标签中存储有图书的分类信息，在图书放置到图书自动分拣设备上后，RFID 电子标签中的图书分类信息被设备上安装的 RFID 天线读取，然后经过系统判断后将图书传送到相应分类的分拣口进行归类。

5. 移动推车式盘点设备

推车式盘点具有顺架、盘点、新书上架、倒架、上架指导、剔旧、移库、图书查找等功能，配置手持式天线，触发式开关，可方便在书架间移动盘点。

6. 自助借还设备

一般由触摸显示器、读卡器、扫描仪、放置台和电源等组成的一体机。读者通过借阅证、馆内微信公众号或注册的身份证就可进行自助式借书、还书、续借、借阅查询等操作。

7. 触屏查询机

支持多点触控、软键盘和手写输入，用户可自助检索所需资源、查询要借文献的状态，包括藏书数量、库存位置、图书编号、已借阅数量等信息。

8. 馆员工作站

由系统服务器、RFID 读写器、充磁 / 消磁装置等设备组成，对贴有射频标签的图书文献进行自动化识别、检索、查询、借还等处理。

9. 通信自动化设备

主要是数据传输设施、广域网、卫星网络等数值终端、集成网络互换机、无线设备接入系统、媒体通信系统等。

产品电子码（EPC，Electronic Product Code），是 RFID 标签的一种，指利用 RFID 技术在每一件产品上封装一个芯片，利用该芯片记录该件产品全球唯一的编号。它是继条形码技术之后，国际上新发展起来的一种全球统一标识体系[3]。随着物联网技术的发展，有朝一日每本图书的出版都可以内置一个 EPC。

EPC 是产品电子代码的载体，当 EPC 标签贴在物品上或内嵌在图书等物品中的时候，即将该物品与产品电子代码标签中的唯一代码建立起了一对一的对应关系。对图书来说，根据其唯一代码，EPC 系统可提供其书名、作者、出版社、出版时间、ISBN 编号，甚至内容摘要等信息。产品电子代码系统充分利用了射频识别技术和网络技术的优点，实现了对全球每件产品的唯一标识以及多个商品的同时识别和非可视识别[4]。

2.3 RFID 技术及应用

2.3.1 RFID 射频技术概述

射频识别技术 RFID，又称无线射频识别，是一种通信技术，也是物联网的核心技术，可通过无线电讯号识别特定目标并读写相关数据，无须识别系统与特定目标之间建立机械或光学接触，就可实现高速的数据采集，并且过程无须人工干预。特别是在高速运动过程中也可实现穿透性和无屏障阅读、远距离非触控性的自动感知能力以及具有加密的存储能力，并且具有多个同时识别及信息载体身份的唯一性，这些特性都催生了智慧图书馆的实际应用，被认为是 21 世纪最具发展潜力的战略技术之一[5]。

RFID 系统由电子标签、阅读器、天线组成。电子标签又称为射频标签、应答器、数据载体；阅读器又称为读出装置，扫描器、通讯器、读写器（取决于电子标签是否可以无线改写数据）。电子标签与阅读器之间通过耦合元件实现射频信号的空间（无接触）耦合、在耦合通道内，根据时序关系，实现能量的传递、数据的交换[6]。

RFID 技术基本工作原理如图 2-2 所示[7]。利用射频信号及其电磁感应、空间耦合特性，实现对静止或移动中的待识别目标对象的自动机器识别。

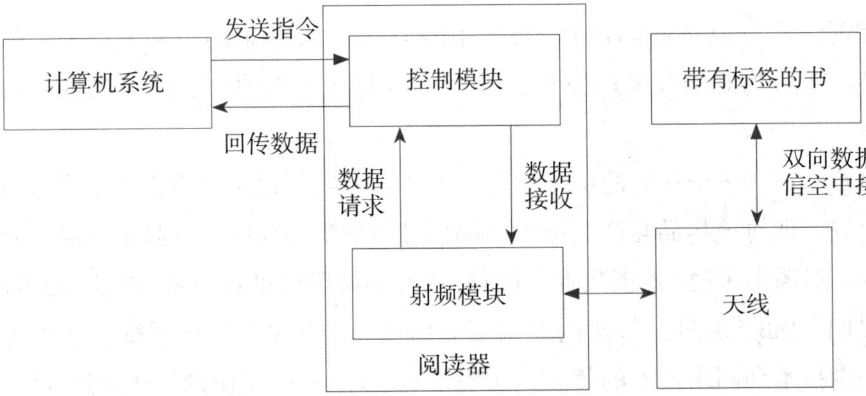

图 2-2 基于 RFID 系统的工作原理

射频识别与传统的磁条技术（EM）相比具有很大优势，如表 2-1 所示[8]。

表 2-1　射频识别（RFID）技术与磁条技术（EM）对比

名称	扫描速度	存储容量	安全性	重复使用	穿透性
EM	一次扫描一个条形码	50 字节	加磁条防止携带出馆	一经使用，无法更改	要求近距离且没有物体阻挡
RFID	支持批量处理	数兆字节	承载的是电子式信息，其数据内容可设置密码保护，使其内容不被伪造或篡改	芯片内存储的数据可以多次修改、删除或更新	能够穿透纸张、木材和塑料等非金属或非透明材质

在图书馆应用中，RFID 电子标签取代了传统的条形码和磁条，被附在纸质书刊、音像制品、借书证等一切需要管理的物品上，用来识别唯一性的电子编码，这样每个物品都成为一个终端结点，经过授权的馆员可根据工作需要对电子标签中记录物品的信息进行增加、删除或修改，如纸质书刊的信息、馆藏地、架位等数据。相对于磁条来说，电子标签具有较强的读写率，可多次修改和重复利用。电子标签的阅读器分手持式或固定式，可以对标签信息进行读取（有时也可以写入）。天线作为连接点，在电子标签和阅读器之间传递射频信号。RFID 系统与互联网进行连接，这样使得每个终端结点不但具有信息的感知能力，而且具有信息的处理能力，实现了读者与文献资源、读者与读者、读者与馆员、馆员与文献资源、馆员与馆员、文献资源与文献资源之间的互联互通[9]。

目前，RFID 技术被逐步应用于图书馆的日常管理业务中，与条形码系统相比，RFID 系统更加便捷、高效、省时省力，显著提高了图书馆的服务质量和工作效率。特别是 RFID 技术在图书馆自助借还部分所产生的经济和社会效益，已经得到了图书馆界的广泛共识，成为现代图书馆应用的一个趋势[10]。

2.3.2　RFID 在图书馆的应用体现

根据文献［7，10，11］，RFID 技术在图书馆的应用可以体现在以下几个方面。

（1）文献可以被精确定位，便于文献的馆藏管理和读者查找。RFID 电子标签中有文献的精确定位信息，可以帮读者快速定位到文献的位置，并迅速找到，大大节省了查找时间。同时文献的精确定位也有助于馆藏管理，比如馆员使用扫描器就可以很快查出馆藏图书的错架情况，快速完成图书盘点工作。

（2）实现图书的自助借还，简化了借还过程。从本质上来说，自助借还机就是 RFID 阅读器加上自助借还的应用软件，不需要馆员的参与，读者可以直接使用自助借还机对图书进行扫描，同时自动消磁，就实现了借还书流程，有的自助借还机还可以进行批量借还处理。

（3）突破图书馆开放时间、地点局限，方便读者还书。自助还书机可以分布在不同的场合以满足读者还书的需要，并且 24 小时开放使用，读者可以随时就近还书。

（4）其他读者自助服务。RFID 可以帮助读者完成其他项目的自助服务，比如可以自助办证、自助目录查询、自助复印、自助打印、自助扫描、自助充值、自助缴费等服务。

（5）为读者提供“手机图书馆”服务。手机图书馆又可称为“无线图书馆”或“移动图书馆”。随着智能手机的使用普及，手机图书馆可以让读者更方便地利用图书馆的信息资源，比如可为手机读者提供在线书目查询、催还、预约、续借、即时通知等服务。

（6）电话服务。就是通过电话向持有 RFID 借书证的读者提供服务，一般包括电话语音服务、目录查询服务、流通服务、馆际互借服务、文献传递服务、咨询服务、缴费服务、手机短信服务等。

（7）一卡通管理服务。借书证可以采用 RFID 技术制作，对 RFID 借书证的分发、激活、管理和使用进行管理就是 RFID 一卡通管理，这种借书证还具有图书借阅、身份识别、充值消费等功能。这时借书证可以绑定二代居民身份证、手机号码等来激活。

（8）安全检测服务。图书内嵌 RFID 标签后，无线射频装置、声光报警设备、安全检测门等设备通过自动监测软件可对其进行监测，从而实现对图书的安全管理。

（9）促进图书馆管理水平的提高。图书馆使用 RFID 系统，虽然增加了后台加标签等的管理工作，但 RFID 系统可以提高图书馆信息管理系统的交叉融合，可以推动图书馆流通服务的业务流程重组、馆员的岗位调整，促使图书馆服务模式从人工服务向自助服务的转变，进而提高图书馆服务的效率和效力。

2.3.3 RFID 在图书馆的应用

在智慧图书馆之前，图书馆一般可以提供人工服务及网络咨询服务。人工服务包括人工借书、还书、办证及挂失、遗失赔偿等。网络咨询服务包括：读者信息查询、书目查询、预约图书、数据库查询等。

有人认为，未来的图书馆应该是触手可及、灵活感知的“泛在智能图书馆”[12]，本书所提智慧图书馆的概念和其类似。本书认为智慧图书馆应该是全面的感知、全面的智慧化，而不是部分感知和部分的智能化。在图书馆采用了 RFID 系统以后，可极大地推动智慧图书馆的建设。使用 RFID 技术在图书馆关键区域或相关设备设施部署 RFID 传感器，给图书等文献嵌入 RFID 电子标签，利用 RFID 对文献进行管理，从而实现了全面感知和智慧化服务的方式，可使图书馆的工作人员从机械性高、强度大、烦琐重复的工作中解脱出来，大幅提升图书馆现代化管理水平，让图书馆的管理和服务更智慧、更高效。

智慧图书馆的核心要素在于可感知、可传输、可应用，对应于本书所提的智慧图书馆的三层功能架构，分别是感知层、网络层和应用层的功能。感知层主要是完成对文献、设备、设施的信息感知，目前图书馆较多使用的是基于 RFID 的自动非触控型操作和定位技术，可以实现自助借还、门禁检测、消防防盗、移动盘点、温度调控等功能。可传输是基于网络层面的应用，图书馆可以采用任何合适的网络与通信技术进行信息传输。在应用层面实现应用时，要对获得的信息和数据资源进行挖掘、传输、获取、整合和充分利用，生成智慧知识，从而提供智慧管理和服务。

基于 RFID 技术的智慧图书馆系统架构由四部分组成，分别是 RFID 标签及数据采集组件、系统硬件设备、RFID 系统应用软件系统、RFID 软件中间件系统[12]。

1. RFID 标签及数据采集组件

RFID 技术是物联网感知层的核心技术。一个基本的 RFID 系统由三部分组成：电子标签、阅读器、RFID 的数据传输和处理系统。标签一般有被动标签和主动标签两种方式，阅读器读取信息并经过相关解码后，送至 RFID 的数据传输和处理系统进行技术处理。

使用 RFID 标签时，将非常薄小的芯片嵌入黏性标贴中，并固定在文献上，标签一般拥有 1KB 的超大容量，可反复擦写 10 万次，一般写入对应图书的 ID 号码、书名、索书号、所属区域、架位信息、借阅者信息、借阅率、借阅及应还日期及更多其他的内容。

与电子标签相关联的 RFID 阅读器由发射机、接收机、天线和一个译码器构成，用于对标签进行识别和读取，工作范围一般在离标签 30cm 到 45cm，另外读取时间小于 100ms，并可对标签进行批量的同时读取。

2. RFID 系统硬件

在图书馆使用的 RFID 硬件主要是为了完成图书馆的管理或服务，这些硬件一般有自助借还书机、图书分拣设备、馆员工作站、24 小时还书设备、移动式盘点设备、RFID 监测安全门等。

3. RFID 系统应用软件

主要包括：自助借还系统软件、馆员工作站系统软件、24 小时还书分拣系统软件、馆员助理系统软件、OPAC 检索软件等。

（1）自助借还书系统。RFID 图书自助借还系统整合了射频识别、计算机、网络、软件以及触摸屏控制操作技术，自动识别粘贴在每本图书上的 RFID 电子标签进行信息管理，同时采用智能环形轨道技术实现图书的自动化上下架。读者可以全自助式办理证件、查询目录、借书、还书、续借、预约等，借书就像在银行 ATM 机上取钱一样方便快捷。

（2）自动分拣系统。采用领先的物联网技术，软硬件均采取模块化设计，可兼容 ISBN、条码、二维码、RFID 标签等多种标识多种码制，可以让使用者通过自助的方式享受借书、还书、阅读、办证、续借、预约等自助服务，实现最大程度上节约人力成本，提供 24 小时全天候服务。自动分拣系统还可以实现自动对图书的收集、归类、整理，从而减轻馆员的工作量。

（3）馆员工作站系统。馆员直接操作的工作平台，主要完成读者借还书、续借、读者卡办理、标签转换操作等工作。其中的标签转换是指将 RFID 标签与原图书信息的一个绑定过程。

（4）馆员助理系统软件。指日志管理包括记录系统启动时的系统日志以及各个设备当前运行状态的设备日志。

（5）OPAC 检索系统软件。主要是给读者提供书目检索的服务，一旦和 RFID 技术相结合，RFID 的三维智能导航系统就可以直接嵌入到 OPAC 检索系统，该系统可根据读者的位置，结合目标图书的具体架位，以精美的图像和精确的线路给读者最优化的索取图书导航路线。

4. 软件中间件系统

软件中间件系统可与图书馆系统后台无缝对接，并为终端设备扩展业务应用。包括：馆际互借系统，多图书馆后台系统图书流通，图书馆借阅流通系统，自助办证系统，图书预约系统等。

另外还有其他案例，比如安全监测 [7]、智能书架 [13] 等，不再一一赘述。

2.4　蓝牙技术及应用

蓝牙技术（Bluetooth）诞生于 1994 年，爱立信公司当时决定开发一种低功耗、低成本的无线接口，以建立手机及其附件间的通信。目前，蓝牙技术是广受业界关注的近距无线连接技术，是一种无线数据与语音通信的开放性全球规范，以低成本的短距离无线连接为基础，可为固定设备或移动设备之间的通信环境建立通用的近距无线接口，将通信技术与计算机技术进一步结合起来，使各种设备在没有电线或电缆相互连接的情况下，能在近距离范围内实现相互通信或操作。其传输频段为全球公众通用的 2.4GHzISM 频段，提供 1Mbps 的传输速率和 10m 的传输距离。但使用蓝牙技术的最大障碍是相对于其他技术来说还是过于昂贵，这就使得许多用户不愿意花大价钱来购买这种无线设备 [14]。

蓝牙技术相对于其他技术来说，目前应用比较少，相应的文献不是很多。本节介绍两个文献的应用案例。

文献［15］基于蓝牙技术，针对开放式借阅方式的乱架问题，设计了一套高校图书馆开架式流通管理方案。其思路是：假如可以随意放置图书，只要馆员在放置这些图书的同时，记录下来当前放置的位置（存放在当前位置的“架位号”，而不是该放置位置的“排架号”），盘点时候把该图书的“架位号”输入计算机中，当读者需要寻找该图书时，可通过计算机检索，检索到放置该图书的当前位置，即“架位号”找到该图书。具体操作时，馆员可以利用支持蓝牙技术的无线条码阅读器，在移动中进行条码阅读，把图书当前的架位进行编号，并用条形码进行表示，在将图书上架的同时，通过专用的管理信息系统，就可以把每册乱架图书的图书当前位置——“架位号”输入管理信息系统中，这样就确定了图书所在的“架位号”以方便计算机检索和读者查找。

文献［16］为了解决馆内外或校内外大量的便携式电脑、手机等用户随时、随地、随机、随身访问需求，利用现有图书馆有线网络服务系统，按相隔一定的距离安装 BLIP（蓝牙本地信息娱乐点），根据蓝牙技术传输特点、BLIP 特性以及周围环境情况进行部署，这时被蓝牙无线网络覆盖的区域内，读者可以通过支持蓝牙的设备，比如笔记本电脑、智能手机等在任何时间都可以查询和接收图书馆的各种信息。BLIP 是蓝牙接入点基站，或称为接入点服务器，它的一端通过有线网口与原有网络信息服务系统相连，另外一端通过蓝牙无线收发器、蓝牙无线网卡同蓝牙设备相连，从而实现这些蓝牙设备无线接入有线网络，访问图书馆的信息资源或服务。

2.5 Wi–Fi 技术及应用

2.5.1 Wi–Fi 技术概述

Wi–Fi（Wireless Fidelity，无线高保真）技术也是一种无线通信协议，正式名称是 IEEE802.11b，与蓝牙一样，同属于短距离无线通信技术。Wi–Fi 速率最高可达 11Mb/s。虽然在数据安全性方面比蓝牙技术要差一些，但在电波的覆盖范围方面却略胜一筹，可达 100m 左右。Wi–Fi 是以太网的一种无线扩展，理论上只要用户终端位于接入点四周的一定区域内，就能以最高约 11Mb/s 的速度接入网络。目前速度更快的 802.11g 标准使用与 802.11b 相同的正交频分多路复用调制技术，工作在 2.4GHz 频段，速率达 54Mb/s[14]。

在图书馆的日常工作中，实现智能定位是提高图书馆智慧化水平的途径之一。智能定位最大的优势就是对整个图书馆的馆舍、书籍、人员、设备等进行全面感知，将整个图书馆连通起来。对人员的定位可分为两种，一是对入馆的读者当前位置定位，二是对馆员当前的服务位置进行定位。对读者的定位可以更好地了解读者的需求并提供更好的服务，对馆员定位可以了解馆员的行为信息，有利于高效管理和准确考勤[17]。

相对于其他种类的室内无线定位系统，基于 Wi-Fi 的室内无线定位系统因为具有抗干扰能力强、良好的网络稳定性、高速高质量的数据传输等特性，以及 Wi-Fi 通讯模块在智能移动终端上的普遍采用，使其把室内无线定位变成一项低成本且容易实现的技术。

利用 Wi-Fi 定位实现定位的原理：在图书馆室内部署一定数量的无线接入点（AP，Wireless Access Point），每个 AP 都有一个全球唯一的 MAC 地址，并且一般来说无线 AP 在一段时间内是位置固定的。在智能手机等终端设备开启 Wi-Fi 的情况下，即可扫描并收集周围的 AP 信号，无论是否加密，是否已连接，甚至信号强度不足以显示在无线信号列表中，都可以获取到 AP 广播出来的 MAC 地址。终端设备将这些能够标示 AP 的数据发送到位置服务器，服务器检索出每一个 AP 的地理位置，并结合每个信号的强弱程度，根据定位算法计算出设备的地理位置并返回到用户设备。

Wi-Fi 定位的算法其实有很多，目前主流的有三种算法：三角定位算法、指纹定位算法和最大似然估算法。三角定位算法就是以 Wi-Fi 的坐标为圆心画圆，圆的半径是终端设备与热点之间的距离，三圆重叠处就有可能是终端设备的位置。指纹算法是指手机会扫描周围所有 Wi-Fi 的 BSSID（MAC 地址），这时所有能采集到的 BSSID 序列就成了 Wi-Fi 指纹信息存储在数据库中。当有终端设备采集的 BSSID 序列能够匹配之前已采集到的指纹（BSSID 序列），那么就可以认为此时的坐标正是指纹所指向的坐标。最大似然估算法也称为最大概似估计，也叫极大似然估计，是一种具有理论性的点估计法。

2.5.2　Wi-Fi 在图书馆的应用

文献［18］提出的 Wi-Fi 指纹自适应室内定位方法，可以在图书馆内实现人员的智能定位。方法是把图书馆室内实际环境中的位置和某种“指纹”联系起来，一个位置对应一个独特的指纹。该定位系统的硬件主要包括三类设备：智能手机终端、无线接入点和服务器。智能手机终端主要用于采集定位所需的相关信息；无线接入点不仅用于提供客户端采集所需的无线信号数据，同时为客户端与服务器连接提供数据通路；服务器主要包括数据采集处理服务器、数据库服务器、地图导航服务器，它们协同工作，处理来自客户端的定位请求。

文献［19］为了实现图书馆馆舍内的环境舒适性和节能性，针对图书馆环境监测的特点，遵循物联网架构，研制了一种图书馆馆舍环境感知的传感器节点设备，并搭建了馆舍环境智能监测平台。采用 Wi-Fi 网络技术，通过一种可靠、实用的自动组网方法，实现了环境参数在无线传感器网络中的多跳数据传输。分布在各个阅览空间的传感器节点组成一个无线传感器网络，测量数据统一汇入监测数据中心进行综合分析和存储，并将分析结果通过图书馆运行系统数据墙，直观地显示给读者和工作人员。

2.6 ZigBee 技术及应用

2.6.1 ZigBee 技术概述

ZigBee 是基于 IEEE802.15.4 标准的低功耗局域网协议。根据国际标准规定，ZigBee 技术是一种短距离、低功耗的无线通信技术。其特点是近距离、低复杂度、自组织、低功耗、低数据速率。主要适合用于自动控制和远程控制领域，可以嵌入各种设备。ZigBee 协议从下到上分别为物理层、媒体访问控制层、传输层、网络层、应用层等。

ZigBee 技术特点主要有：数据传输速率低，只有 10 ～ 250kb/s；功耗低，在低耗电待机模式下，两节普通 5 号干电池可使用 6 个月以上；协议简单，成本低；网络容量大，每个 ZigBee 网络最多可支持 255 个设备，也就是说每个 ZigBee 设备可以与另外 254 台设备相连接；有效范围小，有效覆盖范围 10 ～ 75m，具体依据实际发射功率的大小和各种不同的应用模式而定；工作频段灵活，使用的频段分别为 2.4GHz、868MHz（欧洲）及 915MHz（美国），均为免执照频段[14]。

ZigBee 的目标市场主要有 PC 外设（鼠标、键盘、游戏操控杆）、消费类电子设备（TV、VCR、CD、VCD、DVD 等设备上的遥控装置）、家庭内智能控制（照明、煤气计量控制及报警等）、玩具（电子宠物）、医护（监视器和传感器）、工控（监视器、传感器和自动控制设备）等非常广阔的领域[14]。

虽然单个 ZigBee 节点的通讯距离有限，但由于其网络容量大，每个 ZigBee 网络最多可支持 255 个设备，以及简单灵活的节点部署，理论上可以将网络的通讯距离延伸到无限远。同时，ZigBee 节点提供连接各种传感及控制设备功能，如温湿度传感器、红外传感器、烟雾传感器、压力传感器、RFID 识读模块、继电开关模块等设备可承担起环境监测及控制的任务。因此，ZigBee 在远距离身份识别、环境监控以及无线网络定位方面，有较大的优越性，但是在近距离通讯以及精准身份识别系统等方面，其价格、性能等均比不上 RFID 系统[20]。

2.6.2　ZigBee 在图书馆的应用

文献［21］对 ZigBee 与 RFID 整合进行了应用研究，利用 RFID 的近距离身份识别及 ZigBee 的远程通讯能力，组合成一个精准、稳定的图书馆物联感知应用系统，构建起图书馆所有物之间的“深刻感知、互联互通”的环境。可把图书馆的各种资源信息，包括文献、家具、环境、空间等进行定义、感知和采集，通过网络实现用户、图书馆与信息资源之间的通信、共享，从而实现智慧化服务和管理。通过该系统强大的信息采集、整合、过滤、汇总能力，使图书馆原本孤立、琐碎的各种文献信息、灯光信息、空调信息、温度湿度、读者信息以及服务信息等链接、整合、共享起来。馆员可以通过该系统对信息的分析，及时掌握全馆全面的信息，更好地提高服务质量；读者通过该系统可以享受到更为主动、准确的信息推送服务，并可及时了解图书馆的各种可用资源及信息。

文献［22］针对磁条检测防盗具有检测率低、易产生误报或漏报、系统电路复杂、集成度低、故障率高、不能实时可靠地反应图书馆的运行状况等问题，基于超高频 RFID 技术和 ZigBee 技术构建了一种新的图书馆无线智能监控通道。该通道系统通过 RFID 读卡器实现图书的防盗报警，通过热释电红外技术实现人流量统计，通过 ZigBee 技术实现图书报警信息和人流量统计等信息的无线传输到连接服务器的 ZigBee 协调器，服务器对数据进行分析和处理，并把分析和处理结果发送到显示的终端设备，从而提高了图书防盗的检测率和图书馆的工作效率。

为了解决高校图书馆自习座位管理系统实时性不强、缓解乱占座等问题，提高座位使用率，文献［23］研究了一套座位管理机制，提出了一种“设置座位获取优先级”的办法，并采用 ZigBee 技术进行实践。所设计的图书馆智能座位管理系统通过硬件监控的方式，对座位进行实时监控，并设置座位选择优先级和“近程”“远程”相结合的选座规则。

文献［24—27］分别对图书馆的环境监控进行了研究，研究的目的主要是为了克服传统图书馆环境监控系统的布线麻烦、设备可移动性不强、精度差等缺点，四篇文献提出的基于 ZigBee 无线通讯技术的环境监控系统，可以检测采集环境条件中的温度、湿度和光强度等参数，通过无线传输由网关节点进行收集，并且发送到 PC 机，由上位机监控软件对网络采集的数据统一管理和分析。

文献［28］提出的监控方案不仅能够实现图书馆内温湿度、光照度、灰尘度和有害气体的检测，并且还可以通过 ZigBee 网络对空调机、除湿机、通风机和日光灯等进行控制，实现室内环境的自动调节，同时通过 GPRS 网络把环境数据传送到后台，从而实现图书馆环境的现场检测、调控及后台综合管理。

在图书馆中的其他应用，还有智能照明[29]、防火监控[30]等。

2.7 Beacon 技术及应用

2.7.1 Beacon 技术概述

Beacons 是使用蓝牙 4.0 技术发射信号的小设备，有效范围从几十厘米到几米，电池可用 3 年，信号为单向发射，只能发送小数据量。例如一个 128bit 的 ID 智能手机通常作为接收方。一个 Beacon 就像一个小型的信息基站，多个 Beacon 则能构成信息服务网络。目前 Beacon 有两大平台：一是苹果公司 2013 年 9 月发布的移动设备系统（iOS7）上配备的 iBeacon，另一个是谷歌公司 2015 年 7 月发布的可在 iOS、Android 等系统上使用的一款开源蓝牙信标平台 Eddystone。两者都通过具有低功耗蓝牙（BLE，Bluetooth Low Energy）通信功能的设备进行工作，工作时使用 BLE 技术向周围发送自己特有的 ID，接收到该 ID 的应用软件会做出相应的响应。两者都是利用 BLE 中名为“通告帧”（Advertising）的广播帧来完成工作。通告帧是定期发送的帧，支持 BLE 的设备都可以接收到。两大平台的区别在于，iBeacon 通过在通告帧的有效负载部分嵌入苹果自主格式的数据来实现广播，只能发送 UUID（唯一标识符）信息；而 Eddystone 能支持更多框架，比如 URL 链接、临时标识（Ephemeral Identifiers，EID）以及遥测数据框架[31]。

Beacon 服务系统由 Beacon 设备、手机终端、服务器三部分组成，使用原理一般是在部署好 Beacon 设备以后，当手机终端进入 Beacon 设备可接收范围内时，会接收到 Beacon 设备发射出的位置信息，再上传到服务器，经服务器分析信息后，将处理指令传输到手机终端。定位方法一般采用的是三角定位法。

在应用实践中，主要是通过开发专用 APP 或集成到原有 APP 来提供 Beacon 服务。iBeacon 和 Eddystone 在商店、商场、博物馆、艺术馆、公交车及移动支付、商业广告方面应用的较多。其中，大部分用于向用户推送消息和场馆导航，也有部分应用于移动支付。

2.7.2　Beacon 在图书馆的应用

Beacon 技术应用于图书馆中是其对信息的标识、感知与处理功能。其最大优势是可创建基于活动情境的立体化服务体验，实现“移步换景”的情境效果；其最广泛的应用是场景化信息推送，就是利用 Beacon 的技术优势，感知读者的位置信息，并推送相应区域内的服务内容。

Beacon 技术的感知范围约在 30 ～ 50m，在图书馆内外均可部署。高校图书馆的馆外的部署可以选择食堂、自习室、公共教学楼等场所，读者进入场所内手机会自动接收图书馆近期活动通知等普适性消息，从而让读者根据需要获得相应的服务。

文献［31］通过研究 Beacon 技术在国内外应用的实例，结合图书馆的特点和实际情况，论述该技术在图书馆应用的可行性，提出基于该技术可以实现活动消息推送、馆藏导航、阅读推广、感应借书、阅览室座位管理、阅读分享互动、活动签到等功能。

文献［32］分析了二维码在信息标识方面对基于 Beacon 的智慧图书馆应用。认为基于 Beacon 的智慧图书馆应用服务的基础是信息的标识、感知与处理，而二维码作为信息标识与识别领域的关键技术，在读者标识、图书标识、座位标识、阅读推广服务标识方面，能够和 Beacon 技术充分配合，共同构建完善的智慧图书馆应用方案，满足图书馆服务的智能化需求，为读者创造全面的智慧服务体验。

文献［33］在开发模式下的图书馆微信平台经认证后可以搭建 Beacon 应

用平台，实现类似“摇一摇周边”的简单应用服务，北京市委党校图书馆微信服务号已经通过此应用服务实现讲座互动[33]。

文献［34］认为基于 Beacon 的移动图书馆应用方案比现有的图书馆基于位置的服务（LBS）构建方案具有更好的情景感知性、易用性和经济性。应用方案包括无缝式服务签到、情景化服务互动、黏着式服务推广。

文献［35］结合图书馆实际情况，从应用实践的角度出发，提出了 Beacon 技术在图书馆信息服务中的应用规划与系统设计方案，由此可以实现智慧图书馆个性化信息的推送，为每一位读者带来全新的服务体验。

文献［36］提出了 5 种基于 Beacon 的图书馆 LBS 应用方案，包括消息推送、馆内导览、读者行为分析、情景式信息素养培训和馆内导航。结合应用方案，设计了基于 Beacon 的图书馆 LBS 应用的系统功能、系统架构和硬件部署方案。通过建设基于 Beacon 的图书馆 LBS 应用可以为读者提供情景驱动式的智能化服务，提高图书馆服务质量。

2.8 NFC 技术及应用

2.8.1 NFC 技术概述

NFC（Near Field Communication，近距离无线传输）和 RFID 类似，是一种短距离无线通信技术标准，和 RFID 不同的是 NFC 采用了双向的识别和连接。在 20cm 距离内工作于 13.56MHz 频率范围，NFC 能快速、自动地组建无线网络，为蜂窝设备、蓝牙设备、Wi-Fi 设备提供一个“虚拟连接”，使电子设备可以在短距离范围进行通讯。NFC 的短距离交互大大简化了设备之间的整个认证识别过程，使电子设备间互相访问更直接、更安全和更清楚，听不到各种电子杂音。使用 NFC 通过在单一设备上组合所有的身份识别应用和服务，帮助解决记忆多个密码的麻烦，同时也保证了数据的安全保护。NFC 技术可使多个设备，比如数码相机、PDA、机顶盒、电脑、手机等之间实现无线互连、交换数据或服务。此外 NFC 还可以将其他类型无线通信（如 Wi-Fi 和蓝牙）“加速”，实现更快和更远距离的数据传输[14]。

NFC 工作模式采用的双向识别和连接，可以让任意两个 NFC 设备接近而不需要线缆接插，就可以实现相互间的通信，满足任何两个无线设备间的信息交换、内容访问、服务交换等工作要求。

NFC 采用 3 种不同的工作模式：卡模拟模式、点对点模式、读卡器模式[37]。卡模拟模式时，NFC 设备是被读设备，类似于一张采用 RFID 技术的 IC 卡，可用于身份识别，或者简单的看成一张身份证或者银行卡；点对点模式时与红外和蓝牙相似，将两台 NFC 设备近距离接触就能建立链接，实现数据点对点传输；读卡器模式时，NFC 设备是识读设备或称读写器，被当作一台读卡器来用，能从 NFC 芯片上获取信息[38]。

NFC 应用类型很广泛，比如在金融支付领域与手机钱包的配合进行日常支付，在交通领域实现公交一卡通解决方案，在广告领域可记录读取的次数，在图书出版领域目前有厂商推出的 NFC 图书集成了八个芯片，通过 NFC 设备读取可以浏览多媒体等。

虽然 NFC 技术无非是卡模拟模式、点对点模式、读卡器模式三种工作模式的应用。但三种功能却能衍生出千变万化的应用，另外，NFC 本身只是技术，在 NFC 逐渐升级为手机标配的情况下，在任何可以应用的领域该技术有望超越蓝牙、红外等手机功能。

2.8.2 NFC 在图书馆的应用

文献［39，40］分析了 NFC 技术在图书馆的应用和展望。文献［41］认为 NFC 将广泛应用于图书馆的手机读者证、信息推送、数据传输和移动支付等方面，实现图书馆的服务创新。文献［42］对 NFC 技术的技术特点、工作模式以及图书馆引入 NFC 技术具有的优势进一步做了阐述，结合一个实际的产品案例，实现了校园一卡通的功能。文献［43］介绍了 NFC 技术在图书馆的应用，同时对图书馆如何利用 NFC 技术开展智能服务以及目前面临的问题进行了探讨。文献［44］讨论了 NFC 技术应用于图书馆领域的各种可能，包括身份识别、消费支付、路线导航、图书浏览、自助借还书、自动复印、信息获取与共享阅读等。文献［45］对 NFC 技术应用于手机自助借书、还书、移动支付、信息获取与分享等移动服务进行了探讨。并论述了 NFC 自助借还书 APP 的设计，以及读者认证登录、图书馆藏与预约、图书借阅与归还、图书查询与续借、图书转借等功能[46]。文献［47］主要研究和探索了 RFID 智能图书馆系统中 NFC 技术的信息交互应用。为 NFC 技术在 RFID 图书馆中的研究提供了理论基础和应用方案。

根据文献［48—51］的论述，NFC 技术在图书馆中具体应用主要体现在如下几个方面。

1. 身份识别

利用 NFC 技术，图书馆中的门禁设备和借还设备可以使用带有 NFC 功能的手机进行身份识别，因为手机的 NFC 工作在卡模拟模式时，其本身就相当于一张 ID 号唯一的卡片，对读者的身份进行绑定，就可用于身份的识别。当然该功能也可以用于校园一卡通，完成比如吃饭、校内消费等服务。

2. 支付功能

图书馆需要用到支付功能，如书籍的超期罚款、资料的打印复印，以及其他在图书馆的消费等，当读者卡绑定 NFC 时，可以利用手机 NFC 功能直接支付这些花费。这种方式比较适合于公共图书馆，而一卡通更适合高校图书馆。

3. 读者卡终端

读者卡是读者在图书馆通行、登记、支付等服务的标识，NFC 技术与读者卡管理系统进行数据整合连接可以实现并完善读者卡的功能，这时的手机就相对于读者卡，不仅可以完成一卡通读者卡的功能，还可作为查询、修改信息的终端，从而以移动终端代替固定终端，让读者随时随地享受更多的图书馆服务。

4. 自助借还书

NFC 技术与读者卡集成后，在图书馆借还书时，读者直接使用带有 NFC 功能的手机接触图书的 RFID 标签，就可以实现图书借书、还书功能。特别适合人工借还的工作量大和自助借还机满足不了需求的情况。

5. 编目和流通

随着技术的进步，硬件成本的降低，有一天出版社可以采用 NFC 技术，把用于图书编目的 MARC 数据直接写入 NFC 芯片，并把芯片内嵌到图书中，那么图书馆采购后就可以直接利用 NFC 读取设备，把编目数据直接输入系统，将极大提高编目的效率和数据的准确率。图书馆编目时将图书馆的架位号等信息写入芯片，就可以实现图书的检索和定位。

6. 浏览图书信息

采用 NFC 标签的图书，标签中存储着图书信息，读者可利用自己的 NFC 手机客户端接触标签并获取图书的信息。在图书馆介绍展示区，读者用手机接触入口的 NFC 标签可浏览图书馆介绍、新书通报、海报讲座通知；在图书馆的流通、阅览区，接触书籍旁边的 NFC 标签，可获取图书简介、作者信息、其他作品、借阅情况，通过手机浏览器还可浏览该书的相关网上介绍、图片、音频和视频。

7. 自助存包

NFC 技术可以应用于图书馆的自助存包柜，这时用 NFC 手机代替传统锁具和钥匙以及条码纸控制柜门开关。读者存包时按操作键盘中“存”键，刷一下 NFC 手机，自助存包柜识别手机并生成 NFC 标签信息。读者取包时按操作键盘中“取”键，刷手机中的 NFC 标签对读者身份进行认证，实现开柜取包功能。

8. 座位管理

很多图书馆都上线了座位预约和管理的系统，但在实际的使用中最大的问题是对人的定位，一位读者进入阅览室后他是否在当前位置上很难判定，基本都是通过人工巡查的方式，效率低下、纠纷多。若采用 NFC 技术，读者进入阅览室，只要把手机放在贴有 NFC 芯片的座位上，系统就会隔几秒通过手机读取此 NFC 卡片的身份信息并在云端进行验证，这样就可以很准确定位当前读者的在位状态与否，提高阅览室的利用率、降低管理强度。

9. 图书漂流

采用 NFC 技术后，漂流图书也可加 NFC 芯片，读者由于用了授权的带有 NFC 功能的手机，可实现对漂流图书的借还。

10. NFC 打印服务

接触 NFC 打印机可以打印读者 NFC 手机里的文档、图片、网页等资料，实现资源的复制，并自动收费，操作简单，能避免损伤书籍和终端设备不兼容等障碍。

11. 采访交接

书商按照图书馆采购订单配送图书，交接时，不用清点，而是双方使用 NFC 手机接触就能交换采购订单和到货清单，帮助图书馆轻松完成清单签收和图书交接。

12. 读者名片交换

图书馆经常搞讲座、活动，如果在图书馆活动处设置 NFC 签到终端，读者只要用 NFC 手机轻触 NFC 签到终端，就能完成签到和名片交换，帮助图书馆精准知道读者的信息，并可以进行统计，以方便之后提供针对性的信息推送服务。

13. 设备控制

在设备中加入 NFC 芯片控制后，利用装在手机上的设备管理系统对设备的参数进行设置，设置好后，利用 NFC 功能，手机往控制设备的 NFC 芯片上靠近，就把数据写入 NFC，然后控制系统就根据 NFC 中设置的参数进行工作。比如带有 NFC 芯片的饮用热水器，NFC 手机接触就可出一定容量的热水。一些图书馆内供读者使用的电脑、笔记本等设备也可以通过 NFC 手机接触才可使用，并可控制使用的时间，甚至也可收取使用费。相信随着技术的发展，越来越多的设备会加进 NFC 控制，将来的设备管理将更加便捷。

2.9 其他几种近距离无线技术

除了本章以上介绍的几种近距离无线技术，当然还有其他的技术，下面做一些介绍。

1. M2M 技术

随着物联网和网络技术的发展，越来越多的设备需要具有一定的通信和联网能力。M2M 是 Machine-to-Machine/Man 的简称，是一种以机器终端智能交互为核心的、网络化的应用与服务。简单地说，它可将数据从一台终端传送到另一台终端，也就是实现人与机器、机器与机器之间的数据通信。总体来说，M2M 就是指人、设备、信息系统，三者之间的信息互通和互动。正如人与人之间的通信需要更加直观、精美的界面和更丰富的多媒体内容一样，M2M 的通信更需要建立一个统一规范的通信接口和标准化的传输内容 [52]。

M2M 的概念主要强调的是通信实现，网络在其技术框架中处于核心地位。M2M 技术可为各行各业提供集数据的采集、传输、分析及业务管理为一体的综合解决方案，实现业务流程、工业流程更加趋于自动化。在物与物“连接”的基础上，实现资产集中监控、设备远程操作、物流仓储管理、移动支付等应用。

实现 M2M 的第一步就是从机器 / 设备中获得数据，然后把它们通过网络发送出去。使机器具备“说话”能力的基本方法有两种：生产设备的时候嵌入 M2M 硬件；对已有机器进行改装，使其具备通信 / 联网能力。

M2M 系统一般包括硬件、通信网络和中间件三部分，其中硬件是使机器获得远程通信和联网能力的部件。M2M 硬件产品有五种[52]。

（1）嵌入式硬件。把通信模块嵌入到机器里面，从而使其具备网络通信能力。目前常用的模块是支持 GSM/GPRS 或 CDMA 无线移动通信网络的无线嵌入数据模块。

（2）可组装硬件。在实际应用中，对一些不具备 M2M 通信和联网能力的设备，可对这些硬件使用可组装硬件进行改装，不同设备提供相应的可组装硬件也不相同。

（3）调制解调器。上面提到嵌入式模块起的就是调制解调器（Modem）的作用，它可以将数据传送到网络。根据不同的传送网络，需要不同的 Modem。

（4）传感器。由智能传感器组成的传感器网络是 M2M 技术的重要组成部分。智能传感器是指具有感知能力、计算能力和通信能力的微型传感器。一组智能传感器互相协作感知、采集和处理网络覆盖的地理区域中感知对象的信息，并发布给观察者，或通过 GSM 网络或卫星通信网络将信息传给远方的信息系统。

（5）识别标识。为了让机器之间可以相互识别和区分，必须对机器进行识别，一般情况下是给机器加条形码、RFID 芯片卡等。

通信网络在整个 M2M 技术框架中处于核心地位，包括：广域网、局域网、个域网（ZigBee、传感器网络）等。

M2M 的中间件包括两部分：M2M 网关、数据收集 / 集成部件。网关主要的功能是完成不同通信协议之间的转换。数据收集 / 集成部件是为了将数据变成有价值的信息。

M2M 技术为各行各业提供集数据的采集、传输、分析及业务管理为一体的综合解决方案，实现业务流程、工业流程更加趋于自动化。相信，随着智慧图书馆建设的深入，在图书馆会有比较广泛的应用。

2. IrDA 技术

红外线数据协会 IrDA（Infrared Data Association）是一种利用红外线进行点对点通信的技术，是第一个实现无线个人局域网（PAN）的技术。目前采用 IrDA 标准的无线设备可以支持 4Mb/s 以及 16Mb/s 速率的数据传输，并且它的软硬件技术都很成熟，在小型移动设备，如 PDA、手机上广泛使用。事实上，很多出厂的 PDA 及许多手机、笔记本电脑、打印机等产品都支持 IrDA。

红外连接无须专门申请特定频率的使用执照，在当前频率资源匮乏，频道使用费用增加的背景下是非常重要的。相对简单的红外连接能适应不同的操作系统和大范围的传输速率。红外连接比有线连接更安全可靠，它避免了因线缆和连接器磨损和断裂造成的检修。具有移动通信设备所必需的体积小、功率低的特点。由于采用点到点的连接，数据传输所受到的干扰较少，速率最高可达 16Mb/s。

IrDA 的不足在于它是一种视距传输，两个相互通信的设备之间必须对准，中间不能被其他物体阻隔，因而该技术只能用于 2 台（非多台）设备之间的连接[53]。

3. UWB 技术

超宽带技术 UWB（Ultra Wideband）是一种无线载波通信技术，利用纳秒级的非正弦波窄脉冲传输数据，所占的频谱范围很宽。UWB 可在非常宽的带宽上传输信号，美国 FCC 对 UWB 的规定为：在 3.1 ～ 10.6GHz 频段中占用 500MHz 以上的带宽。

UWB 可以利用低功耗、低复杂度发射 / 接收机实现高速的数据传输，其具有系统复杂度低，发射信号功率谱密度低，对信道衰落不敏感，低截获能力，定位精度高等优点，尤其适用于室内等密集多径场所的高速无线接入，非常适于建立一个高效的无线局域网或无线个域网（WPAN）。UWB 主要应用在小范围、高分辨率、能够穿透墙壁、地面和身体的雷达和图像系统中。

UWB 具有一定相容性和高速、低成本、低功耗的优点。UWB 可在 10m 范围内，支持高达 110Mb/s 的数据传输率，不需要压缩数据，可以快速、简单、经济地完成视频消费娱乐等视频数据处理。UWB 较适合近距离内高速传送大量多媒体数据以及可以穿透障碍物方面的应用，比如家庭无线消费市场、近距离视频点播等场合。UWB 是一种很有前途的无线通信技术，相信随着视频应用的更加广泛，会在图书馆中获得一定的应用[53]。

4. EnOcean 技术

EnOcean 无线通信标准被采纳为国际标准，是世界上唯一使用能量采集技术的无线国际标准，很好地满足了超低功耗与节能以及安装简易、维护方便等的功能需求。这些能量经过处理以后，用来供给 EnOcean 超低功耗的无线通信模块，实现真正的无数据线、无电源线、无电池的通信系统。

EnOcean 无线通信协议是一个无须电源与电线即可提供低功耗数据传输的无线传感器解决方案，当前有 868.3MHz（欧洲、中国）、315MHz（北美、中国）、902MHz（北美）、928MHz（日本）四个使用频段。其工作原理是 EnOcean 能量采集模块能够采集周围环境产生的能量，从光、热、电波、振动、人体动作等获得微弱电力，以微小的电力加上超低功耗的主芯片以及专为节能而设计的无线传输协议来实现无线通信的功能[54]。

EnOcean 非常适合智能家居、智能楼宇、智能抄表、工业控制等应用，所有支持 EnOcean 协议的无线开关、传感器等都不需要电池、电源供电和与之配套的电源线，整个通信系统实现了真正的无数据线、无电源线、无电池。此外，EnOcean 的室内传输距离高达 30m（用中继器可达 100m），空旷地带传输距离为 300m。

5. Z-Wave

Z-Wave 是由丹麦公司 Zensys 所主导的无线组网规格，Z-Wave 是一种新兴的基于射频的、低成本、低功耗、高可靠、适于网络的短距离无线通信技术。工作频带为 908.42MHz（美国）、868.42MHz（欧洲），采用 FSK（BFSK/GFSK）调制方式，数据传输速率为 9.6kb/s，信号的有效覆盖范围在室内是 30m，室外可超过 100m，适合于窄带宽应用场合。相对于现有的各种无线通信技术，Z-Wave 技术也是低功耗和低成本的技术，有力地推动着低速率无线个人区域网[54]。

Z-Wave 技术设计用于住宅、照明商业控制以及状态读取应用，例如抄表、照明及家电控制、供热通风与空气调节 HVAC（Heating,Ventilationand Air Conditioning）、接入控制、防盗及火灾检测等。Z-Wave 可将任何独立的设备转换为智能网络设备，从而可以实现控制和无线监测。与同类的其他无线技术相比，拥有相对较低的传输频率、相对较远的传输距离和一定的价格优势。

Z-Wave 技术专门针对窄带应用并采用创新的软件解决方案取代成本高的硬件，因此只需花费其他类似技术的一小部分成本就可以组建高质量的无线网络。

2.10 几种定位技术比较

在物联网环境下，图书馆经常需要应用室内定位的技术，实时定位系统（RTLS，Real Time Location Systems）是一种基于信号的无线定位手段，可以采用主动式，或者被动感应式。其中主动式分为 AOA（到达角度定位）以及 TDOA（到达时间差定位）、TOA（到达时间）、TW-TOF（双向飞行时间）、NFER（近场电磁测距）等。

利用 GPS 定位卫星，在全球范围内实时进行定位、导航的系统，称为全球卫星定位系统（Global Positioning System），简称 GPS。GNSS 的全称是全球导航卫星系统（Global Navigation Satellite System），它是泛指所有的卫星导航系统，包括全球的、区域的和增强的，如美国的 GPS、俄罗斯的 Glonass、欧洲的 Galileo、中国的北斗卫星导航系统等，以及相关的增强系统。目前基于 GNSS 卫星定位已无处不在，但卫星定位的关键弊端就是信号无法穿透建筑物实现室内定位。

随着室内定位市场需求驱动和无线通信技术、传感器识别技术、大数据互联技术、物联网等技术的不断发展，不需要使用 GNSS，就可以解决室内定位的问题。目前室内定位根据用途方向可分为消费类和工业类。

消费类主要实现室内人员引导、消费推送、安全监控、智能家居等商业应用；工业类主要实现消防安全、人员监控、设备引导、财产安全、智能工厂、智慧工地等应用。根据文献［55,56］的网上资料，本节对目前几种室内实时定位技术进行了对比，这些技术都可以应用于图书馆。

1. 蓝牙定位技术

使用蓝牙技术实现室内定位，首先要在室内安装若干个蓝牙局域网接入点，把网络维持成基于多用户的基础网络连接模式，并保证蓝牙局域网接入点始终是这个微网的主设备，然后通过测量信号强度对新加入的盲节点进行定位。目前市场上主流的蓝牙定位技术都是基于三角定位算法，通过手机获取周围蓝牙基站的信号强度，再通过其他的一些辅助方法比如加权平均算法实现定位。

蓝牙标准采用蓝牙 4.2 核心规格，频率 2.4 至 2.485GHz，通讯距离 10 ～ 300m，数据速率 1Mb/s，安全性高。

优势：设备体积小、短距离、低功耗、低延时、支持复杂网络、智能连接，容易集成在手机等移动设备中。

缺点：传输距离短、传送速率一般、不同设备间协议不兼容、组网能力差。蓝牙传输虽然不受视距的影响，但对于复杂的空间环境，蓝牙系统的稳定性稍差，受噪声信号干扰大，且蓝牙器件和设备的价格比较昂贵。

适用：手机、智能家居、可穿戴、对人的小范围定位，例如单层大厅或商店。

2. Wi-Fi 定位技术

Wi-Fi 定位技术有两种，一种是通过移动设备和三个无线网络接入点的无线信号强度，利用差分算法，来比较精准地对人或物体进行三角定位。另一种是事先记录巨量的确定位置点的信号强度，通过用新加入的设备的信号强度对比拥有巨量数据的数据库，来确定位置。

采用基于 802.11n 的标准，频率 2.4GHz、5GHz 频段，数据速率最大 600Mbps、150 ～ 200Mbps（典型），通讯距离 20 ～ 300m，安全性低。

优势：覆盖范围广，使用方便，总精度较高，硬件成本低，传输速率高；可应用于实现复杂的大范围定位、监测和追踪任务。

缺点：传输距离较短，功耗较高，安全隐患大，稳定性差，组网能力差，一般是星型拓扑结构。

适用：可对人或车进行定位导航，也可用于智能家居、医疗机构、主题公园、工厂、商场、地铁等各种需要定位导航的场合。

3. RFID 定位技术

RFID 室内定位技术利用射频方式，其固定天线把无线电信号调成电磁场，附着于物品的标签进入磁场范围内就感应电流生成把数据传送出去，无须与特定目标之间建立机械或者光学接触，以多对双向通信交换数据以达到自动辨识，并使用三角定位追踪该物品。

使用 RFID 室内定位技术时，对某些没有电池的标签在识别时从识别器发出的电磁场中就可以得到能量；对有电池的标签，标签可以主动发出无线电波（调成无线电频率的电磁场）。RFID 标签包含的电子储存信息，可在数米之内识别。

优势：射频识别室内定位技术需要离标签很近才行起作用，但它定位的精度较高，可精确到厘米级别，并且定位速度快，体积较小，造价较低。

缺点：不具有通信能力，抗干扰能力较差，与其他系统不便于整合。

适用：射频识别室内定位已经被仓库、车间、商场广泛使用在货物、商品流转定位上。

4. ZigBee 定位技术

ZigBee 室内定位技术是由若干待测节点、参考节点与网关之间形成的网络通信系统，在使用时待测节点发出广播信息到网络，采集各相邻参考节点的数据，在这些数据中选择信号最强参考节点的平面坐标，计算与参考节点相关的其他节点的坐标，对定位引擎中的数据进行处理，并考虑距离最近参考节点的偏移值，从而获得待测节点在网络中的实际位置。

ZigBee 协议层从下到上分别为物理层、媒体访问层、网络层、应用层等。支持网络拓扑有星型、树型、网型等三种。

标准采用 IEEE802.15.4 标准，频率范围 868 ～ 868.6MHz、902 ～ 928MHz 和 2.4 ～ 2.4835GHz（免付费、免申请），数据速率 20kbps、40kbps 以及 250kbps，通讯距离 20 ～ 350m，安全性中。

优势：功耗低，延时短，速率一般，安全性较高，传输距离较长，组网灵活，可实现多跳传输。

缺点：穿墙能力弱，抗干扰性差，传输速率一般，定位精度对算法要求较高。

适用：目前 ZigBee 系统定位已广泛应用于室内定位、工业控制、环境监测、智能家居控制等领域。

5. UWB 定位技术

超宽带无线（UWB）技术是近年来提出的室内高精度无线定位技术，具有高达纳秒级别的时间分辨能力。UWB 利用事先布置好的已知位置的锚节点和桥节点，与新加入的盲节点进行通讯，并利用三角定位或者“指纹”定位方式来确定位置，结合基于到达时间的测距算法，理论上可以达到厘米级的定位精度，可以满足工业应用的定位需求。整个系统划分为三层：管理层、服务层、现场层。通讯距离 0 ～ 50m。

优势：具有 GHz 量级的带宽，速度很快，定位精度很高，穿透力较强，抗多径效果好、安全性高。

缺点：功耗较高，系统成本高。

适用：可用于雷达探测，同时应用于各个领域的室内精确定位和导航。

6. 红外线定位技术

红外线 IrDA 室内定位有两种，第一种是定位目标被贴上红外电子标识，发射调制的红外射线，这些射线被安装在室内的光学传感器接收，从而对定位目标进行定位；第二种是通过多对发射器和接收器，组成红外线网覆盖待测空间，直接对运动目标进行定位。定位精度 5 ～ 10m。

优势：较高的室内定位精度，抗干扰能力强。

缺点：红外线只能视线传播，易于受物体或墙体阻隔，当标识被遮挡时就无法正常工作，也极易受灯光、烟雾等环境因素影响明显，传输距离不长，布局复杂，成本较高。

适用：适用于实验室对简单物体的轨迹精确定位记录以及室内自走机器人的位置定位。

7. 超声波定位技术

超声波定位技术是基于超声波测距系统而开发，由若干个应答器和主测距器组成。主要采用反射式测距法，通过多边定位等方法确定物体位置，系统由一个主测距器和若干接收器组成，主测距仪可放置在待测目标上，接收器固定于室内环境中。定位时，向接收器发射同频率的信号，接收器接收后又反射传输给主测距器，根据回波和发射波的时间差计算出距离，从而确定位置。

优势：厘米级定位整体精度，结构相对简单，有一定的穿透性，很强的抗干扰能力。

缺点：空气中的衰减较大，不适用于大型场合，成本高。

适用：在数码笔上应用广泛，无人车间的物物定位也有应用。

8. Z-Wave 定位技术

Z-Wave 支持全网状网络，而不需要协调器节点，并且是可扩展的，可以控制多达 232 个设备。Z-Wave 是智能家居的国际通用标准协议，目前主要应用于智能家居。

优势：技术稳定，功耗低，抗干扰强，支持设备联动。

缺点：传输距离短，成本高。

适用：智能家居，酒店，工业。

9. NFC 定位技术

使用 NFC 技术的设备可以在彼此靠近的情况下进行数据交换，是由 RFID 及互连互通技术整合演变而来，通过在单一芯片上集成感应式读卡器、感应式卡片和点对点通信的功能。此技术实现了电子支付、身份认证、票务、数据交换、防伪、广告等多种功能，它改变了用户使用移动电话的方式，使用户的消费行为逐步走向电子化。通讯距离 0 ～ 20m，安全性超高。

优势：安全系数高，功耗低，成本低。

缺点：传输近，速度慢。

适用：交通，智能卡，金融。

10. LiFi 定位系统

LiFi 也叫可见光无线通信，它是一种利用可见光波谱进行数据传输的全新无线传输技术。LiFi 是运用已铺设好的设备，通过在灯泡上植入一个微小的芯片形成类似于 Wi-Fi 热点的设备，使终端随时能接入网络。

该技术最大的特点是通过改变房间照明光线的闪烁频率进行数据传输，只要在室内开启电灯，无须 Wi-Fi 也便可接入互联网，未来在智能家居中有着广泛的应用前景。通讯距离不定，安全性高。

优势：使用方便，安全系数高，环保节能。

缺点：环境干扰大，标准不统一。

适用：智能家居，酒吧，灯光控制，可见光场所。

以上是成型的主流室内定位方案，每种定位模式均有其优势和劣势。能够满足米级定位精度的定位技术，从规模上推广角度来看由易到难，依次为 LiFi、Wi-Fi、RFID、ZigBee、超声波、蓝牙、超宽带等。最热门的室内定位技术是基于 Wi-Fi，它的优势主要是 Wi-Fi 系统广泛部署，可以直接利用，同时各种智能终端如手机都具有 Wi-Fi 模块，故此，使用 Wi-Fi 定位成了顺理成章的事情。但 Wi-Fi 的缺点是其精度不高，一般在 10m 的级别，有的方案通过位置指纹库来提高这一精度，但位置指纹库的构建需要地图构建，初期采集大量的信息，同时该方法的可移植性也比较差。

本章小结

本节对物联网及相关网络技术进行了论述，物联网技术在智慧图书馆建设中起着决定的作用，但并不是说一个图书馆使用了物联网技术就是智慧图书馆了。只能说图书馆在感知这块采用了物联网技术后，对底层的数据、环境有了更深的了解，在一些业务上更加方便了读者，有的业务看上去具有了一定的“智能”。

所谓的智慧图书馆是图书馆在实现全信息化的基础上，对数据采用人工智能等技术进行大数据分析以后而产生的“智能”，从这个层面上具有了一定的“智慧”，才可以称为进入了智慧图书馆的阶段。物联网技术及其信息系统，是这些数据的来源之一，没有物联网采集数据的支撑，就不可能实现图书馆的智慧化管理和服务。

本章主要参考文献

[1] 胡海燕,赵全芝.基于全面感知的智慧图书馆创新服务研究[J].现代情报,2014,34(09):105-110.

[2] 尚新丽,王晓燕.物联网环境下图书馆智慧化管理与服务分析[J].创新科技,2016(11):87-89.

[3] 郑雁领.产品电子码(EPC)及其对图书馆的影响[J].农业图书情报学刊,2005(08):153-155.

[4] 董千里等.物流工程[M],中国民人大学出版社,2012.05.

[5] RFID世界网.物联网RFID的4个基本组成部分说明是什么？[EB/OL].(2018-11-1)[2018-12-23].http://news.rfidworld.com.cn/2018_11/f1d7f910350acbe7.html

[6] CSDN.物联网之RFID一[EB/OL].(2018-08-19)[2018-12-23].https://blog.csdn.net/weixin_39148042/article/details/81814240.

[7] 倪菊.大数据云计算背景下智慧图书馆的构建研究[J].大众科技,2018,20(02):108-110.

[8] 涂新莉."互联网+"背景下24小时智慧中医药图书馆构建思路探讨[J].中国中医药图书情报杂志,2018,42(01):1-4.

[9] 党海霞,吴海侠.基于新技术环境下智慧图书馆的构建模式[J].农业图书情报学刊,2017,29(08):36-39.

[10] 何永进.RFID与智慧图书馆[N].中国出版传媒商报,2013-09-13(012).

[11] 王黎.基于RFID的智慧图书馆服务模式研究[J].科教导刊(中旬刊),2013(07):242-243.

[12] 王苑,王岚.基于RFID技术的智慧图书馆构建和应用[J].图书馆学刊,2013,35(12):98-100.

[13] 许艳丹,张前进.基于物联网的智慧图书馆研究[J].陕西理工学院学报(自然

科学版),2016,32(01):50-53.

[14] CSDN.常用短距离无线通信优缺点的纵横比较[EB/OL].(2011-04-08)[2018-12-26].https://blog.csdn.net/qsj8362234/article/details/6309041.

[15] 李明理.基于蓝牙技术的高校图书馆开架式流通管理方案设计[J].河南理工大学学报(自然科学版),2008,27(06):643-648.

[16] 丁夷.基于蓝牙无线网络的图书馆信息服务体系构建[J].图书馆工作与研究,2011(05):39-42.

[17] 张义茹.论新技术在智慧图书馆管理模式中的应用[J].内蒙古科技与经济,2017(19):118-120.

[18] 陈斌涛,刘任任,陈益强,等.动态环境中的WiFi指纹自适应室内定位方法[J].传感技术学报,2015,28(05):729-738.

[19] 王栋,袁伟,吴迪.基于WiFi物联网的图书馆环境监测系统[J].计算机科学,2018,45(S2):532-534,557.

[20] 石繁荣.基于RFID与ZigBee无线传感网络研究与设计[D].西南科技大学研究生学位论文,2012,4.

[21] 秦格辉.ZigBee与RFID整合应用研究——智慧图书馆感知网组网设计[J].图书馆论坛,2014,34(05):86-91,144.

[22] 吴蓬勃,李学海,卜新华.RFID和ZigBee的图书馆智能监控通道系统设计[J].单片机与嵌入式系统应用,2013,13(12):51-54.

[23] 孙健勋,李金鹏,苗世贤,等.基于ZigBee的图书馆智能座位管理系统设计[J].科学技术创新,2018(32):72-73.

[24] 杨勇,周雪琴.基于ZigBee的图书馆环境监控系统设计[J].微处理机,2016,37(01):24-27.

[25] 温超,丁霞,王冬青,等.基于ZigBee的图书馆无线温湿度监测系统设计[J].青岛大学学报(工程技术版),2016,31(02):26-31.

[26] 张轩,王欣欣.基于ZigBee的智能图书馆环境感知系统设计[J].电子制作,2017(23):32-34.

[27] 张竣淞,刘冬梅.ZigBee技术在图书馆环境自动监测方面的应用[J].华北科技学院学报,2013,10(01):109-111.

[28] 王丽娟,闫绍敏.基于ZigBee技术的图书馆智能消防监控系统[J].电子技术,2013,40(02):52-54.

[29] 贾志城,白建军.基于ZigBee网络的图书馆智能照明系统设计[J].建筑设计管理,2014,31(04):76-79.

[30] 赵林静,陈文文.基于物联网和Zigbee技术的图书馆火情监控系统设计[J].西南师范大学学报(自然科学版),2013,38(12):158-163.

[31] 钱海钢.Beacon技术在图书馆的应用探索[J].图书馆论坛,2017,37(01):115-119.

[32] 王雯霞,刘春丽.二维码对基于Beacon的智慧图书馆应用的补充研究[J].图书馆学研究,2017(05):20-23,51.

[33] 陈晨,许平沧,李虹,等.微信摇周边在图书馆近场服务中的实践——以北京市委党校图书馆讲座为例[J].现代图书情报技术,2016(3):97-102.

[34] 黄悦深,刘敏.Beacon在基于位置的移动图书馆服务中的应用[J].图书情报工作,2015,59(03):73-78.

[35] 黄辉,相平.Beacon技术在图书馆信息服务中的应用研究[J].数字技术与应用,2016(09):74-76.

[36] 孙婷婷,颜凯,董茜.基于Beacon的图书馆LBS应用研究[J].华中科技大学学报(自然科学版),2016,44(S1):162-166.

[37] 陈文珏,韦绍明.图书馆引入NFC技术探讨[J]. 公共图书馆,2013(1):52-56.

[38] 刘淑萍.NFC技术与图书馆服务创新[J].图书情报工作,2014,58(16):91-95.

[39] 陈恩琳,刘圣煌.NFC技术在图书馆的应用展望[J].图书馆研究,2014,44(04):111-113.

[40] 彭拓夫.NFC技术在图书馆服务中的应用分析[J].信息通信,2016(08):270-271.

[41] 刘淑萍.NFC技术与图书馆服务创新[J].图书情报工作,2014,58(16):91-95.

[42] 吉久阳.NFC技术在高校图书馆中的应用探索[J].电子科学技术,2016,03(05):594-598.

[43] 刘晓景.图书馆利用NFC技术初探[J].内蒙古科技与经济,2017(18):71-73.

[44] 张琳.NFC技术在图书馆的创新应用展望[J].晋图学刊,2017(02):15-17,23.

[45] 钱海钢.基于NFC的图书馆移动服务探索——以广东省立中山图书馆为例[J].图书馆论坛,2015,35(08):132-136.

[46] 钱海钢.NFC自助借还书:图书馆自助服务的新模式[J].图书馆学研究,2018(03):83-89.

[47] 李宽省.RFID智能图书馆系统中NFC技术的信息交互应用研究[D].贵州财经大学,2017.

[48] 赵小娟,朱建明.NFC技术在图书馆中的创新应用模式研究[J].图书馆工作与研究,2016(06):59-62.

[49] 江先斌.基于NFC技术的智慧图书馆的研究[J].机电技术,2016(06):29-31.

[50] 罗木华.基于NFC技术的图书馆服务研究[J].图书馆理论与实践,2016(02):85-88.

[51] 于兴尚,李嘉霖.基于NFC技术的智慧图书馆研究[J].内蒙古科技与经济,2018(17):91-93.

[52] 百度百科.M2M协议[EB/OL].(2018-12-25)[2018-12-28].https://baike.baidu.com/item/M2M协议/2001495.

[53] 与非网.ZigBee与Wi-Fi、BlueTooth等无线传输协议对比[EB/OL].(2009-06-15)[2018-12-28].https://www.eefocus.com/davidniu/blog/09-06/171695_6e089.html.

[54] 51CTO.几种主流无线通信技术的比较[EB/OL].(2014-05-29)[2018-12-29].http://network.51cto.com/art/201405/440756.htm.

[55] 电子工程世界网.7种室内实时定位技术对比[EB/OL].(2018-12-13)[2018-12-29].http://bbs.eeworld.com.cn/thread-1063847-1-1.html.

[56] 全球物联网观察微信公众号.【最全收录】短距离通信技术的七大流派及代表厂商[EB/OL].(2018-10-19)[2018-12-29].https://mp.weixin.qq.com/.

第三章　共享数据中心

智慧图书馆的一个重要特征就是“互联互通”，该特征是“万物互联”在图书馆的具体体现，也是“万物互联”环境下智慧图书馆构建的基础。目前图书馆已建设了各种各样的信息系统，而这些系统是在不同时间、不同开发环境，甚至开发语言和数据库也不尽相同的情况下逐步建成的，并且不同的系统一般由不同的厂商提供或图书馆自建。由于各个系统之间的数据不通信、不统一、不交互、不共享，结果造成了图书馆信息系统的“信息孤岛”问题。一个个分散、孤立的信息岛屿严重阻碍了智慧图书馆“互联互通、信息共享”目标的实现[1]。

在物联网以及各种信息系统的基础上，如何保证图书馆数据的一致性和共享性，从而借助人工智能和大数据技术实现智慧化管理和服务，首先要解决数据的“信息孤岛”问题，这是智慧图书馆建设的关键。因此，在智慧图书馆的初级阶段，构建一个完整统一、高效稳定、易管理易维护的数据集成平台已经成为图书馆建设的重要目标。

本章主要从共享数据中心、数据标准、ETL（extract-transform-load）、数据治理、系统集成等几方面进行论述，最终实现图书馆各个信息系统以及图书馆和其他相关信息系统实现数据的交换，并讨论如何建立图书馆层面的共享数据中心平台。

3.1　数据管理方面存在的问题

随着数字图书馆建设的不断深入，图书馆积累了海量的借阅、电子资源、知识库、感知等数据，并建设了数量众多的应用系统。而随着应用的不断深入，这些孤立的数据和系统突显出不少矛盾。

（1）图书馆内部信息化建设方面，应用系统接口不统一，标准不统一；信息不能完全共享，从而形成多个“信息孤岛”。由于图书馆有很多应用系统来自不同的厂商，系统之间相互独立，互不关联，信息调用和共享困难，有限的共享仅通过人工或点对点传输，效率低下。比如有的高校图书馆对新生的数据，只能通过招生部门提供的 Excel 表来导入。

（2）部分系统的数据冗余存在，数据之间存在二义性和不一致性，缺乏统一的数据标准或规范，数据无法相互理解，共享困难[2]。

（3）数据存在多个入口，一致性和准确性难以保证；数据离散，难以进行宏观的数据挖掘和分析。比如对高校图书馆来说，本科生基本数据开始时可能来自招生部门，后来又可能来自一卡通部门。

（4）有些业务系统一般不保留历史数据无法进行趋势分析，同时也无法快速处理图书馆或学校机构变化等带来的数据调整问题。

（5）有的高校也缺乏统一的数据编码标准，造成高校各个部门之间信息资源和数据难以共享，由此也影响了高校图书馆数据统一标准的制定或执行。另外，就是有了数据标准，但数据标准制定容易，落地困难，标准的执行完全依靠图书馆所有人，甚至高校信息部门所有人来执行，随着时间推移，标准与实际偏离越来越大，无法得到有效的控制和管理。

（6）在智慧图书馆的建设中，需要用到全方位的数据，不仅是图书馆自己应用系统的数据，并且还包括学校其他应用系统的数据，但目前的现实是实现数据交换建立图书馆层面的共享数据中心还有很长的路要走。

以上的瓶颈问题已经严重影响了图书馆向全面智慧化的发展，甚至也影响到了高校信息化的建设。可以肯定地说，没有图书馆全数据的共享数据中心建设，就不能实现真正意义上的图书馆智慧化。

本章以高校的图书馆为例，对高校图书馆的共享数据中心建设进行论述。

3.2　共享数据中心概述

近年来，高校的数字化校园建设取得了巨大的进展。高校数字化校园的建设，大多是以信息门户平台、统一身份认证平台、共享数据中心平台这“三大平台”为主要建设内容，继而开发建立在各个应用数据库系统的数据之上的综合应用，而共享数据中心平台的是整个数字化校园的心脏[3]。

为了更好地建设智慧图书馆，需要先建设图书馆层面的共享数据中心，图书馆的共享数据中心是收集、处理和存储图书馆各类应用系统的数据，并为图书馆提供信息共享服务的平台。通过该平台将图书馆内的各类数据进行数据集成、集中存储，通过统一的可靠性、安全性方面的设计，对用户提供稳定、可信的数据服务。

目前，对高校图书馆来说，一般都是配合高校共享数据中心的建设，而鲜有建设图书馆层面的共享数据中心，但随着信息技术的发展，尤其是人工智能和大数据技术的逐步应用，图书馆信息系统数据的海量增加，以及建设智慧图书馆更好地为读者提供智慧化服务需求的迫切，图书馆迟早要建立图书馆层面的共享数据中心。这就是本章为何要对建立共享数据中心的技术进行讨论的原因。

3.2.1 共享数据中心的功能特点

随着数字图书馆和网上数字资源建设取得了巨大的成就，读者通过互联网或移动端随时随地可以很方便地获得电子图书或其他资源，而相应的纸质图书或刊物的借阅量在逐步地减少，无论是公共图书馆还是高校图书馆都在考虑如何更好地为读者服务这个问题，而把读者的借阅和其他信息进行整合，建立图书馆层面的共享数据中心，借助共享数据中心收集、处理和存储各类共享数据，并为图书馆或学校提供信息共享服务平台，为实现系统的集成和各个系统之间的数据共享，提供有效的决策支持数据。在此基础上进行的智慧图书馆建设，是提高为读者服务水平的有效途径之一。

图书馆的共享数据中心可以让图书馆各个应用系统之间的实现数据共享，并对各种数据实现统一的管理，从而保证图书馆数据的及时性、完整性和一致性。图书馆的共享数据中心具有以下功能特点。

1. 实现图书馆信息资源的整合和数据的高效存储

根据图书馆的实际情况和实际需求，将各类需要共享的信息数据，通过数据交换、清洗、装载等处理，然后把数据存放于共享数据库中，使得数据的存放更为精简有效，并且减少了数据存取时的开销，同时能够保证数据及时更新，保证了图书馆信息的一致性，有利于对图书馆的数据进行统一的管理[4]。

2. 实现图书馆的数据共享和合理有效使用

建立基于数据管理和利用的综合性技术方案的共享数据中心，用以存放大量数据的同时有效地将数据管理起来，并提供数据访问的接口，为系统集成和各个系统之间的数据共享提供平台，保证数据的及时性、完整性和一致性[5]。

3. 提供有效的决策支持数据，为大数据分析做准备

为了建设智慧图书馆，提供智慧化管理和智慧化服务，需要利用人工智能、数据挖掘等技术，进行大数据分析，而建立图书馆层面的共享数据中心是前提，是智慧图书馆建设的基础。

3.2.2　共享数据中心的建设目标

图书馆在建设共享数据中心之前，应该充分考虑本馆的实际情况和实际需求，涉及哪些应用系统，涉及哪些数据库，共享数据中心建好后打算做什么，怎么做，都要有一个总体的思路或设计，并且要为未来的发展留有余地。图书馆的共享数据中心建设目标是：

（1）图书馆建成的共享数据中心，要尽量覆盖所有相关的应用系统，采集的数据尽量详细精确，同时实现数据及应用系统的集中和集成。

（2）建立图书馆的数据仓库，提供丰富的数据分析展现功能，同时为后续的大数据分析和数据挖掘提供基础支撑。

（3）共享数据中心的数据要做到唯一性与共享性。唯一性是指同一个基础项数据必须唯一，不能有二义性；共享性是指数据必须实现应用系统之间的共享。

（4）共享数据中心应建立统一的安全防护体系以保障数据的安全，同时对应用系统的访问进行权限管理以防止数据的泄露。

（5）在建设结合共享数据中心的同时，完善共享数据中心与应用系统之间的数据交换体系，并提供数据交换的安全保障。

（6）实现网络、硬件、存储设备、数据、业务系统和管理流程、服务流程、数据交换流程的统一集中。

（7）统一的信息管理模式及统一的技术架构，能够迅速地实施部署各种新的信息系统，提升管理能力。

3.3 共享数据中心平台架构

图书馆建设自己的共享数据中心具有重要的意义。共享数据中心平台是管理和维护共享数据中心的软件工具，建立基于数据管理和共享利用的图书馆共享数据中心平台，在存放大量数据的同时有效地将数据管理起来，提供数据访问的手段，为系统集成和各个系统间的数据共享提供服务，保证数据的及时性、完整性和一致性。从图书馆管理和服务过程的人性化与智能化角度出发，为图书馆各个应用系统的智能化提供数据支撑。同时以大数据的产生、归集、挖掘、应用为轴线，以图书馆管理过程中的各项工作如纸质图书刊物采购和编目、电子资源采购、读者借阅等为事件，深入分析智慧管理的内涵与核心特征，构建大数据背景下的图书馆共享数据中心体系框架，包括新技术新装备与新应用、学习行为数据、学习习惯、借阅爱好、访问电子资源的行为、优质电子资源开发利用、移动阅览与智能自助服务、大数据的挖掘与应用、智慧决策支持等，探讨图书馆共享数据中心平台体系的一般流程和未知价值，形成图书馆管理数据化、服务化、智慧化，促进图书馆的智慧服务，提升图书馆管理和决策的智慧化水平，引领图书馆在大数据时代下的跨越式发展。

采用人工智能和大数据技术对数据进行分析和挖掘，了解读者表象的或隐含的需求，有针对性地为读者提供全方位的个性化服务，是一个重要的提高服务质量的策略，这也许就是图书馆业内建设智慧图书馆的初衷和目的。

基于以上认识，图书馆层面的共享数据中心建设可以说是智慧图书馆建设的前提和保证。下面从逻辑架构、数据架构、执行架构三个方面重点论述共享数据中心平台的架构。

1. 逻辑架构

图书馆的共享数据中心平台逻辑架构包含：应用架构、数据架构、执行架构、基础架构（物理架构）、安全架构、运维架构[6]。

（1）应用架构。应用架构是指共享数据中心所支撑的所有应用系统部署和它们之间的关系。图书馆的这些应用系统一般有图书馆综合管理信息系统、门禁管理信息系统、知识库管理信息系统、预约管理信息系统等。

（2）数据架构。数据架构是指每个应用系统模块的数据构成、相互关系和存储方式，还包括数据标准和数据的管控手段等。

（3）执行架构。执行架构是指数据仓库在运行时态的关键功能及服务流程，主要包括 ETL 架构和数据访问架构。

（4）基础架构。也叫物理架构，为上层的应用系统提供硬件支撑的平台，主要包括服务器、网络、存储等硬件设施。

（5）安全架构。安全架构覆盖共享数据中心的各个部分，包括运维、应用、数据、基础设施等的安全管理和体系架构。

（6）运维架构。运维架构面向图书馆的技术人员，为整个信息系统搭建一个统一的管理平台，并提供相关的管理维护工具，如系统管理平台、数据备份工具和相关的管理流程。

2. 数据架构

以高校图书馆为例，对高校图书馆共享数据中心平台数据流向进行初步的设计。图 3–1 是高校图书馆共享数据中心一个简单的数据流向示意图。

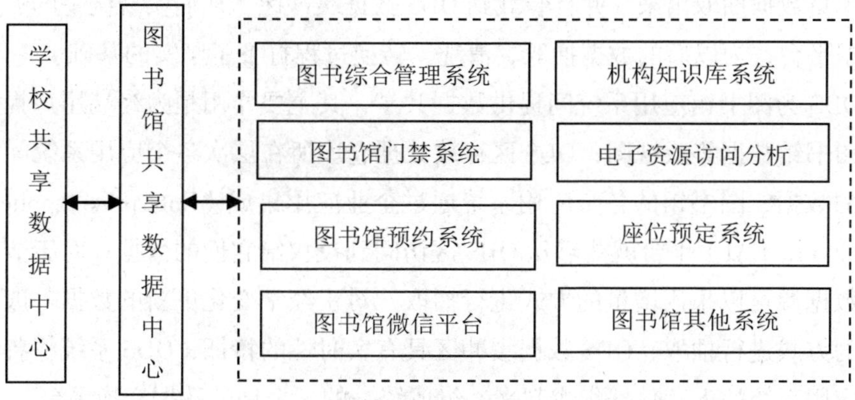

图 3–1 高校图书馆共享数据中心数据流向示意图

在图 3–1 中，高校已经建立了学校层面的共享数据中心平台，图书馆建设的共享数据中心需要高校其他应用系统的数据可以通过和学校共享数据中心进行数据交换取得，同样，学校所需图书馆的数据可以从图书馆共享数据中心交换取得。一般情况下，高校图书馆需要师生的基本信息和一卡通的信息。另外随着智慧图书馆建设的深入，图书馆根据需求，还需要获取其他种类的信息，比如如果打算对一位教师的科研进行评价，那势必还需要教师的专业、学历、科研、讲课课程等信息；如果想对一个学生进行个性化画像，并提供个性化服务，那么学生的专业、成绩、课程等信息也需要获取过来，等等。

这里的“图书馆综合管理系统”指的是图书馆的流通、阅览、采编等为一体的信息系统，综合管理系统和图书馆的其他应用系统，比如机构知识库系统、门禁系统等，和图书馆的共享数据中心进行数据交换。

以上数据交换可以采用ETL技术，开源的、商业的或者基于云的，图书馆根据本馆实际情况和实际需要，采用合适的ETL技术。

3. 执行架构

执行架构用于规范和定义数据仓库运行时态的功能流程。图书馆的共享数据中心平台和其他数据中心平台一样，也是由操作型数据存储区、ETL、数据仓库区、数据集市区、BI展示区、两级数据中心的级联等组成。

操作型数据存储区。操作型数据存储（Operational Data Store，ODS）的数据缓冲区是业务数据流动过程的第一个存储区。数据仓库从各个业务系统的数据源中将数据抽取出来，并且装载到ODS数据缓冲区，从而实现统一的、全局的数据平台，为以后的数据抽取、清洗、转换过程打下了坚实的基础。

ODS为图书馆应用系统间提供数据共享，其主要作用是为终端用户提供一致的图书馆数据集成视图；ODS区存放数据仓库所在层次各个应用系统间需要共享的数据，图书馆的各个应用系统通过企业应用集成（Enterprise Application Integration，EAI）平台就能够从ODS区访问到授权给它们的数据；对于数据量大的数据源可以采用增量的方式进行抽取，对于经常变化更新的数据一般采用全量的方式进行抽取；ODS数据缓冲区具有实时性的特征，ODS系统将各个孤立的应用系统的运营数据集成起来，组成统一的、全局的数据交换平台。

ETL。ETL主要作用是在异构系统之间实现信息交换，用于将ODS区的数据迁移到数据仓库或将数据源的数据整合到ODS的工作，主要提供数据移动控制、数据转储及相关的各种流程与服务。ETL主要完成的工作有几部分组成，分别是任务调度、批量文件控制、错误处理、异常处理、文件与数据传输、验证与审核。

数据仓库区。数据仓库DW（Data Warehouse）区是共享数据中心架构中最核心的数据存储区域，它包含一个相对稳定的、企业级的数据仓库数据模型，支撑大部分的数据应用。数据仓库区内的数据，数据粒度与 ODS 一致或粗于 ODS 区，这些数据是按照主题存放的。在进入数据仓库之前，这些数据必须按照业务数据主题域进行整合。

数据仓库是面向主题的、集成的、稳定的、随时间变化的，主要用于决策支持的数据库系统。ODS 具备数据仓库的部分特征和联机事务处理系统的部分特征，它是"集成的、当前或接近当前的、不断变化的"数据，一般不保留数据的变动轨迹，是数据仓库体系结构中的一个可选部分。

数据集市区。数据集市也叫数据市场。数据集市区可以说是一组针对某个主题域、特定的、部门或用户分类的数据集合。数据集市区根据用户的快速访问和数据输出情况对数据的数据结构进行索引和汇总等进行优化，并把数据按分析主题、数据模型呈星型结构进行存放和组织。而数据仓库的数据按照主题、数据模型满足第三范式存放和组织。从数据仓库到数据集市的数据移动包括维表的映射、实体表向事实表，以及实体间关系到多维关系的映射。数据仓库中所存放的数据需要经过累计汇总转换后才能加载到数据集市中。

BI 展示区。商业智能（Business Intelligence，BI）包括即席查询、预定义报表、联机分析处理（On-Line Analytical Processing,OLAP）等，通过前端分析、访问工具将数据集市内的数据展现给最终的用户。

两级数据中心的级联。通过数据交换平台对两级数据中心进行级联。

共享数据中心平台的建设主要涉及信息标准、ETL 和数据治理等几个方面，所以说在建立共享数据中心之前，首先要考虑图书馆层面信息标准的制定，然后根据图书馆的信息标准把相关应用系统的数据经过 ETL 交换到共享数据中心的数据仓库中，在 ETL 或随后的过程中若发现某些数据错误或不一致，需要对这些数据进行清洗，在数据交换到共享数据中心的数据仓库后，需对数据进行治理，数据治理的目的是为了提高数据的质量，保证数据的安全性，从而为实现数据资源在高校图书馆应用系统之间的共享打下基础，数据治理后就基本上建立了图书馆层面比较高效的共享数据中心，通过共享数据中心平台对共享数据中心进行管理和维护，共享数据中心平台负责和各个应用系统之间交换数据，利用共享数据中心的数据，采用人工智能和大数据技术对数据进行分析和挖掘，为实现图书馆的智慧管理和服务打下基础。

3.4 信息标准建设

图书馆的信息标准建设是图书馆共享数据中心建设的重点步骤之一，对推进图书馆信息化建设，保证信息的交流与共享，有着重要的意义。

信息标准是信息在采集、处理、交换、用户访问、传输过程中的统一规范，是保证数据一致性的前提，是构建稳定、合理数据结构的关键，是最大限度的实现信息资源共享和信息系统得到协同发展的基础[7]。

信息标准在图书馆信息系统范围内，为数据库设计提供类似数据字典的作用，也是信息交换、资源共享得以实现的关键因素和基础性条件[8]。共享数据中心平台的信息标准需要保证信息在采集、处理、交换、传输的过程中有统一、科学、规范的分类和描述，能够使信息有序流通、最大限度地实现信息资源共享，使图书馆应用系统得到协同发展，发挥信息资源的综合效益。整个图书馆的数据都需要按照一定的标准编码，以方便图书馆各个应用系统之间、图书馆和学校之间、图书馆之间的数据流通。

3.4.1 信息标准建设内容

信息标准的建设内容主要包括数据标准、编码标准、接口标准和应用标准[9]。

1. 数据标准

图书馆的数据标准一般由图书馆的一些信息子集来进行定义，每个信息子系统包括以下内容：数据集、数据子集、数据项分类与分层结构；数据集定义、属性描述；数据子集定义、属性描述；数据项定义、属性描述、权限描述。

每个信息子集的制订要结合并考虑高校图书馆以及学校共享数据中心的实际情况，同时随着图书馆各类应用系统的建设与更新，以及高校各类应用的建设与更新，需同步对信息子集进行修订和补充，并且信息子集的制订范围应尽量涵盖图书馆的所有业务。

图书馆数据集包括图书馆信息子集、高校共享数据中心子集和馆际子集。其中图书馆的子集一般包括图书基本数据类、借阅证数据类、图书借阅信息类、知识库信息类等；高校共享数据中心子集是在高校已经建立学校层面的共享数据中心，这时图书馆的共享数据中心直接从学校共享数据中心交换数据即可，其子类一般有高校的人事信息类、办公信息类、科研信息类、教务信息类、学工信息类、一卡通信息类等，甚至还有国资、财务等类；馆际子集一般包括馆际互借信息类、馆际其他类等。

2. 编码标准

高校图书馆应以国家标准、教育部标准、行业标准、高校内部标准等为基础建立信息标准的信息分类编码标准体系，同时还要兼顾各个标准之间的兼容性、一致性和扩展性。在有关标准的基础上，结合图书馆信息化和智慧化建设、图书馆和高校共享数据中心、馆际业务等实际情况，编写图书馆的信息编码集。在参考代码标准方面，数据要按照统一的标准产生、存放、使用，使数据真正达到规范性、统一性和一致性。同时信息标准设计应该具有良好的扩展性，能够不断的维护与完善。

3. 接口标准

接口标准是图书馆的共享数据中心与图书馆应用系统之间、与学校共享数据中心之间、与馆际系统之间进行数据交换、清洗、治理和共享的规范和基础。高校图书馆主要应完成下面三个标准建设。完成图书馆各个应用系统、学校共享数据中心、馆际系统等数据库中用于交换的数据基础接口标准建设；根据图书馆数据共享和数据分析的实际需求，完成图书馆共享数据中心的数据库数据交换模型设计；完成图书馆的共享数据中心与图书馆应用系统之间、与学校共享数据中心之间、与馆际系统之间数据交换接口标准建设，包括交换周期、交换模型、多种交换接口方式等交换语义描述标准；最终建立具有良好的扩展性、统一的数据传输与数据交换规范，实现应用系统间的数据交换[9]。

4. 应用标准

图书馆共享数据中心建设的目的是为了应用，除了进行数据分析等以外，还要给图书馆现有的应用系统、以后新上的应用系统、学校的共享数据中心、馆际系统、智慧图书馆建设等提供数据支撑，所以需要确定图书馆和学校的共享数据中心数据标准之间的标准对接规范，保证它们之间数据的统一性和互补性。随着图书馆以及高校信息化进程的发展，信息标准也必须是一个及时更新、不断充实的动态系统。共享数据中心平台能够提供对信息标准进行管理和维护的工具。

3.4.2 信息标准建设要求

信息标准建设是图书馆或高校信息化建设的基础，信息标准需要保证信息在采集、处理、交换、传输的过程中做到统一、科学和规范，并能够最大限度地实现信息资源的交换和共享[10]。信息标准建设要求为[9]：

1. 标准管理和维护

信息标准管理和维护的工具可以实现图书馆各个应用系统或学校共享数据中心的某些信息标准的修改或变更，并经过确认后可以自动或人工操作更新到与之对应或相关的应用系统。该工具可集成在图书馆的共享数据中心平台，主要实现以下功能：可视化的操作界面，可对数据标准模式进行初始化，对数据标准集进行浏览、维护、增删，对图书馆标准的模式和样例数据进行展示；提供参照数据代码标准、执行代码标准模式的新增、数据浏览和维护，支持执行标准与参照标准的对比；可建立映射关系，用以描述原标准和新标准之间的关联关系。

2. 简单性与规范性

数据的代码名称要尽量有一定的意义，尽可能反映名称的特点，结构要尽量简单，长度位数要尽量少，并遵循一定的使用习惯和制定规范，在保证代码处理效率的同时，以便减少代码的差错率，进而还能节省存储空间。

3. 唯一性、可扩性与兼容性

每一编码对象的代码必须保证其唯一性；代码结构具有可伸缩性和留有一些备用码以满足同类编码对象持续增加、扩充的需要；高校图书馆的信息标准要尽量和已有的国家、教育部、行业、学校的信息分类标准为基础进行制定，做到兼容性。

4. 科学性与系统性

信息标准的分类依据和分类基础应该体现描述对象中最稳定的属性或特征，或者称其为关键属性特征；信息标准的分类还应考虑事物的内在联系，需要分类的对象应按照概念的属性或特征以及一定排列顺序予以系统化。

5. 规范性、适用性和合理性

在一个信息编码标准中，代码不仅要反映分类对象的特点，而且要便于记忆，便于使用。同时必须保证统一的代码结构、代码类型以及代码编写格式。

3.5　ETL 技术及工具

ETL 技术将数据从源端经过抽取（extract）、交互转换（transform）、加载（load）至目的端。ETL 是构建数据仓库的重要一环，用户从数据源抽取出所需的数据，经过数据清洗，最终按照预先定义好的数据仓库模型，将数据加载到数据仓库中去。ETL 常用在数据仓库，但其对象并不限于数据仓库。

数据抽取从指定的数据源中抽取所需的数据。数据抽取是将数据导入数据仓库的第一步。抽取的主要功能包括读取、理解源数据，并复制目的端所需的部分，一般由全量抽取和增量抽取两种方式。转换主要是对抽取来的源端数据进行数据格式方面的处理以满足目的端的需要。转换包含很多不同的技术和步骤，一般而言，转换包括对抽取的数据进行映射、清洗、汇总、重排和排序等步骤。加载将转换好的数据放入数据仓库中的过程。通过批加载工具处理大批量和预排序数据，可以优化数据加载的性能[11]。

实现 ETL 的方法一般有三种：一是借助 ETL 工具实现，二是 SQL 方式实现，三是 ETL 工具和 SQL 相结合来实现。ETL 工具可以快速地建立起 ETL 工程，屏蔽复杂的编码任务，提高速度，降低难度，但是欠缺灵活性。SQL 的方法优点是灵活，提高 ETL 运行效率，但是编码复杂，对技术要求比较高。第三种是综合了前面二种的优点，极大地提高 ETL 的开发速度和效率。针对大多图书馆的实际情况，建议尽量采用 ETL 工具实现图书馆的数据交换并建立共享数据中心。

ETL 工具是实现 ETL 技术的软件系统，主要作用是在异构系统之间实现信息的交换，这里的交换包括抽取、转换和加载的过程。ETL 工具本质上是一个中间件，使用者不需要了解更多的底层信息就可以方便地使用，这些底层信息包括网络的协议、数据的传输安全等。ETL 工具负责将分布的、异构的数据源如关系数据库、平面文件中的数据抽取到临时中间层后进行清洗、转换、集成，最后加载到数据仓库或数据集市中，为基于数据仓库的决策分析应用提供高质量的数据。成熟的 ETL 工具应具有以下特点[12]：

1. 灵活性

ETL 工具架构的灵活性体现在使用的灵活性，使用人员通过修改系统的配置来满足图书馆业务逻辑内部和外部的变化。

2. 可维护性

在考虑成本的前提下，系统维护便捷，以最小的代价满足业务的变化，比如要求系统基础结构和应用服务的要进行分离；系统要有自成体系的独立业务组件；数据、数据访问对象和业务对象的分离。

3. 性能优化

根据各种技术的不同特点来提高 ETL 工具的性能。工具的性能可能涉及硬件，比如服务器的 CPU、内存、I/O 和网络等产生的瓶颈，还有可能是由 ETL 处理过程产生的瓶颈。涉及 ETL 平台的瓶颈，要分析各种计算、查找表、聚集、过滤等转换环节的处理操作，最后分析加载操作。例如 PL/SQL 被用来处理高容量的批处理工作，使用主流软 / 硬件技术如集群和负载平衡等技术来确保 ETL 工具的稳定性。

4. 系统安全性

在管理方面主要从用户权限和内控机制两个方面入手，针对不同用户、不同环节采取相应的防范措施，杜绝出现安全漏洞。在技术和平台功能设计方面采用各种软硬件技术将平台核心的信息与用户操作界面进行有机的隔离和授权访问，达到有权限者畅通无阻、无权限者寸步难行的效果。

5. 数据的准确性

根据权限分配，使用 ETL 工具的管理人员和使用人员可以监控系统内数据流，保证数据在各环节的一致性。保证系统数据准确性方面，在数据库设计时要考虑使用数据的约束控制，如主、外键；在数据之间的关系层面上，提供必要的检测程序；在流程实现层面，保证事务的一致性，即只有整个事务全面成功后才能提交整个事务等。

3.6 ETL 工具简介

当图书馆选择 ETL 工具时，一般有以下几种选择：一是选择开源的 ETL 工具来提供解决方案，一般适用于经费不是很足或其他情况下使用。二是和厂商合作，选择商业的ETL工具。三是选择现代ETL平台，这些平台通常是基于云的解决方案,并为ETL从现有数据源到云数据仓库的数据提供端到端支持,它们也是为了支持日益增长的基于网络的数据流列表而构建的。

3.6.1　几种开源的ETL工具

文献［13］列出了几个比较优秀的ETL开源工具，按图索骥简介如下：

1. Apache Camel

Apache Camel是一个非常强大的基于规则的路由以及媒介引擎，一个基于企业整合模式（Enterprise Integration Pattern，EIP）的开源框架。可以采用其异常强大且十分易用的API（可以说是一种Java的领域定义语言）来配置其路由或者中介的规则。通过这种领域定义语言，可以在集成开发环境（Integrated Development Environment，IDE）中用简单的Java代码就可以写出一个类型安全并具有一定智能的规则描述文件。EIP定义了一些不同应用系统之间的消息传输模型，包括常见的Point-to-Point，Pub/Sub模型。主页：http://camel.apache.org/。

2. ApacheKafka

Kafka是一个消息系统，原本用作活动流（Activity Stream）和运营数据处理管道（Pipeline）的基础。现在它已被多家公司作为多种类型的数据管道和消息系统使用。活动流数据是几乎所有站点在对其网站使用情况做报表时都要用到的数据中最常规的部分。活动数据包括页面访问量、被查看内容方面的信息以及搜索情况等内容。这种数据通常的处理方式是先把各种活动以日志的形式写入某种文件，然后周期性地对这些文件进行统计分析。运营数据指的是服务器的性能数据（CPU、IO使用率、请求时间、服务日志等数据），总的来说，运营数据的统计方法种类繁多。

ApacheKafka是一个开源的消息系统，用Scala和Java写成，为处理实时数据提供了一个统一、高通量、低延时的平台。主页：https://kafka.apache.org/。

3. Apatar

Apatar用Java编写，是一个开源的ETL项目。它具有模块化的架构，可提供可视化的Job设计器与映射工具，支持所有主流数据源，提供灵活的基于

GUI、服务器和嵌入式的部署选项。它符合 Unicode 的功能，可用于跨团队集成数据，填充数据仓库与数据市场，在连接到其他系统时，使用少量代码或不使用代码就可以进行维护。主页：http://apatar.com/。

4. Heka

Heka 是一个用来收集和整理来自多个不同源数据的工具，通过对数据进行收集和整理后发送结果报告到不同的目标用于进一步分析。

Heka 是一种用于数据处理的“瑞士军刀”型工具,适用于各种不同的任务，例如：从文件系统加载和解析日志文件；接受 statsd 类型度量数据以进行聚合并转发到上游时间序列数据存储，例如 graphite 或 InfluxDB；启动外部流程以从本地系统收集操作数据；对流经 Heka 管道的任何数据执行实时分析、绘图和异常检测等。主页：http://hekad.readthedocs.io/en/v0.10.0/。

5. Logstash

Logstash 是一个开源的数据收集引擎，它具备实时数据传输能力。也可以说是一个应用程序日志，事件的传输、处理、管理和搜索的平台。可以统一过滤来自不同源的数据，并按照开发者制定的规范输出到目的地。并且可以用它来统一对应用程序日志进行收集管理，提供 Web 接口用于查询和统计。

Logstash 收集的数据对象就是日志文件，对日志文件进行收集和统一过滤，变成可读性很高的内容，方便开发者或运维人员观察，从而有效的分析系统/项目运行的性能，做好监控和预警的准备工作等。同时它还能够以连续的流式传输方式，轻松地从日志、指标、Web 应用、数据存储以及各种 AWS 服务采集数据。主页：https://www.elastic.co/products/logstash。

6. Scriptella

Scriptella 是一个开源的 ETL 工具和一个脚本执行工具，采用 Java 开发。它的主要特点是简单性,不需要用户学习另一种复杂的基于XML的语言来使用,允许使用适合数据源的 SQL 或其他脚本语言来执行所需的转换。

Scriptella 支持跨数据库的 ETL 脚本，并且可以在单个的 ETL 文件中与多个数据源运行。Scriptella 可与任何 JDBC/ODBC 兼容的驱动程序集成，并提供与非 JDBC 数据源和脚本语言的互操作性的接口。它还可以与 JavaEE、Spring、JMX、JNDI 和 JavaMail 集成。主页：http://scriptella.org/。

7. Talend

Talend（踏蓝）是一家针对数据集成工具市场的ETL开源软件供应商。Talend以技术和商业双重模式为ETL服务提供了一个全新的远景，打破了传统的独有封闭服务，提供了一个针对所有规模用户的、公开的、创新的、强大的灵活的软件解决方案。主页：http://www.talend.com/。https://www.talendsa.cn/（中文）。

8. Kettle

Kettle是一款开源的ETL工具，纯java编写，绿色、无须安装，数据抽取高效稳定（数据迁移工具）。Kettle中有两种脚本文件，transformation和job，transformation完成针对数据的基础转换，job则完成整个工作流的控制。Kettle中文名称叫水壶，该项目的主程序员MATT希望把各种数据放到一个壶里，然后以一种指定的格式流出。Kettle这个ETL工具集，允许用户管理来自不同数据库的数据，通过提供一个图形化的用户环境来描述用户想做什么，而不是用户想怎么做。Kettle家族目前包括4个产品：Spoon、Pan、CHEF、Kitchen。

Spoon允许通过图形界面来设计ETL转换过程；Pan是一个后台执行的程序，没有图形界面，允许批量运行由Spoon设计的ETL转换（例如使用一个时间调度器）；CHEF允许创建任务（Job），任务通过允许每个转换、任务、脚本等，更有利于自动化更新数据仓库的复杂工作；Kitchen允许批量使用由CHEF设计的任务（例如使用一个时间调度器），也是一个后台运行的程序。主页：http://kettle.pentaho.org/。

3.6.2　几种商业的ETL工具

文献［14］列举了几种商业ETL工具，简介如下：

1. InfoSphere Information Server

IBM公司的InfoSphere Information Server是市场领先的数据集成平台，包括一系列产品，使用户能够理解、清理、监控、转换和交付数据，提供大规模并行处理功能，可提供高度可扩展且灵活的集成平台，可处理所有数据量，无论大小。

InfoSphere Information Server可以提供的服务从数据集成到数据质量和数据

治理，以及其他关键任务业务计划（如大数据和分析，数据仓库现代化，主数据管理和影响点分析）。

作为一款 ETL 工具，IBM InfoSphere Information Server 是 IBM Information Platforms Solutions 套件和 IBM InfoSphere 的一部分。它使用图形符号来构建数据的整合方案，并具备各种版本（包括服务器版、企业版和 MVS 版）以满足不同用户的需求。

2. Informatica PowerCenter

Informatica PowerCenter 是一款 ETL 产品套件的总称，它包括 PowerCenter 客户端工具、服务器和存储数据库。

该软件将数据存储在库中，以便客户端工具和服务器能够访问到。各种操作一般在服务器上被执行，其服务器分别连接到源与目标系统上以获取数据，然后通过各种转换，最终将数据加载到目标系统之中。

3. iWay 软件

iWay 集成套件具有将应用程序与数据相集成的功能。客户可以使用它们来管理结构化、非结构化的信息。该套件包括有 iWay 数据迁移器、iWay 服务管理器和 iWay 通用适配器框架。

4. Microsoft SQL Server Integration Services

Microsoft Integration Services 是一个高性能的数据集成方案平台，它包含了用于数据仓库的各种 ETL 包，用于生成企业级数据集成和数据转换解决方案。可解决复杂的业务问题，具体表现为：复制或下载文件、加载数据仓库、清除和挖掘数据以及管理 SQL Server 对象和数据。

它可以提取和转换来自多种源（如 XML 数据文件，txt、csv 等格式的平面文件，关系数据）的数据，然后将这些数据加载到一个或多个目标。包括一组丰富的内置任务和转换，用于生成包的图形工具和可在其中存储、运行和管理包的目录数据库。可以使用图形工具来创建解决方案，而无须编写单行代码。也可以编写广泛的对象模型以编程方式创建包，并对自定义任务和其他包对象进行编码。

5. Oracle GoldenGate

甲骨文公司的 Oracle GoldenGate（OGG）是 Oracle 的一种基于数据库日志

的数据同步软件，它通过解析源数据库在线日志或归档日志获得数据的增、删、改变化，再将这些变化的全部或者部分应用到目标数据库，实现源数据库与目标数据库实时同步。GoldenGate 软件可以在异构的 IT 基础结构（包括几乎所有常用操作系统平台和数据库平台）之间实现大量数据亚秒一级的实时复制。

GlodenGate 的主要优点有：高性能，通过非侵入式的设计，底层的数据传输等，实现了亚秒级的数据延迟；灵活扩展性，开放模块化的结构，支持异构的源端和目标端；高可靠性，通过事务顺序提交，合理的检查点机制，以及可靠的数据传输机制，支持断点续传，保证了数据的完整性和可靠性。

6. Oracle Warehouse Builder

Oracle Warehouse Builder（OWB）是专为 Oracle 数据库设计的全功能数据集成、数据仓库、数据质量和元数据管理解决方案。其主要功能包括：数据建模，提取、转换和加载（ETL），数据分析和数据质量，元数据管理，ERP 应用程序数据的业务级集成，与 Oracle 商业智能工具集成可生成报表，高级数据沿袭和影响分析。

OWB 也是一个可扩展的数据集成和数据质量解决方案平台。OWB 可以扩展为管理特定于任何应用程序的元数据，并可以与新的数据源和目标类型集成，实现对新数据访问机制和平台的支持，实施组织的最佳实践，并促进跨组件的组件重用。

7. Oracle Data Integrator

Oracle ODI 是使用 E-LT 的理念（Extract、Load&Transform，即抽取、装载、转换）设计出来的数据抽取 / 数据转换工具。主要用来做数据的清洗加工，尤其是在做数据集成项目以及 BI 项目的源数据抽取时特别有用。

主要特点：①支持异构数据。当数据源或者目的不是 Oracle 数据库，ODI 能够生成针对那个数据源的 native 的 SQL 操纵语句；②实时数据集成的环境。ODI 能够支持 CDC（Change Data Capture，改变数据捕获），从而完成近实时的数据集成；③在数据抽取集成过程中可以和 SOA（Service Oriented Architecture，面向服务架构）集成，ODI 本身提供了 Call Webservice 的机制，并且 ODI 的接口也可以支持 WebService，从而可以和 SOA 环境进行交互。

据其官方介绍，Oracle Data Integrator 是一个综合的数据集成平台，可满足从大容量、高性能的批处理负载到事件驱动、持续少量的集成流程再到支持 SOA 的数据服务。新版的 Oracle 战略性数据集成产品 Oracle Data Integrator 12c 通过重新设计基 于流的声明式用户界面和与 Oracle GoldenGate 更深层次的集成，为开发人员提供卓越的工作效率，并改善了用户体验。ODI12c 通过全面的大数据支持并增加执行数据集成进程的并行度，进一步打造其灵活、高性能的架构。它包括与 OWB 的互操作性，方便 OWB 客户快速、轻松地迁移到 ODI12c。此外，通过与 Oracle Enterprise Manager 12c 集成，还可以使用一个解决方案监视 ODI 及其他 Oracle 技术和应用。

ODI 和 OWB 两者都是甲骨文公司的产品，具有一定的区别[15]：① ODI 和 OWB 并不是两个完全相同的产品。和 OWB 比较起来，ODI 具有平台无关性特点，因为这个工具是用 Java 开发的。② ODI 这个产品更强化定位于一个企业应用集成（Enterprise Application Integration，EAI）工具，而不仅仅是 ETL 工具。它不仅能够支持几乎所有的关系数据库，并且还能支持非常多的客户应用系统，从 PeopleSoft 到 Sieble、SAP 等。

8. Pervasive Data Integrator

Pervasive 的数据集成平台是一款企业级的数据集成软件方案，它能够帮助客户在任何类型的数据源和应用程序之间建立连接。同时，它还能支持各种实时集成的场景。

集成框架是一个通用的集成框架，可用于数据集成、EII（Enterprise Information Integration，企业信息整合）和 SOA 部署模式。该集成框架由性能优秀、效率高效的工具组成，它使用开放的资料库，可以最大化开发者的工作效率、项目的扩展性和项目管理的简易性，由此来支持大规模、有组织的集成设计。强大的、低总成本的 Pervasive 集成引擎可以支撑更大规模企业级的部署。

Pervasive 集成框架由三项主要产品构成：

（1）商业集成。利用分布式的、实时的、事件驱动的、基于消息的架构完成多个应用系统的高效低成本集成。

（2）数据集成。使整个组织可以设计和部署多个项目，这些项目都必须抽取数据，并在两个或更多的数据存储间映射和共享数据。

（3）数据分析器。自动检查任意源数据文件，并评估和报告数据质量，以便后续处理。

9. SAP Business Objects Data Services

SAP公司提供了一整套的企业信息管理（EIM）解决方案，可帮助企业把数据作为信息资产来管理，可对各种来源的数据进行管控，并与现有系统进行完美集成，用户通过直观界面轻松控制。Data Services作为一个基础的、重要的功能模块，在企业信息管理中起着无可替代的作用。Data Services提供数据集成、数据质量管理、数据切面以及文本信息处理等功能，其中文本信息中超过80%为非结构化数据。通过Data Services功能组件可支持用户访问包括任意数据源、类型和领域的全部关键业务数据，以提高商业洞见及运营效率。

10. SAS Data Management

SAS数据管理建立在SAS平台之上，它是SAS投向ETL市场的一个工具。该平台包含了20多种SAS工具和服务的大型套件所组成。据其官网介绍，SAS（Statistical Analysis System）是一个模块化、集成化的大型应用软件系统。它由数十个专用模块构成，功能包括数据访问、数据储存及管理、应用开发、图形处理、数据分析、报告编制、运筹学方法、计量经济学与预测等。

SAS系统基本上可以分为四大部分：SAS数据库部分；SAS分析核心；SAS开发呈现工具；SAS对分布处理模式的支持及其数据仓库设计。SAS系统主要完成以数据为中心的四大任务：数据访问，数据管理，数据呈现，数据分析。

11. SYBASE

Sybase ETL包括Sybase ETL Development和Sybase ETL Server。

Sybase ETL Development是一款用于创建和设计数据转换项目与作业的GUI工具。该工具提供了一个完整的模拟与调试环境，旨在加速ETL转换流程的开发。它包含有一台用于控制实际处理流程的ETL开发服务器，能够连接到各个数据库，并执行相关过程。

Sybase ETL Server是一种可扩展的分布式网格引擎，它使用转换流（由Sybase ETL Development所设计）来连接到各个数据源，通过提取数据，然后将数据加载到目标之上。

3.6.3 基于云的 ETL 工具

上两个小节介绍的开源和商业 ETL 工具被设计为“批量进行工作”，即采集数据、上传数据、采集更多的数据、再上传，如此循环往复。这种批量加载数据在某些情况下的确适用，但是在某些单独的方法上会存在一些问题[14]。

比如，数据批处理与转换工具很难实现跨平台的数据源采集，特别是在涉及变更数据捕获的情况时。当上传批量数据出现问题时，需要跟踪问题、排除故障并尽快重新提交作业。而这种批量处理方式是非常致命的，因为如果在数据仓库中存在着超过 24 小时的、被 API 调用与分配的数据，或者需要同时备份传入的数据，那么这些 CDC 信息就可能因此而丢失或被覆盖，从而造成数据丢失、数据不完整等问题[14]。

另外，在面对越来越多的数据流和其他类型的数据源时，尤其是在需要尽快提供最新的、实时的数据场景中，仅提供这些批处理的工具集就更加不适合了。

而随着云计算技术的发展，一些 ETL 工具套件是以实时流量数据处理和云计算为基础构建的。这些工具与先进的云端数据仓库有着很好的集成，并能够支持持续增长的数据源和数据流。

目前，基于云的 ETL 服务逐渐成为 ETL 工具的发展趋势，一些开源或商业 ETL 工具的最新版本都逐步实现基于数据流的处理和分布式的消息队列。基于云的 ETL 通常能够提供对实时数据、智能模式检测等方面的支持，通过新技术提供基于 SaaS（Software as a Service，软件即服务）平台和本地的解决方案，可对数据流在完成加载的数据仓库内部，进行不同级别的转换，并通过 Python、Java 等代码以实现完全控制，通过强大的内置安全网络，能够实现各种错误的处理和报告以保证数据的完整性。下面列出了几种常见的基于云的 ETL 平台和工具[14]：

1. Alooma

Alooma 是一款为云服务构建的企业数据管道平台，它能够提供一种现代的、可扩展的、基于云端的 ETL 解决方案，可以实时的将来自任何数据源的数据汇集到任何一个数据仓库之中。通过数据管道，Alooma 将用户的所有数据源整合到 BigQuery、Redshift、Snowflake、Azure 等平台中。主页：https://www.alooma.com/。

2. Confluent

Confluent 是一个基于 Apache Kafka 的全面数据流平台，能够在数据流中发布、订阅、存储并处理数据。主页：https://www.confluent.io/。

3. Fivetran

Fivetran 是一款 SaaS 类型的数据集成工具，能够从不同的云服务、数据库和商业智能工具中提取数据，并将其加载到数据仓库之中。主页：https://fivetran.com/。

4. FlyData

FlyData 是一款 SaaS 类型的数据迁移工具，可用于管理 MySQL、PostgreSQL、MariaDB、Percona 的数据加载过程，并以 CSV/TSV/JSON 的格式记录到 Amazon 的 Redshift 数据仓库之中。主页：https://www.flydata.com/。

5. Matillion

Matillion 能够提供云端数据的集成，是一款专为 Amazon Redshift、Google BigQuery 和 Snowflake 构建的 ETL 工具。主页：https://www.matillion.com/。

6. SnapLogic

SnapLogic 提供了数据集成 PaaS（PlatformasaService，平台即服务）的工具，可用于连接各种云端数据源、SaaS 应用和本地的应用软件应用。主页：https://www.snaplogic.com/。

7. StitchData

Stitch 是一款云端优先（cloud-first）的、开发者专用工具，可用于快速地移动数据。主页：https://www.stitchdata.com/。

8. StreamSets

Streamsets 是一款大数据实时采集和 ETL 工具，可以实现不写一行代码完成数据的采集和流转。通过拖拽式的可视化界面，实现数据管道的设计和定时任务调度。可用于控制数据漂移，以及与数据、数据源、数据基础架构、数据处理有关的变化问题。最大的特点：可视化界面操作，不写代码完成数据的采集和流转；内置监控，可以实时查看数据流传输的基本信息和数据的质量；强大的整合力，对现有常用组件全力支持，包括 50 种数据源、44 种数据操作、46 种目的地。主页：https://streamsets.com/。

9. Striim

Striim 是一个实时的流媒体分析和数据集成平台，在本地和云环境中持续实时地移动数据。主页：https://www.striim.com/。

3.7 ETL 技术实现

ETL 是将应用系统的数据经过抽取、清洗转换之后加载到数据仓库的过程，目的是将企业中的分散、零乱、标准不统一的数据整合到一起，为企业的决策提供分析依据。ETL 是 BI 项目重要的一个环节，ETL 设计的好坏直接关系到 BI 项目的成败[16]。图书馆的 ETL 是智慧图书馆建设的基础，没有一个良好的 ETL 平台，可以说智慧图书馆就如空中楼阁。

前文说过，ETL 的实现一般有三种方法，第一种是借助 ETL 工具实现，第二种是 SQL 方式实现，第三种是 ETL 工具和 SQL 相结合。

一个完整的 ETL 实现三部分：数据抽取、数据的清洗转换、数据的加载。数据的抽取是从图书馆各个不同应用系统的数据源抽取到操作数据存储（ODS）中（这个过程也可以做一些数据的清洗和转换），在抽取的过程中需要挑选不同的抽取方法，尽可能地提高 ETL 的运行效率。ETL 三个部分中，花费时间最长的是“T”（清洗、转换）的部分，一般情况下这部分工作量是整个 ETL 的 2/3。数据的加载一般在数据清洗完了之后直接写入数据仓库中去[17]。

3.7.1 数据抽取

数据的抽取需要在调研阶段做大量工作，首先要搞清楚以下几个问题：针对智慧图书馆建设，需要哪些数据？这些数据需要从哪几个应用系统中来？哪些系统需要抽取数据？哪些数据需要抽取？需要抽取的应用系统，其数据库服务器运行什么类型的数据库管理系统？是否存在手工数据，手工数据量有多大？是否存在非结构化的数据？等等类似问题，当收集完这些信息之后才可以进行数据抽取的设计[17]。

1. 数据抽取的设计

（1）目的端和源端的数据库产品相同时。

一般情况下，数据库管理系统（包括 MS SQL Server、Oracle 等）都会提供数据库链接功能，在目的端和源端两个数据库之间建立直接的链接关系后，就可以写 Select 语句直接访问。当然也可以采用 ETL 工具进行链接访问。

（2）目的端和源端的数据库产品不相同时。

这时可以采用开放数据库连接（Open Database Connectivity，ODBC）的方式建立数据库链接，如 SQLServer 和 Oracle 之间。如果不能或者不方便建立数据库链接，还可以选用以下两种方式，一种是通过工具将源端数据导出成 .txt 或者 .xls 文件等，然后再将这些源系统文件导入到 ODS 中，另外一种方法就是通过程序接口来完成。

（3）对于文件类型数据源。

如 .txt，.xls 等格式的数据，可以先将这些数据导入到现有的数据库，然后从这个数据库里抽取，或者可以借助工具实现，如 MS SQL Server 的 SSIS 服务的平面数据源和平面目标等组件导入 ODS 中去。SSIS 是 Microsoft SQL Server Integration Services 的简称，是生成高性能数据集成解决方案的平台，包括数据仓库的 ETL 包。

（4）增量数据更新问题。

在数据抽取时，一般有全量抽取和增量抽取两种方式。全量抽取类似于数据迁移或数据复制，将数据源中的表或视图的数据原封不动地从数据库中抽取出来。增量抽取只抽取自上次抽取以来数据库中要抽取表中新增或修改的数据。在 ETL 使用过程中，全量抽取比较简单，但在数据量大时需要耗费很多的资源，而增量抽取技术较复杂，但由于一般情况下，数据量都比较大，所以增量抽取较全量抽取应用更广。

在增量抽取时，一般情况下应用系统会记录业务发生的时间，可以用作增量的标志，每次抽取之前首先判断 ODS 中记录最大的时间，然后根据这个时间去应用系统取大于这个时间的所有记录。另外，如何捕获变化的数据是增量抽取的关键。对捕获方法一般有两点要求：一是能够将应用系统中的变化数据按一定的频率准确地捕获到；二是要求性能不能对应用系统造成太大的压力，影响应用系统的正常运行和服务[18]。

2. 增量抽取时捕获变化数据的方法

目前增量数据抽取中常用的捕获变化数据的方法有以下几种[18]：

（1）触发器方式。

触发器（trigger）是一种与数据表操作有关的数据库对象，当触发器所在的表出现指定事件时，将调用该对象，即表的操作事件触发表上触发器的执行。在要抽取的表上一般要建立插入、修改、删除三个触发器，每当源表中的数据发生变化，就被相应的触发器将变化的数据写入一个临时表，抽取线程从临时表中抽取数据，临时表中抽取过的数据被标记或删除。触发器方式的优点是数据抽取的性能较高，缺点是要求业务表建立触发器，对业务系统有一定的影响。

（2）时间戳方式。

时间戳（timestamp）是数据库中自动生成的唯一二进制数字，通常用作给表行加版本戳的机制，存储大小为 8 个字节。一般情况下，每个数据库都有一个计数器，当对数据库中包含时间戳列的表执行插入或更新操作时，该计数器值就会增加，该计数器是数据库的时间戳。

数据抽取时，时间戳也可以当作一种基于快照比较的变化数据捕获方式，通过比较系统时间与时间戳字段的值来决定抽取那些数据。有的数据库时间戳支持自动更新，有的不支持自动更新，不支持的只能手工更新时间戳字段。同触发器方式一样，时间戳方式的性能也比较好，数据抽取相对清楚简单。但缺点是对应用系统也有很大的倾入性（加入额外的时间戳字段），特别是对不支持时间戳的自动更新的数据库，还要求应用系统进行额外的更新时间戳操作。另外，无法捕获对时间戳之前数据的 delete 和 update 操作，在数据准确性上受到了一定的影响。

（3）全表比对方式。

全表比对的典型方式是采用 MD5 校验码。ETL 工具事先为要抽取的表建立一个结构类似的 MD5 临时表，该临时表记录源表主键以及根据所有字段的数据计算出来的 MD5 校验码。每次进行数据抽取时，对源表和 MD5 临时表进行 MD5 校验码的比对，如有不同，进行 update 操作；如目标表不存在该主键值，表示该记录还没有，则进行 insert 操作。然后，还需要对在源表中已不存在而目标表仍保留的主键值，执行 delete 操作[19]。MD5 方式的优点是对源系统的倾入性较小（仅需要建立一个 MD5 临时表）；缺点是性能较差，原因是 MD5 方式是被动地进行全表数据的比对。

（4）日志对比方式。

要求数据库系统本身带有日志功能，通过分析数据库日志中的信息来获取基表的增量数据。分析时不会影响源数据库的运行，效率和实时性都较高。由于不同数据库系统的日志格式和接口在具体实现技术细节可能存在着很大的差异，因此实现较难[20]。日志分析法的优点是对业务系统的性能影响很小，且实时性较强。其缺点是要求数据库系统必须具有日志管理系统，并且提供了分析日志文件所需的命令或工具[21]。

（5）特定数据库方式。

Oracle 数据库特有的两种增量提取方式：CDC 方式和闪回查询方式。

CDC 方式就是 Oracle 数据库的 CDC 技术能够识别从上次抽取之后发生变化的数据。利用 CDC，在对源表进行 insert、update 或 delete 等操作的同时就可以提取数据，并且变化的数据被保存在数据库的变化表中。这样就可以捕获发生变化的数据，然后利用数据库视图以一种可控的方式提供给目标系统，作为增量抽取的依据。

CDC 方式对源表数据变化情况的捕获有两种方式：同步 CDC 和异步 CDC。同步 CDC 使用源数据库触发器来捕获变更的数据。这种方式是实时的，没有任何延迟。当数据操纵语言（Data Manipulation Language，DML）操作提交后，变更表中就产生了变更数据。异步 CDC 使用数据库重做日志（redolog）文件，在源数据库发生变更以后，才进行数据捕获。

Oracle 闪回查询方式就是允许用户查询过去某个时刻的数据库状态。这样，抽取进程可以将源数据库的当前状态和上次抽取时刻的状态进行对比，快速得出源表数据记录的变化情况[19]。

（6）全表删除插入方式。

全表删除插入方式是指每次抽取前先删除目标表数据，抽取时全新加载数据。该方式实际上将增量抽取等同于全量抽取。对于数据量不大，全量抽取的时间代价小于执行增量抽取的算法和条件代价时，可以采用该方式[19]。

（7）日志表方式。

对于建立了应用系统的生产数据库，可以在数据库中创建业务日志表，当特定需要监控的业务数据发生变化时，由相应的业务系统程序模块来更新维护日志表内容。增量抽取时，通过读日志表数据决定加载哪些数据及如何加载。日志表的维护需要由应用系统程序用代码来完成。

各种数据增量抽取机制的优劣性综合分析如表 3–1 所示[22]。

表 3–1 各种数据增量抽取机制的优劣性综合分析表

增量机制	兼容性	完备性	抽取性能	对源系统性能影响	对源系统倾入性	实现难度
触发器方式	关系型数据库	高	优	大	一般	较容易
时间戳方式	关系型数据库，具有“字段”结构的其他数据格式	低	较优	很小	大	较容易
全表比对方式	关系型数据库、文本格式	高	差	小	一般	一般
日志对比方式	关系型数据库	高	优	很小	较大	难
同步 CDC 方式	Oracle 数据库 9i 以上	高	优	大	一般	较难
异步 CDC 方式	Oracle 数据库 9i 以上	高	优	很小	一般	较难
闪回查询方式	Oracle 数据库 9i 以上	高	较优	很小	无	较容易
全表删除插入方式	任何数据格式	高	极差	无	无	容易
日志表方式	关系型数据库	高	优	小	较大	较容易

ETL 处理的数据源除了关系数据库外，还可能是文件，例如 txt 文件、Excel 文件、XML 文件等。对文件数据的抽取一般是进行全量抽取，一次抽取前可保存文件的时间戳或计算文件的 MD5 校验码，下次抽取时进行比对，如果相同则可忽略本次抽取。

3.7.2 数据清洗转换

一般情况下，数据仓库分为 ODS 和 DW 两部分，数据清洗通常的做法是从应用系统到 ODS 做清洗，将脏数据和不完整数据过滤掉，再从 ODS 到 DW 的过程中转换，进行一些业务规则的计算和聚合[17]。

1. 数据清洗

数据清洗的目的是为了以后更好地对数据进行分析，数据清洗的任务是过滤那些不符合数据分析要求的数据，将过滤的结果交给有关部门或人员，确认是否过滤掉还是由有关部门或人员修正之后再进行抽取。

数据清洗的一般步骤：分析数据、缺失值处理、异常值处理、去重处理、噪音数据处理。

分析数据就是根据需求去找相应的数据，拿到数据后，首先要对数据进行描述性统计分析，查看哪些数据是不合理的，也可以知道数据的基本情况。

一般情况下，不符合要求的数据主要有不完整的数据、错误的数据、重复的数据、噪音数据四大类。

（1）不完整的数据。

或者叫残缺的数据，其特征是一些应该有的信息缺失，比如某些学生的政治面貌或手机号码等项缺少数据，需要将那些学生、那些缺失的数据过滤出来，按缺失的内容分别写入不同 Excel 文件向有关部门或人员提交，要求在规定的时间内补全。补全后才写入数据仓库[23]。如果相关部门或人员不处理或无法处理，那么从技术的角度可对不完整的数据一般采用以下几个方法处理：

一是直接删除，适合缺失值数量较小，并且是随机出现的，删除它们对整体数据影响不大的情况。二是使用一个全局常量填充，譬如将缺失值用“Unknown”等填充。三是使用均值或中位数代替。四是插补法，分为随机插补法、多重插补法、热平台插补、拉格朗日差值法和牛顿插值法。随机插补法就是从总体中随机抽取某个样本代替缺失样本；多重插补法就是通过变量之间的关系对缺失数据进行预测；热平台插补就是在非缺失数据集中找到一个与缺失值所在样本相似的样本（匹配样本），利用其中的观测值对缺失值进行插补；拉格朗日差值法和牛顿插值法，利用数学的方法进行插补。五是建模法，可以用回归、使用贝叶斯形式化方法的基于推理的工具或决策树归纳确定。

（2）错误的数据。

产生的主要原因是应用系统不够健全，在接收输入后没有进行判断直接写入后台数据库造成的，比如数值数据输成全角数字字符、字符串数据后面有一个回车、两字姓名中间有一个或两个空格、日期格式不正确、日期越界等。这些数据大多需要提前使用 SQL 的方式找出来，然后交给相关部门或人员进行修改，正确后再进行抽取工作[23]。

如果相关部门或人员不处理或无法处理，也可对错误的数据采用以下几个方法处理：一是删除异常值，明显看出是异常且数量较少可以直接删除；二是不处理，如果算法对异常值不敏感则可以不处理，但如果算法对异常值敏感，则最好不要用；三是平均值替代；四是视为缺失值，可以按照处理缺失值的方法来处理。

（3）重复的数据。

在维表中比较常见，将重复数据的记录所有字段导出来，让相关部门或人员确认并整理。

（4）噪音数据。

大数据离不开数据分析，数据分析离不开数据，但是海量的数据总是既有很多需要的数据，也有数据存在杂质。观测量 = 真实数据 + 噪声，噪音包括错误值或偏离期望的孤立点值。对噪音数据一般有两种处理方法：分箱法和回归法[24]。

分箱方法通过考察数据的“近邻”（即，周围的值）来光滑有序数据值。这些有序的值被分布到一些“桶”或“箱”中。由于分箱方法考察近邻的值，因此它进行局部光滑。

回归法使用一个函数拟合数据来光滑数据。线性回归涉及找出拟合两个属性（或变量）的“最佳”直线，使得一个属性能够预测另一个。多线性回归是线性回归的扩展,它涉及多于两个属性,并且数据拟合到一个多维面。使用回归，找出适合数据的数学方程式，能够帮助消除噪声。

在数据清洗实际项目操作时，面对海量数据，数据清洗是一个反复的过程，不可能在几天内完成，只有不断地发现问题，解决问题。对于是否过滤，是否修正一般要求有关部门或人员确认，对于过滤掉的数据，写入 Excel 文件或者将过滤数据写入数据表，在 ETL 开发的初期可以每天向有关部门或人员发送过滤数据的邮件，促使他们尽快地修正错误，同时也可以作为将来验证数据的依据。数据清洗需要注意的是不要将有用的数据过滤掉，对于每个过滤规则认真进行验证，并要求相关部门或人员进行确认。

2. 数据转换

数据转换是将数据从一种格式或结构转换为另一种格式或结构的过程。数据转换对于数据集成和数据管理等活动至关重要。数据转换的任务主要是进行不一致的数据转换、数据粒度的转换和一些业务规则的计算。数据转换可以包括一系列活动：可以转换数据类型，通过删除空值或重复数据来清理数据，丰富数据或执行聚合，具体取决于项目的需要。

（1）不一致数据转换。

将不同应用系统的相同类型数据进行整合和统一。对于在ETL过程中出现的数据不一致的异常情况，进行修复工作，保证进入业务流程数据的完整性与一致性。ETL工具或平台中的修复执行可设置定时批量执行或操作人员手工执行，对数据校验结果不通过的异常数据，重新获取并单独再次进行数据校验工作，确实保证数据交互的可靠性。

（2）数据粒度的转换。

应用系统一般存储非常明细的数据，而数据仓库中的数据是用来分析的，有时不需要非常明细的数据，这时可将应用系统数据按照数据仓库粒度进行聚合。

（3）业务规则的计算。

不同的图书馆可能其业务规则也不尽相同，对应的数据指标也不尽相同，这些指标有的时候不是简单的加加减减就能完成，这个时候需要在ETL工具中将这些数据指标计算好了之后存储在数据仓库中。

3.7.3　数据加载

数据加载就是从数据源抽取出所需的数据，经过数据清洗和转换，最终按照预先定义好的数据仓库模型，将数据加载到数据仓库中去，是构建数据仓库最重要的一步[25]。

在源端数据经过抽取、清洗和转换后，就要加载到目的端数据库中，数据加载可分为全量加载和增量加载。全量加载就是全表删除后再进行数据加载的方式。增量加载就是目标表仅更新源表变化的数据。分别对应于数据抽取时的全量抽取和增量抽取。

数据全量抽取后一般要进行全量加载。全量加载时，先清空目标表，再全量导入对应的源端数据表即可。全量加载虽然技术要求简单，但是由于数据量一般都非常大，会耗费系统很多资源，满足数据实时性要求时需要较高性能的系统资源，所以很多情况下需要使用增量加载机制。

同样，数据的增量抽取后要进行增量加载，增量加载的难度在于必须设计正确有效的方法从数据源中抽取变化的数据，以及虽然没有变化但受到变化数据影响的源数据，同时将这些变化的和未变化但受影响的数据在完成相应的逻辑转换后更新到目的端数据库中。

增量抽取机制比较适用于以下特点的数据表：数据量巨大的目标表；源端表变化数据比较规律，例如按时间序列增长或减少；源端表变化数据相对数据总量较小；目的端表需要记录过期信息或者冗余信息；应用系统能直接提供增量数据。

一般情况下，如果每次抽取都有超过 1/4 的源端数据需要更新，就应该考虑改为全量抽取，另外全量抽取对于数据量较小，更新频率较低的系统也比较适用。

3.8 数据治理

数据治理是指将数据作为组织资产而展开的一系列的具体化工作，是对数据的全生命周期管理，是对数据资产管理行使权力和控制的活动集合（规划、监控和执行）。在图书馆共享数据中心建设中，数据治理着重于交付可信、安全的信息，为大数据分析和数据挖掘以及建设智慧图书馆提供支持。

数据治理体系是指从组织架构、管理制度、操作规范、IT 应用技术、绩效考核支持等多个维度对组织的数据模型、数据架构、数据质量、数据安全、数据生命周期等各方面进行全面的梳理、建设以及持续改进的体系。

对图书馆的共享数据中心进行数据治理，可以提高数据的质量以保证数据的准确性和完整性，提高数据的安全性以保证数据的保密性、完整性及可用性，实现数据资源在图书馆应用系统之间的共享；推进信息资源的整合、对接和共享，从而提升图书馆的信息化水平，充分发挥信息化作用。

数据治理领域包括但不限于以下内容：数据模型、元数据、数据标准、数据质量、数据生命周期管理、主数据管理、数据服务管理、数据安全以及数据共享服务。这些内容既要做到有机结合，又要相互支撑[26]。其中的数据安全涉及面比较广，不是本书重点关注的主题；数据共享服务是共享数据中心的主要内容，将在下节介绍。

1. 数据模型

数据模型是数据治理中的重要部分，是数据治理的关键和重点。数据模型建立要合适、合理、合规才能有效提高数据的合理分布和使用。

（1）数据模型的不同应用层次。

数据模型按不同的应用层次分成三种类型：分别是概念数据模型、逻辑数据模型、物理数据模型[27]。

概念数据模型。简称概念模型，主要用来描述事物的概念化结构，只考虑数据以及数据之间的联系等，而不考虑具体的技术问题。概念数据模型的内容包括重要的实体及实体之间的关系，不考虑实体的属性和定义实体的主键，这也是概念数据模型和逻辑数据模型的主要区别。概念数据模型必须换成逻辑数据模型，才能在数据管理系统中实现。

逻辑数据模型。简称逻辑模型，是具体的数据管理系统所支持的数据模型，是用户在数据库中可以看到的模型，如网状数据模型、层次数据模型等。逻辑模型是对概念数据模型的进一步分解和细化。逻辑数据模型的内容包括所有的实体和关系，确定每个实体的属性，定义每个实体的主键，指定实体的外键，需要进行范式化处理。

物理数据模型。简称物理模型，是面向计算机物理表示的模型，描述了数据在储存介质上的组织结构，它不但与具体的数据管理系统有关，而且还与操作系统和硬件有关。每一种逻辑数据模型在实现时都有其对应的物理数据模型。数据管理系统为了保证其独立性与可移植性，大部分物理数据模型的实现工作由系统自动完成，而设计者只设计索引、聚集等特殊结构。

（2）数据模型所描述的内容。

数据模型所描述的内容包括三个部分，分别是数据结构、数据操作、数据约束。

数据结构。主要用来描述数据的类型、内容、性质以及数据间的联系等。数据结构是数据模型的基础，数据操作和数据约束基本上都是建立在数据结构之上的。不同的数据结构有不同的操作和约束。

数据操作。主要用来描述在相应的数据结构上的操作类型和操作方式。

数据约束。主要用来描述数据结构内数据间的语法、词义联系、它们之间的制约和依存关系，以及数据动态变化的规则，以保证数据的正确、有效和相容。

2. 元数据管理

元数据是关于数据的数据，是管理数据的数据，是面向特定应用的、描述资源属性和机器可理解的信息。在数据仓库中元数据是描述数据仓库内数据的结构和建立方法的数据[28]。它是一种二进制信息，用以对存储在公共语言运行库可移植、可执行文件或存储在内存中的程序进行描述[29]。

元数据分为业务元数据、技术元数据和管理元数据，三者之间关系紧密。业务元数据指导技术元数据，技术元数据以业务元数据为参考进行设计，管理元数据为两者的管理提供支撑。

（1）业务元数据。

业务元数据用来定义和业务相关数据的信息，用于辅助定位、理解及访问信息。业务元数据从业务角度描述了数据仓库中的数据，它提供了介于使用者和实际系统之间的语义层，使得不懂计算机技术的业务人员也能够“读懂”数据仓库中的数据；业务元数据主要供业务人员使用。

业务元数据主要包括以下内容：使用者的业务术语所表达的数据模型、实体 / 属性名；访问数据的原则和数据的来源；系统所提供的分析方法以及公式和报表的信息。具体包括以下信息：数据标准信息，应用指标和维度描述，业务功能描述，业务需求，业务规则，数据质量规则，业务视图，概念数据模型，逻辑数据模型，数据仓库或数据库，多维数据库中的表、字段、维、层次等之间的对应关系[30]。

（2）技术元数据。

技术元数据是关于数据仓库系统技术细节的元数据，是为数据仓库系统管理员和系统应用开发人员服务的，目的是使数据仓库系统的开发和维护人员能够更好地进行各项操作。技术元数据支持系统开发、维护，同时支持管理系统环境中所有的分析、设计、开发和管理，它是连接开发工具、应用程序和系统的技术纽带[31]。

技术元数据可分为结构性技术元数据和关联性技术元数据两种类型。结构性技术元数据提供了在信息技术的基础架构中对数据的说明，如数据的存放位置、数据的存储类型、数据的血缘关系等。关联性技术元数据描述了数据之间的关联和数据在信息技术环境之中的流转情况。

技术元数据主要包括以下信息：数据仓库结构的描述，包括仓库模式、视图、维、层次结构和导出数据的定义，以及数据集市的位置和内容；业务系统、数据仓库和数据集市的体系结构和模式；汇总用的算法，包括度量和维定义算法，数据粒度、主题领域、聚集、汇总、预定义的查询与报告；由操作环境到数据仓库环境的映射，包括源数据和它们的内容、数据分割、数据提取、清理、转换规则和数据刷新规则、安全（用户授权和存取控制）[30]。

（3）管理元数据。

管理元数据主要是对技术元数据和业务元数据实现管理的功能，实际应用是一个软件平台或工具，通过该工具，结合相关方法、流程来对元数据进行管理，跟踪元数据的变化，保持元数据能真实客观的反映数据仓库建设状况。技术人员通过该工具能查看数据仓库内的元数据资料，业务人员则将该工具作为使用手册，能够了解业务元数据信息和其使用状况。

3. 数据标准

随着图书馆由数字化阶段到智慧化阶段的转化，而在数字化时代积累了大量的数据，对这些数据进行清洗、治理和统一管理的需求越来越迫切。而只有让各种数据遵循一个统一的标准进行组织，才能给图书馆提供一个可流通、可共享、可挖掘的数据平台。

智慧图书馆时期的数据标准就是图书馆结合大数据技术等而建立的一套符合自身实际，涵盖定义、操作、应用多层次数据的标准化体系。它包括基础标准和应用标准。图书馆的数据标准一般以业界的标准为基础，如国家标准、监管机构（教育部、行业）制定的标准，结合图书馆的实际情况对数据进行规范化。良好的数据标准体系有助于图书馆数据的共享、交互和应用，可以减少不同系统间数据转换的工作。数据标准主要由业务定义、技术定义和管理信息三部分构成。

（1）业务定义。

业务定义主要是明确标准所属的业务主题以及标准的业务概念，包括业务使用上的规则以及标准的相关来源等。对于代码类标准，还会进一步明确编码规则以及相关的代码内容，以达到定义统一、口径统一、名称统一、参照统一以及来源统一的目的，进而形成一套一致、规范、开放和共享的业务标准数据。

（2）技术定义。

技术定义是指描述数据类型、数据格式、数据长度以及来源系统等技术属性，从而能够对信息系统的建设和使用提供指导和约束。

（3）管理信息。

管理信息是指明确标准的所有者、管理人员、使用部门等内容，从而使数据标准的管理和维护工作有明确的责任主体，以保障数据标准能够持续地进行更新和改进。

4. 数据质量管理

数据质量管理已经成为数据治理的有机组成部分。高质量的数据是进行分析决策、业务发展规划的重要基础，只有建立完整的数据质量体系，才能有效提升数据整体质量，从而更好地为图书馆提供更为精准的决策分析数据。数据质量管理实现了数据质量的管理过程。包括基础信息、数据质量、质量规则、检查流程、调度监控、质量维护、问题总结和查询统计等功能。

由于数据采集任务通常由其他二级平台完成，这里的二级平台在图书馆来说，比如门禁系统、环境监控系统、视频监控系统等。数据治理平台主要集中在数据的加工和管理上。在数据质量控制方面，应从三个方面对数据质量进行研究：一是“坏数据”或“不可靠数据”的识别，二是错误数据的编辑方法，三是缺少值的处理，从而保证数据的正确性、完整性、一致性、时效性和可靠性。

5. 数据生命周期管理

任何事物都具有一定的生命周期，数据也不例外。数据生命周期管理是一种基于策略的方法，用于管理信息系统的数据在整个生命周期内的流动：从数据的产生、加工、使用乃至消亡。数据生命周期一般包括数据生成及传输、数据存储、数据处理及应用、数据销毁四个方面。

（1）数据生成及传输。

对系统中数据的产生进行管理，数据生成应该符合数据标准，并进行必要的安全测试，以保证上述措施的有效性，通过事中复核、事后检查等手段保证其准确性和完整性。数据传输过程中需要考虑保密性和完整性的问题，对不同种类的数据分别采取不同的措施防止数据泄漏或数据被篡改。

（2）数据存储。

除了关注保密性、完整性之外，更要关心数据的可用性，对于大部分数据应采取分级存储的方式，以保证数据的完整和可用性。对于存储备份的数据要定期进行测试，确保其可访问和数据完整。

（3）数据处理和应用。

图书馆需要根据不同的需求对数据进行分析处理，以挖掘出对于管理及业务开展有价值的信息，为保证过程中数据的安全性，一般应采用联机处理，系统只输出分析处理的结果。

（4）数据销毁。

这个阶段主要涉及数据的保密性。应明确数据销毁的流程，采用必要的工具，数据的销毁应该有完整的记录。

6. 主数据管理

图书馆的主数据管理要做的就是从图书馆各个应用系统，以及高校其他多个业务系统中整合智慧图书馆建设最核心的、最需要共享的数据（主数据），集中进行数据的清洗和丰富，并且以服务的方式把统一的、完整的、准确的、具有权威性的主数据传送给图书馆范围内需要使用这些数据的操作型应用系统和分析型应用系统。

对高校图书馆来说，可以把需要共享和交换的，反映图书馆以及学校办学状况的主要数据规定为主数据，这些数据一般有：

（1）组织机构：学校组织架构，院系和部门设置，图书馆的组织架构等。

（2）人员：教师，学生，管理人员，教辅人员，后勤人员，外聘人员，图书馆的馆员等。

（3）学科和专业：学科，专业，课程，成绩等。

（4）教学资源：教材，图书，电子阅览室，阅览室、众创空间等。

（5）科研：论文，著作，专利，软件著作权，科研项目，科研奖励等。

（6）财务：图书馆的预算以及学校的财务拨款，一卡通扣费等。

（7）资产：馆舍及行政用房，教学用房，宿舍，基础设施，设备等。

图书馆可以根据本馆的实际情况和实际需求来定义主数据。数据管理要考虑运用主数据管理系统实现。

主数据管理系统的信息流为：图书馆的某个应用系统或学校的共享数据中心平台触发对主数据的改动；主数据管理系统将整合之后完整、准确的主数据传送给所有图书馆有关的应用系统；主数据管理系统为图书馆的决策支持和数据仓库系统提供准确的数据源。

7. 数据服务管理

数据治理最终目的就是要为图书馆的读者、馆员和馆长提供数据服务，数据服务管理的目标是能更准确、更快捷、更方便地提供服务。通过建立统一的数据服务平台来满足针对跨部门、跨系统的数据应用。通过统一的数据服务平台来统一数据源，变多源为单源，加快数据流转速度，提升数据服务的效率。

在智慧图书馆阶段，图书馆更应该以数据为根本、为基础，以业务为导向，通过对大数据的集中、整合、挖掘和共享，实现对多样化、海量数据的快速处理及价值挖掘，包括通过各种报表、工具来分析运营层面的问题，利用人工智能和大数据技术实现创新管理和服务，为更好地为读者服务打下基础。

3.9 共享数据中心平台功能

共享数据中心平台是图书馆的应用系统与数据资源进行集中、集成、共享、分析的场地、工具、流程等的有机组合。从应用层面看，包括业务系统、基于数据仓库的分析系统；从数据层面看，包括操作型数据和分析型数据以及数据与数据的集成 / 整合流程；从基础设施层面看，包括服务器、网络、存储和整体 IT 运行维护服务。

图书馆的共享数据中心平台是面向图书馆共享数据中心数据库的管理工具，主要包括信息标准管理、元数据管理、数据服务管理、系统管理等功能。

1. 信息标准管理

在信息标准管理方面，主要包括标准管理和监控、标准草案管理、执行标准管理、参照标准管理几个部分。

标准管理和监控。管理员或授权人员通过该功能能够实时了解信息标准的管理情况，可对信息标准的各方面进行统计，并对信息标准管理方面的不足之处及时做出调整。该模块一般包括执行标准统计、元数据采标率统计、待发布标准统计等。

标准草案管理。管理员或授权人员可以根据参照标准的子集、数据表、数据字段进行修改、删除、增加等操作，然后形成系统的标准草案，从而实现对系统标准草案的管理。

执行标准管理。管理员或授权人员可以把标准草案发布后成为执行标准，同时可以查看历史执行标准的版本信息，并对发布的各版本执行状态进行指定或取消等操作。

参照标准管理。可查看原生态的国家标准代码子集、教育部标准代码子集、学校数据规范等的内容。

2. 元数据管理

元数据狭义的解释是用来描述数据的数据，从广义的角度来看，除了业务逻辑直接读写处理的那些业务数据，所有其他用来维持整个系统运转所需的信息 / 数据都可以叫做元数据。元数据管理就是利用可视化的用户体验，实现包括元模型添加、删除、修改、发布等管理和维护功能；并且能让用户直观地了解已有元模型的分类、统计、使用情况、变更追溯，以及每个元模型的生命周期管理等。

图书馆元数据管理提供查看共享数据中心平台定义的结构化元数据和无结构的中心库元数据，以及动态管理中心库的数据结构，其功能包括元数据、代码主题结构的添加、编辑、删除，元数据表、字段、代码表、代码值的新增、删除，调用执行标准，中心数据库视图的新增、编辑、删除，中心数据库表的搜索，中心数据库表的主题分配，中心数据库表、视图存储数据的查询，导出元数据生成表的 SQL 语句等。

3. 数据服务管理

数据管理服务（Data Admin Service，DAS），是一款专业的简化数据库管理工具，提供优质的可视化操作界面，大幅提高工作效率，让数据管理变得既安全又简单。

共享数据中心平台的数据服务管理应提供基于 B/S 架构且依托中心数据库的数据信息，以及可视化配置数据的能力。支持对数据服务接口集进行自定义，可定义内容包括服务输入参数、输出字段属性，并能通过简单的 SQL 语句实现数据集内容的自定义；提供数据服务接口调用权限的授权管理，支持密令验证和客户端调用服务器 IP 限制，确保数据服务安全性。共享数据中心平台的数据服务管理主要体现在：

应用系统管理。对共享数据中心平台提供数据服务的应用系统进行管理，包括进行新增、修改、删除及 IP 控制与访问识别的管理，并为应用系统提供数据服务接口。

数据服务管理。共享数据中心平台给各个应用系统及第三方系统提供中心库访问数据接口、数据查询接口、数据交换接口。管理员可对这些接口进行灵活的管理和配置。

数据服务权限配置。对设定的数据服务接口访问权限提供配置管理，其管理包括对各个数据服务添加和删除应用系统访问权限。同时系统操作要可视化，对数据服务权限配置功能要简单易行，只需要选中某个数据服务并勾选为其授权的应用系统即可完成配置。

4. 系统管理

系统管理是共享数据中心平台正常运行的基础，可以说是共享数据中心平台的“后台”管理模块。主要包括组织及角色权限管理和数据备份管理。

组织及角色权限管理。根据用户所在组织和角色，分配其对共享数据中心平台的访问权限，可对用户权限进行添加、修改、删除等操作。

数据备份管理。可对共享数据中心平台的数据标准及元数据提供备份或还原的功能，管理员可把备份文件下载到本地计算机上，也可删除某个备份文件。

5. 监控中心

监控中心可对共享数据中心平台运行情况实行全方位、多切面的监控，为管理员了解和掌握共享数据中心的运行状态提供可视化的界面。一般有以下几项功能监控：

服务器性能监控。对服务器的内存使用率、CPU 使用率、硬盘运行情况等的监控和数据统计。

数据空间监控。对中心库存储空间、命中率的监控，包括存储空间占用、剩余情况的具体数量及占比情况统计。

中心库元数据管理动态。对用户使用情况及其增、删、改、查操作的记录，包括操作日志、数据标准管理日志、元数据的管理日志、数据服务接口的使用日志、数据备份日志和还原日志等进行监控和数据统计。

中心库采标率对比。中心库采标率对比是元数据采用信息标准的比率，通过该对比，管理员可以了解元数据是否采用了信息标准，在多大程度上采用了信息标准。

3.10　应用系统的集成

在智慧图书馆的建设中，要把图书馆的人、物、环境等的信息实现互联互通、共享应用，这就首先需要对图书馆的各个系统进行集成。系统集成一般可分为数据的集成、应用的集成、流程的集成和协同的集成四个部分。图书馆共享数据中心平台的建设不仅是智慧图书馆进行大数据分析的需要，而且也是图书馆系统集成的需要，所有共享数据中心的建设都要首先考虑这两方面的需求。

数据集成是把不同来源、格式、特点性质的数据在逻辑上或物理上有机地集中，从而为企业提供全面的数据共享。

应用的集成就是将应用看作信息交换、构建的独立部分，同时将应用交换视为架设在中间件上的一个部分，这样中间件上的消息可以进行双向信息交换。

流程的集成提高了对端到端流程的把握能力和对流程变化的适应性，主要包括流程建模、与资源结合和流程实施，无须中断当前流程即可实时改动。

协同的集成将各应用系统、数据库等资源进行整合，形成统一的门户页面展示给客户，从而方便用户对系统的访问。

在实际操作中，图书馆要根据自己的实际情况和需求进行系统集成。在数据集成的基础上，有的功能可以是应用集成，有的可以是流程集成或协同集成。系统集成后，图书馆门户系统可以给馆员提供管理和工作的平台，给读者提供一站式服务平台。

在图书馆的共享数据中心及平台建设好后，一是可以通过 ETL 工具、数据治理平台和共享数据中心平台对数据的交换、清洗和转载、加载、治理、数据标准、元数据等进行管理和维护；二是可以对图书馆的应用系统提供系统集成服务；三是利用人工智能和大数据技术，对数据进行智能挖掘，获取新知识，同时也可以根据图书馆智慧管理和服务的实际需要，建立相关的模型，为智慧图书馆的建设提供服务。

以上第一个方面在本章已经做了简要的介绍，第三个方面是本书的主线，随后章节还对相关的技术和理论进行论述，本节简要介绍一下第二个方面——应用系统的系统集成。

利用共享数据中心，图书馆的各个应用系统可以集成到图书馆的门户系统，通过统一身份认证平台实现馆员和读者的登录。无论是数字化图书馆阶段还是之后的智慧图书馆阶段，图书馆的门户系统是为馆员提供管理、为读者提供服务的平台，也是图书馆共享数据中心的数据展示平台。在智慧图书馆阶段，门户系统也是提供智慧化管理和决策以及服务的平台。

1. 图书馆门户系统

图书馆的门户系统是图书馆为馆员提供管理、为读者提供服务的可视化平台，按目前的技术条件，根据交互方式不同可以分为两类，一是面向 PC 端的，二是面向手机、平板移动端的。面向 PC 端的可以分为两类，一是 B/S 架构的，二是 C/S 架构的，目前常用的是 B/S 架构；面向移动端的可分为三类，一是 B/S 架构的，二是基于 APP 的，三是基于微信公众号的。无论何种方式，仅是交互方式的不同而已，最底层的功能实现才是重点。

面向 PC 端或移动端的 B/S 架构的图书馆门户平台包括图书馆门户网站、门户系统、应用集成接口。通过门户平台的系统建设流程和功能模块，以及门户服务网站的构建工具，可以构建出开放性、分布式、跨平台、个性化的门户网站，从而为读者提供一站式的个性化服务。在数字图书馆阶段，一个功能比较齐全的门户网站一般可以为读者、馆员、领导和系统管理员提供以下的服务：

（1）为读者提供的服务。

公共图书馆一般分为访客用户、授权用户、注册用户。访客用户只能使用数字图书馆上免费的和公开的部分资源和功能。授权用户、注册用户可以使用授权访问的全部资源和功能。对高校图书馆来说，一般有教师、学生用户使用门户系统，门户可对师生进行分类授权访问图书馆的资源。对读者用户的功能一般有图书借还、续借、文献检索查询、参考咨询、个性定制、预约服务、自习室座位使用等。

（2）为馆员提供的服务。

可实现信息发布、采购、编目、流通管理、阅览室管理、网络资源的加工和管理、人员出入、温度湿度检测、视频监测等功能以方便馆员的工作和管理。这些功能需要根据不同馆员的工作职责经过授权使用。

（3）为领导提供的服务。

这里的领导指的是馆长或其他领导，经过授权可以了解整个图书馆的运行情况，比如阅览室的读者使用情况、流通书库的图书借还情况、人员出入图书馆的情况等。

（4）为系统管理员提供的服务。

负责图书馆整个系统的日常维护和对用户的管理，对用户权限的管理等。

另外需要特别指出的是，对高校图书馆来说，一些数据来自学校的共享数据中心，比如教师和学生的基本信息、教务方面的信息、科研方面的信息、一卡通方面的信息等。这些信息在图书馆门户里可以展示，但是一般情况下，无论是图书馆的管理员还是师生本人在图书馆门户系统里是不能对这些信息进行修改的。

2. 统一身份认证平台

图书馆的各种信息系统的功能越来越强，种类越来越多。馆员和读者在使用不同的信息系统时，都需要分别进行身份识别并且对不同身份进行授权，不同身份对应不同的操作权限[32]。对馆员和读者来说，登录不同的信息系统需要不同的账号和密码；对信息系统的管理人员来说，管理多个信息系统的难度和工作量加大，并且容易造成数据的不一致。因此，建立一套统一的、完善的、安全的、易于管理的、有良好的可移植性和扩展性的用户身份管理系统非常重要[33]。

统一身份认证平台作为支撑门户系统的最重要的系统平台之一，在共享数据中心平台作为底层基础的前提下，可以实现用户登录门户系统的统一身份认证，用户只需在登录门户时进行一次身份认证，即可访问图书馆的各种应用系统和信息资源，如图书馆综合管理系统、预约系统、座位管理系统、存包柜管理系统等。

CAS（Central Authentication Service，中心认证服务）是耶鲁（Yale）大学

发起的一个开源项目，目前在高校用的比较广泛。CAS 旨在为 Web 应用系统提供一种可靠的单点登录方法。它是一套基于 Web 实现单点登录的开源服务，目的就是使分布在一个集成系统内部各个不同异构系统的认证工作集中在一起，通过一个公用的认证系统统一管理和验证用户的身份。在 CAS 上认证的用户将获得颁发的一个证书，使用这个证书，用户可以在承认证书的各个系统上自由穿梭访问，不需要再次登录认证[34]。

CAS 包含 CAS Server 和 CAS Client 两个部分。CAS Server 需要独立部署，主要负责对用户的认证工作；CAS Client 负责处理对客户端受保护资源的访问请求，需要登录时，重定向到 CAS Server[35]。

3. 与现有应用系统集成

图书馆应该根据实际情况，对应用系统进行集成。下面列举几个常用的应用系统实例。这些实例的方案基于馆员日常一般的管理工作可以通过门户来实现，读者所有的服务可以通过门户来实现的原则。

图书馆综合管理系统，可把读者借还书、续借、荐购、书评、纸质文献检索等功能集成到门户系统，让读者登录门户后可以直接使用这些功能。当然也可以把馆员进行借还书管理、超期罚款等功能集成到门户。

电子资源系统，众所周知，一般情况下，图书馆有很多不同厂商提供的电子资源，如果能整合到门户，读者可以直接在门户实现一键式电子资源检索。如果把电子资源访问统计系统集成到门户，那么馆员可以在门户及时查看所购电子资源的访问和使用情况。

图书馆的预约系统，读者可以在门户对阅览室的使用、创客空间的使用等进行预约。同理，经过授权的馆员也可通过门户对这些预约进行管理。

座位管理系统和存包柜管理系统集成到门户后，那么读者通过门户就可以对座位进行订座预约和取消等操作，也可以对存包柜的使用情况进行了解，找到合适的存包柜并使用。

门禁系统、环境监控系统、视频监控系统等集成到门户后，馆员或馆领导通过门户可以及时了解人员出入情况，图书馆各个馆舍的温湿度情况，以及各个摄像头的监控情况。

机构知识库系统集成到门户，高校的教师或学生登录门户后，可以直接对自己的论文、著作等进行认领等。

4. 一些新功能的开发和集成

利用学校共享数据中心交换过来的数据，在图书馆门户可以开发一些其他的应用，比如学生离校在图书馆的办理、一卡通消费（打印、复印等）、师生的电子邮箱、读者对图书馆的意见和建议栏目等。

本章小结

随着智慧图书馆建设的深入，图书馆层面的共享数据中心建设早晚会提到建设日程，只有建设了图书馆层面的共享数据中心，才有可能对图书馆各个应用系统产生的数据，结合学校共享数据中心的数据，进行大数据分析，而大数据和算法是图书馆实现真正智慧化的必由之路。

为了解决图书馆信息系统的“信息孤岛”问题，实现图书馆信息数据的共享，并在此基础上进行大数据分析，建立图书馆层面的共享数据中心是非常必要的。图书馆的共享数据中心是统一的数据资源共享与交换应用服务平台，是对数字化图书馆中的各种结构化数据进行统一管理的平台，还是与各类应用系统进行数据交换的平台，是实现数字化图书馆数据共享，并提供深层次数据挖掘、数据分析的重要基础。

因此，图书馆如何充分利用已有的网络基础和信息资源，制定有效的数据标准，实现应用系统之间的数据交换，加强和促进数据整合、信息共享，是建设智慧图书馆之前最需要解决的问题。解决此问题的方法是建立一整套的数据交换标准，包括数据交换格式与协议、用户接口等，从而能够整合多个图书信息系统的统一数据平台，建立图书馆层面的共享数据中心平台，为下一步利用大数据分析，让图书馆实现业务的智能化和全馆的智慧化提供基本的保证。

令人欣慰的是，近年来，图书馆业内越来越重视人工智能和大数据技术在智慧图书馆建设方面的应用。相信，随着技术的进步，图书馆的智慧化会上一个新的台阶。

本章主要参考文献

[1] 郑元元,罗艳.智慧图书馆构建过程中“信息孤岛”问题探究——基于“互联性”的视角[J].图书馆工作与研究,2018(06):10-16.

[2] 杜文才.数字图书馆建设中的数据交换标准问题刍议[J].现代图书情报技术,2003(S1):14-16.

[3] 李伟.中心数据与数据中心——高校数字化校园的“数据共享中心”建设[J].内江科技,2013,34(10):121-122.

[4] 刘彬. 数字化校园共享数据中心建设与实现[D].电子科技大学,2008.

[5] 许鑫,苏新宁,吴乃冈.高校共享数据中心平台的设计与实现[J].现代图书情报技术,2005(06):48-53.

[6] 王建平,毋丹,邵勇,等.数据中心发展及现状分析[J].计算机光盘软件与应用,2014,17(02):107-109.

[7] 刘媛媛,葛彩霞,刘文博,等.高校数字化校园基础平台建设研究——以山东化工职业学院为例[J].智库时代,2018(37):75-76.

[8] 刘芳.高校信息化及其标准制定初探[J].中国管理信息化,2009,12(14):100-101.

[9] 张贤伟,陶祥亚,贾长云.高校数字化校园建设中的信息标准探析[J].软件导刊(教育技术),2014,13(08):62-64.

[10] 李幼军,张广庆,刘炳兴.高校信息化建设中信息标准的确立及应用[J].计算机时代,2008(10):66-68.

[11] 隋嵩.基于ETL的统一数据交换平台的设计与实现[D].东北大学,2005.

[12] 中科软科技.数据交换平台解决方案[EB/OL].(2018-08-19)[2019-1-2]. http://www.sinosoft.com.cn/khyal/K_ccbx_news/ccbx_news_0009.html.

[13] 51CTO.几款开源的ETL工具及ELT初探[EB/OL].(2017-02-13) [2019-1-2]. http://bigdata.51cto.com/art/201702/530998.htm.

[14] 腾讯云.2018年ETL工具比较[EB/OL].(2018-12-15)[2019-1-2]. https://cloud.tencent.com/developer/article/1368520.

[15] CSDN. Oracle Data Integrator(ODI)简介[EB/OL].(2015-05-10) [2019-1-2].ttps://blog.csdn.net/sunansheng/article/details/46439847.

[16] 博客园.BI项目中的ETL设计详解(数据抽取、清洗与转换)[EB/OL]. (2016-10-08)[2019-1-2].https://www.cnblogs.com/reportmis/p/5939732.html.

[17] 博客园.ETL讲解[EB/OL].(2017-11-02)[2019-1-2].https://www. cnblogs.com/yjd_hycf_space/p/7772722.html.

[18] CSDN.ETL介绍与ETL工具比较[EB/OL].(2015-02-03)[2019-1-2]. http://blog.csdn.net/u013412535/article/details/43462537.

[19] 戴浩,杨波.ETL中的数据增量抽取机制研究[J].计算机工程与设计,2009,30(23):5552-5555.

[20] 黄静宾.面向增量数据检测的日志分析技术的研究[D].暨南大学,2011.

[21] 彭远浩,潘久辉.基于日志分析的增量数据捕获方法研究[J].计算机工程,2015,41(06):56-60,65.

[22] 新浪博客.ETL ORACLE CDC技术[EB/OL].(2015-10-24)[2019-03-02]. http://blog.sina.com.cn/s/blog_482e6b540102w8p5.html.

[23] 博客园.数据清洗基本概念[EB/OL].(2013-10-16)[2019-3-1]. https://www.cnblogs.com/tomcattd/p/3372341.html.

[24] 博客园.机器学习基础与实践(一)——数据清洗[EB/OL].(2013-10-16)[2019-3-1].https://www.cnblogs.com/charlotte77/p/56069 26.html.

[25] CSDN. ETL数据加载机制概述[EB/OL].(2018-10-29)[2019-2-1]. https://blog.csdn.net/qq_36864672/article/details/83505868.

[26] CSDN.数据治理怎么做？这篇万字长文终于讲清楚了！[EB/OL].(2018-10-27)[2019-2-1].https://blog.csdn.net/cqacry2798/article/ details/83445593.

[27] 博客园.概念数据模型、逻辑数据模型、物理数据模型详解[EB/OL].(2016-03-08)[2019-2-2]. http://www.cnblogs.com/joechinochl/articles/5252518.html.

[28] 罗小称.基于元数据的工具设计和实现[D].上海:华东师范大学,2007.

[29] 张鹤.元数据在图书馆信息管理中的应用研究[J].北京印刷学院学报,2017,25(04):60-62.

[30] 赵闯.数据仓库元数据管理技术研究与应用[D].东北大学,2011.

[31] 张英朝,邓苏,张维明.数据仓库元数据管理研究[J].计算机工程,2003(01):8-10.

[32] 陈鸿.数字校园统一身份认证系统的研究与实现[D].电子科技大学硕士学位论文,2013.

[33] ZHANG Haibo, LIN Peifa, LI Xiaoyan,et al. The Unified Identity Authentication Platform of University Information System Based on CAS——Taking Library Information System as an Example[C]. International Conference on Economics, Management, Education and Computer Application, Dec.,11,2017.

[34] 秦怡.基于CAS的统一认证与门户系统的集成管理[D].北京邮电大学硕士学位论文,2009.

[35] 黄经赢.基于CAS协议的单点登录系统在数字化校园中的应用与设计[D].华南理工大学硕士学位论文,2012.

第四章　云计算技术及应用

从2006年3月亚马逊推出弹性计算云服务，十多年来，云计算（Cloud Computing）从初生，到成长，再到爆发，给IT业界带来了翻天覆地的变化。在这十年间，从SaaS获得企业青睐，到IaaS（Infrastructure as a Service，基础设施即服务），得到行业巨人的加持，再到今天PaaS（Platform as a Service，平台即服务）蓄势待发，云计算在各行各业获得了广泛的应用。据IDC统计的数据显示，2018年全球云计算行业收入达到1794亿美元，同比增长26.2%。国内市场2018年收入达到72亿美元，同比增长68.2%[1]。

2018年4月，腾讯研究院发布的《中国"互联网+"指数报告（2018）》指出，信息化和数字化是产业升级、提升经济发展质量的关键因素，而云计算和存储则是信息化、数字化的重要推动力，是数字时代重要的基础设施。

云计算的出现改变了人们应用信息技术的模式，同时也改变了整个信息世界的版图，图书馆为了给读者提供更好的服务，也在积极推广云计算等信息技术。正因为如此，图书馆界对云计算抱以很大的热情[2]。

云计算的理念就是以"服务"为核心，最终达到一切信息技术资源都是服务的效果。云计算的下一代风潮，应该是能够满足图书馆需求，云计算的未来，是要能够给智慧图书馆建设提供落地的解决方案。

在智慧图书馆的建设中，云计算技术起着重要的角色，只有利用云计算技术，才能对图书馆积累或产生的海量数据进行处理和分析提供足够的支撑，为真正实现图书馆的智慧化打下基础。

4.1　云计算技术概述

关于云计算的定义，可谓众说纷纭。比如在维基百科上的定义是"云计算是一种基于互联网的计算新方式，通过互联网上异构、自治的服务为个人和企业用户提供按需即取的计算”；美国国家标准与技术研究院（NIST）认为云计算是一种按使用量付费的模式，这种模式提供可用的、便捷的、按需的网络访问，进入可配置的计算资源共享池（资源包括网络、服务器、存储、应用软件、服务），这些资源能够被快速提供，只需投入很少的管理工作，或与服务供应商进行很少的交互；著名咨询机构 Gartner 将云计算定义为“云计算是利用互联网技术将庞大且可伸缩的 IT 能力集合起来作为服务提供给多个客户的技术”；而 IBM 则认为“云计算是一种新兴的 IT 服务交付方式，应用、数据和计算资源能够通过网络作为标准服务在灵活的价格下快速地提供给最终用户”。

无论如何定义云计算，云计算机是被用来表示互联网和底层基础设施的抽象。云计算是分布式计算（Distributed Computing）、并行计算（Parallel Computing）、效用计算（Utility Computing）、网络存储（Network Storage Technologies）、虚拟化（Virtualization）、负载均衡（Load Balance）等传统计算机和网络技术发展融合的产物。它被誉为继个人计算机变革、互联网变革之后的第三次 IT 浪潮，它将带来生活、生产方式和商业模式的根本性改变。

4.1.1 云计算分类

云计算按所属关系分，分为私有云、公有云、混合云、行业云等。

私有云（Private Clouds），是指单位自己使用的云。一般情况下，是单位自己购置服务器等硬件设备以及私有云软件，单位自己拥有基础设施，并可以控制在此基础设施上部署应用程序。它所有的服务不是供别人使用，而是供自己内部人员或分支机构使用。私有云可部署在本单位数据中心的防火墙内，也可以将它们部署在一个安全的主机托管场所。私有云的部署比较适合于有众多分支机构的大型企业或政府部门。随着这些大型企业数据中心的集中化，私有云将会成为他们部署 IT 系统的主流模式。

公有云通常指第三方提供给用户使用的云，如果把私有云的用户当成房主自住的话，那么公有云的用户就是租户。公有云一般可通过 Internet 使用，可能是免费或成本低廉的。

与私有云相比，公共云的最大意义在于以较低的价格向客户提供有吸引力的服务，并创造新的商业价值。作为一个支持平台，公共云还可以整合上游服务提供商（如增值业务、广告）和下游终端用户，以创建新的价值链和生态系统。它使客户能够访问和共享基本的计算机基础设施，包括硬件、存储和带宽等资源[3]。

混合云一般是私有云和公有云的任意混合，这种混合可以是计算的、存储的，也可以两者兼而有之。在对公有云缺乏足够的信任，而私有云存在运维难、部署时间长、动态扩展难的现阶段，混合云是一种较为理想的平滑过渡方式。并且，不混合是相对的，混合是绝对的。在未来，即使不是客户自己的私有云和公有云做混合，也需要内部的数据和服务与外部的数据和服务进行不断的调用（PaaS 级混合）。并且还有可能，一个客户把业务放在不同的公有云上，相当于把鸡蛋放在不同篮子里，不同篮子里的鸡蛋自然需要统一管理，这也算广义的混合[4]。

行业云就是由行业内或某个区域内起主导作用或者掌握关键资源的组织建立和维护，以公开或者半公开的方式，向行业内部或相关组织和公众提供有偿或无偿服务的云平台。比如地方政府、协会、联盟等组织。

4.1.2　云计算的特点

采用云计算技术，相对于传统的“服务器 + 存储”等模式，具有更多的优点。

1. 云计算的优点

相对于传统存储和计算，云计算具有如下的优点[5]：

（1）规模大。大多数云计算中心都具有一定的规模，一些大公司或云计算提供商的云计算中心具有超大规模，甚至有的已经拥有几百万台服务器。一些小规模的私有云一般也在十几台服务器以上。当然，云计算中心可以整合和管理这些服务器集群获得更多的计算和存储能力。

（2）虚拟化。云计算支持用户通过互联网在任意位置、使用各种终端获取应用服务。用户使用的资源，对用户来说看起来是有形实体，而实际上并不是固定的有形实体。用户的应用在“云”中某处运行，用户无须了解，也不用关心应用运行的具体位置。

（3）可靠性高。云计算平台软件对服务器集群在软硬件层面采用了诸如数据多副本容错、心跳检测和计算节点同构可互换等措施来保证所提供服务的可靠性，相对于服务器模式来说，具有更高的可靠性。

（4）扩展性好。根据用户的需求，可以对用户使用的“云”的资源进行调整和动态伸缩。

（5）按需服务。一定规模的“云”是一个资源池，公有云用户可以按需购买，就像购买自来水、电或煤气一样，无须任何软硬件和设施等方面的前期投入，只需通过互联网使用即可。私有云一般由用户自己使用，用户可根据每个应用来扩展或缩减资源，以达到最经济的状态。

（6）自动化程度高。这里的自动化是指云平台可以对应用、服务和资源的部署以及对服务器、存储等设备的管理都可以实现自动化，可以极大地减少数据中心的管理成本。

（7）通用性好。云计算中心一般支撑多种操作系统、多种数据库系统、多种应用中间件等，可支持大多数主流的应用。公有云用户可以根据自己应用的需求对服务进行定制；私有云用户可以根据自己的需求进行配置。一个“云”可以支撑多个不同类型应用的同时运行，并保证这些服务的运行质量。

（8）更经济实惠。一是体现在云计算中心本身可伸缩性配置和大规模集群带来了经济性和资源利用率的提升；另外，云计算软件对各种服务器硬件的兼容性，使得集群的服务器可以采用一些相对廉价的X86节点来构建，因此大大节省了部署的成本，部署的低成本势必造成使用价格的低廉，更容易吸引用户使用。

（9）更加节能环保。云计算技术可以将分散在低利用率服务器上的许多工作负载整合到云中，以提高资源使用效率。此外，云由专业管理团队运营和维护，因此其电力使用效率价值远高于普通企业的数据中心。公有云服务商也可以选择将云计算机房建设在水电厂等洁净资源旁边，这样既能进一步节省能源方面开支，又保护了环境。

（10）完善的运维机制。公有云一般都有技术水平较高的团队来管理和维护，并且管理流程严格规范，可对云平台的安全以及用户系统的数据提供保障；同时用户无须重金聘请专业人员就可以保障系统的安全。

相对于传统的“服务器+存储”等模式，云计算正是由于这些优势的存在，使得云计算能为用户提供更方便的体验和更低廉的成本，同时这些特点也是为什么云计算能脱颖而出，并且能被大多数业界人员所推崇的原因之一。

另外，公有云也有一些不足之处：最大的不足是缺乏信任，虽然在安全技术方面，公有云有很好的支持，但是由于其存储数据的地方并不在用户的本地，所以用户会不可避免地担忧数据的安全性；其次是对一些环境不太支持，比如遗留环境，由于现在公有云技术基本上都是基于 x86 架构的，在操作系统上普遍以 Linux 或者 Windows 为主，而对某些基于大型机的应用项目缺乏支撑。

2. 私有云的优点

私有云是单位用户在云计算时代演进的一个重要过程。在图书馆等单位内部通过建立基础架构即服务的私有云计算平台实现基础设施层面的“IT 即服务”，和公有云相比，私有云具体有以下优势[6]：

（1）对数据和云平台安全性有效控制。由于是用户自建，硬件等基础设置在本单位或托管的可控范围以内，用户可以对网络、服务器、云计算平台等进行直接控制，进而可对数据、安全性和服务质量实现最有效的控制。对一些用户单位来说，业务数据的安全最重要，尤其对政府或一些大型企业来说，数据的安全性非常重要。这些单位用户通过自建私有云平台，把云平台部署在单位网络防火墙以内，或把服务器托管在一个安全的场所，就可以避免数据受其他因素的影响和威胁。这正是私有云在安全方面的优势。

（2）更高的服务质量。因为私有云的硬件设备一般在单位用户的防火墙之内，而公有云需要通过互联网才能访问，所以当单位员工访问那些基于私有云的应用时，不会受到外部网络稳定与否的影响。

（3）充分利用现有软硬件资源。有些单位用户的某些系统需要特别的环境，而公有云可能不能及时提供相应的环境，这时私有云就有了优势。私有云由自己单位规划，一个良好规划的私有云，可以充分发挥软硬件的资源能力。

（4）不影响现有信息管理的流程。对一些单位用户来说，流程是其管理的核心，如果没有完善的流程，将会成为一盘散沙。不仅与业务有关的流程非常繁多，而且 IT 部门的流程也不少，并且这些流程对 IT 部门非常关键。在这方面适合使用私有云，因为私有云平台一般布置在防火墙内，所以 IT 部门流程的安全性有了保证。

（5）部署方式灵活。部署方式灵活可以从两个方面来体现：一是单位用户拥有基础设施，并可以控制在此基础设施上部署应用程序；二是私有云可由单位用户的 IT 机构来进行构建，也可由云提供商进行构建。

当然私有云也缺点，与公有云相比，一般情况下，需要更多的技术支撑，扩容和容灾能力较低，成本较高等。

总之，云计算是一种新的 IT 资源提供模式，它依靠强大的计算能力，使得成千上万的终端用户不必关心所使用的计算技术和接入的方式，就能够有效地依靠网络连接起来硬件平台的计算能力来实施多种应用。

4.2 云计算架构及服务类型

云计算主要以提供用户基于云的各种服务为主，云计算架构包括服务和管理两大部分，其中的服务包含三个方面，分别是服务目录、订阅管理和服务访问[7]。

服务目录是一个服务列表，用户可以从中选择需要使用的云计算服务。

订阅管理是提供给用户的管理功能，用户可以查阅自己订阅的服务，或者终止订阅的服务。

服务访问是针对每种层次的云计算服务提供的访问接口，针对资源层的访问可能是远程桌面，针对应用层的访问，提供的接口可能是 Web。用户访问层是方便用户使用云计算服务所需的各种支撑服务，针对每个层次的云计算服务都需要提供相应的访问接口。

云计算技术按提供服务的层次可以分为三个类型：一是基础架构即服务 IaaS，IaaS 指用虚拟技术构建的虚拟化数据中心，将分布在大量的计算机和存储设备上的计算和存储资源集中起来成为一个虚拟的资源池，以服务方式按用户的需求免费或租用提供给用户。二是平台即服务 PaaS，PaaS 将把开发环境、应用程序运行环境、数据库环境等作为一种服务来提供给开发商，由后者开发程序并通过互联网提供给用户。三是软件即服务 SaaS，SaaS 通过浏览器把程序以服务方式交付给用户，向用户收取服务费。用户通过互联网使用程序，可降低购买服务器和软件的成本及系统运维成本，供应商只需统一安装和维护一套软硬件系统。很多 SaaS 还提供了开放 API（Application Programming Interface，应用软件编程接口），让开发者能够开发更多的互联网应用。

从用户角度来看，三层服务之间关系是独立的，因为它们提供的服务是完全不同的，而且面对的用户也不尽相同。但从技术角度而言，云服务这三层之间的关系并不是独立的，而是有一定依赖关系的，比如一个 SaaS 层的产品和服务不仅需要使用到 SaaS 层本身的技术，而且还依赖 PaaS 层所提供的开发和部署平台或者直接部署于 IaaS 层所提供的计算资源上；还有，PaaS 层的产品和服务也很有可能构建于 IaaS 层服务之上。IBM 的工程师认为云计算三层的概念具有如下的交叉矩阵表，见表 4–1[8]。

表 4–1　云计算三层的概念交叉矩阵表

	范型转变	特征	关键词汇	优点	缺点和风险	不应使用场合
IaaS	基础设施即资产	常常独立于平台；分担基础设施成本，因此会降低成本；SLA；按使用量付费；自我伸缩	网格计算，效用计算，计算实例，系统管理程序，暴雨，多租用者计算，资源池	避免在硬件和人力资源方面花费资产费用；降低 ROI 风险；降低进入门槛；简化和自动化伸缩过程	企业效率和生产力很大程度上取决于厂商的能力；可能会增加长期成本；集中化需要新的 / 不同的安全措施	当资产预算大于运营预算时
PaaS	许可证购买	消费云基础设施；能够满足敏捷的项目管理方法	解决方案堆	简化的版本部署	集中化需要新的 / 不同的安全措施	无
SaaS	软件即资产（企业和消费者）	SLA；由“瘦客户机”应用程序提供 UI；云组件；通过 API 进行通信；无状态；松散耦合；模块化；语义性互操作能力	瘦客户机；客户机 – 服务器应用程序	避免在软件和开发资源方面花费资产费用；降低 ROI 风险；简化和迭代式的更新	数据的集中化需要新的 / 不同的安全措施	无

在管理方面，主要以云的管理层为主，它的功能是确保整个云计算中心能够安全和稳定的运行，并且能够被有效地管理。介绍见 4.2.4 节。

从商业模式来看，公有云提供基础设施类似于把一栋大楼整合成不同的房间，分别租给客户使用，然后收取租金，这就是 IaaS 的商业模式。如果公有云把房间装修成健身房，客户配置教练开健身馆，公有云收取租金，这就是 PaaS 的商业模式。如果公有云把房间装修成健身房，并且配置健身教练开健身馆，收取客户的健身费用，这就是 SaaS 的商业模式。如果用户自己把大楼买了，找私有云装修成健身房，并把健身房交给私有云管理，私有云向用户收取建设费和管理费，这就是私有云的商业模式[9]。

4.2.1 基础架构即服务 IaaS

基础架构，或称基础设施是云的基础。基础设施主要包括网络系统、存储设备、服务器、虚拟化技术。公有云的用户在使用 IaaS 时，用户并不实际控制底层基础架构，而是控制操作系统、存储和部署应用程序，还在有限的程度上控制网络组件的选择。用户只需为其所租用的那部分资源进行付费，而同时这些基础设施烦琐的管理工作则交给 IaaS 供应商来负责[8]。

云计算 IaaS 概念标志着从“基础架构即资产”到“基础架构即服务”的转变，这是一种思维方式的转变。云计算的其他两个类别也标志着范式转变。对于 PaaS，转变来自“平台即资产”范式，该范式的特征是大量采购许可。同样的转变也适用 SaaS，这种转变是从“软件以许可形式作为组织资产”到“软件以服务形式提供”。

IaaS 最与众不同的两个方面：可伸缩性和虚拟化。

（1）可伸缩性。可伸缩性是 IaaS 的最重要的特征。用户可根据自己的实际需要自动独立地单方面配置计算功能（例如计算时间、网络连接和存储），而无须与每项服务的提供商进行人员交互。由于使用 IaaS，用户对云平台拥有的控制权更多，所以用户自由分配云计算和存储能力，可以将更多的服务器实例副本添加到集群中，为用户完成比较大的项目，比如大数据分析提供了方便。

（2）虚拟化。虚拟化技术主要实现了对底层物力资源的抽象，使其成为一个个可以被灵活生成、调度、管理的基础资源单位。而要将这些资源进行有效的整合，从而生成一个可统一管理、灵活分配调度、动态迁移、计费度量的基础服务设施资源池，并向用户提供自动化的基础设施服务，就需要 IaaS 管理平台。

IaaS 的根本目的在于计算资源的池化、统一的、智能的（如按需）管理调度。计算资源的池化，也就是把所有的资源放在一个大池子里并按照较小的单元进行管理。IaaS 有一个硬件和软件资源组合组成，其软件是低级代码，独立于操作系统运行，例如虚拟机监控程序。虚拟机监控程序负责管理硬件资源的库存并根据需要分配上述资源，为实现资源共用使得虚拟化成为可能，虚拟化又使多租户计算成为可能。IaaS 把众多的物理资源进行划分和重组，提供给用户，其具体管理的物理资源，可以分为三大类：计算资源（CPU 加内存），存储资源和网络资源。

4.2.2　平台即服务 PaaS

PaaS 是指将一个完整的软件研发和部署平台，包括应用设计、应用开发、应用测试和应用托管，都作为一种服务提供给用户。它让用户能够使用提供商支持的编程语言和工具把应用程序部署到云中。用户不必管理或控制底层基础架构，而是控制部署的应用程序并在一定程度上控制应用程序驻留环境的配置[10]。

在这种服务模式中，客户不需要购买硬件和软件，只需要利用 PaaS 平台，就能够创建、测试和部署应用和服务。与基于数据中心的平台进行软件开发和部署相比，采用 PaaS 的成本和费用要低得多。

大致来看，PaaS 的实现分为两种：以虚拟机为基础或是以容器为基础。

以虚拟机为基础的 PaaS，首先是负载均衡层（ELB），该层需要将用户的请求投射到对应的服务器实例；当应用实例出现扩容时，需要动态将调整的服务器实例注册到对应的域名上，以完成分流；中间是 Web 服务器层，一般支持 Java、Python 和 PHP 等多种编程语言。

以容器为基础的 PaaS，相比于虚拟机，容器带来的系统开销非常低。如果一台虚拟机的操作系统需要占用 2G 的内存，则 7 个虚拟机所组成的集群只是操作系统就需要 14G 的内存占用。所以，从经济性来说，容器的技术远远好于虚拟机。另外一个比较的指标是性能，容器的性能相对而言更好一些。但是，从安全性和隔离型来说，虚拟机是远远好于容器的。

PaaS 的两大业务优势是降低成本，提高开发和部署速度，用户只有在需要时才租用计算资源。

PaaS 层面向开发人员，所以其优势主要体现给予开发人员进行开发方面的意义。在软件开发过程中，和现有的基于本地的开发和部署环境相比，PaaS 平台主要有下面这六方面有非常大的优势：成本低、开发环境好、应用层非常精细的管理和监控、伸缩性强、自带多租户机制、多样的服务等。

4.2.3 软件即服务 SaaS

有人把SaaS称为软件运营,它是一种基于互联网提供软件服务的应用模式,可为商用软件提供基于网络的访问。当用户在使用传统的软件工具时，除了需要购买软件，并且还需要支付构建和维护用户自己独立的IT硬件设备的费用。而SaaS模式的出现为企业提供了另外一种解决方案。借助SaaS平台，用户只需通过网络注册使用账号并在自己设备上进行一些简单的设置，即可以启用SaaS平台上的软件服务以及通过互联网使用共享的基础设备。从而大大地节省了用户的成本[11]。

对SaaS软件厂商来说,以通过四个因素提高ROI(投资回报):部署速度快、受众率高、减少支持的需要、低成本[11]。

(1)部署速度快。在公有云场景使用SaaS，用户无须购买软硬件、建设机房、招聘IT人员，即可通过互联网使用信息系统，就像打开自来水龙头就能用水一样，节省了部署的时间。

(2)受众率高。SaaS一般提供多种业务和服务模式供用户选择，这样可以满足不同用户的需求。一些服务或软件的收费模式也灵活，比如按天、按月收费等。

(3)减少支持的需要。一些用户需要多平台技术的支持，如果自己部署势必需要更多的技术成本，而采用SaaS就可以大大缓解这些难题。首先，部署的简便性让开发人员能够在发现bug之后很快被提供商的技术人员进行修复，从而提高了客户的满意度，降低客户流失的可能性。另外，传统桌面软件应用程序的开发商常常必须支持多种平台。

(4)低成本。SaaS模式实质属于IT外包。用户无须购买软件许可证，而是以租赁的方式使用软件，不会占用过多的营运资金，从而缓解企业资金不足的压力。

4.2.4 云计算的管理层

云计算的管理层是为IaaS、PaaS、SaaS服务的，并给它们提供多种管理和维护等方面的技术，主要有下面这六个方面：

用户管理。通过良好的账号管理技术，能够在安全的条件下方便用户登录，并方便管理员对用户的账号进行管理。

SLA 监控。对云计算平台各个层次运行的虚拟机、服务和应用等可靠性、可用性、服务状态和各项指标等进行监控，以使它们都能在满足预先设定的 SLA（Service Level Agreement）的情况下运行。

计费管理。根据用户付费和定制情况，对每个用户所消耗的资源等进行统计，来准确地向用户收取费用。

安全管理。利用信息安全技术对云计算平台的数据、应用和账号等资源采取全面地保护，使其免受黑客攻击和恶意程序的侵害。

服务管理。对云计算平台提供给用户的服务进行监控和管理。

资源管理。对整个云计算平台以及每个用户拥有的硬件资源、网络资源、计算资源等进行监控和管理。

容灾支持。在虚拟机宕机、数据丢失等灾难事故发生时，能够及时恢复数据并正常运行。

负载均衡。通过将流量分发给一个应用或者服务的多个实例来应对突发情况。

运维管理。在管理方面使运维操作尽可能地专业和自动化，从而降低云计算中心的运维成本。

客户支持。通过多种方式能和用户及时保持联系，对用户提出的问题及时反馈或解答。

4.2.5　云计算的其他概念

近年来，出现了一些关于云计算的新概念。

1. DaaS

DaaS 是 Dataasa Service（数据即服务）的缩写，是继 IaaS、PaaS、SaaS 之后又一个新的服务概念。随着信息化的深入，单位用户积累了大量的数据，有时势必造成资源利用率不足，从而导致管理的复杂程度不断加深，这是 DaaS 产生的背景。

数据是载荷或记录信息按一定规则排列组合的物理符号。可以是数字、文字、图像、声音，也可以是计算机代码等。数据的意义在于能够传递信息。数据即服务就是把数据做为一种服务通过传递有用的信息以帮助他人的活动。

DaaS 通过资源的集中化管理，为提升 IT 效率以及系统性能指明了方向。因此 DaaS 在过去的几年中得到了许多青睐，它包含的主要技术有数据虚拟化、数据集成、SOA（Service Oriented Architecture，面向服务的体系框架）、BPM（Business Process Management，即业务流程管理）及 PaaS 等[12]。

DaaS 解决方案的优势[13]：

（1）敏捷性。数据访问整合后，用户无须考虑底层数据的来源，而直接对数据进行使用。对不同的数据结构或者调用特定位置的数据，DaaS 通过最小程度的变更就能够非常快速满足用户的需求。

（2）成本效益。云计算平台让数据技术人员来建好底层架构，一些报表类的表现层事务可以外包给第三方，同时使得表现层出现的任何变更需求都能更灵活的满足。

（3）数据质量。数据质量的提升和改进得力于通过服务来控制数据的访问。当服务被完全测试好以后，如果下一次部署不发生变化，那么用户只需要进行回归测试。

（4）高效率、高可用和弹性。这些优势来自云计算平台的虚拟化功能，物理服务器资源共享将提升效率，跨多个物理服务器的集群可以提高可用性，动态调整和实时迁移集群节点到不同的物理服务器能够增强弹性。

构建一个 DaaS 平台，其中所涉及的技术一般包括[13]：

（1）数据采集。对来自单位内部，甚至外部的任何有关数据源，如数据仓库、电子邮件、门户、第三方数据源等数据进行采集。

（2）数据治理与标准化。对数据进行治理，最后达到数据标准化。

（3）数据聚合。利用 ETL 实现数据的聚合，建立数据中心。

（4）数据服务。通过 Web 服务、数据抽取和报表等，让终端用户能够更容易地消费数据。

2. CaaS

CaaS（Communications as a Service，通讯即服务）是将传统电信的能力如

消息、语音、视频、会议、通信协同等封装成 API 或者 SDK 通过互联网对外开放，提供给第三方使用，将电信能力真正作为服务对外提供[14]。

3. MaaS

MaaS（Machine as a Service，物联网即服务）是伴随着物联网的产生而产生的。物联网常见的两种业务形式就是 MAI（Machine Application Integration，物联网应用集成）与 MaaS，因此 MaaS 属于物联网业务形式的一种[14]。随着物联网业务量的增加，对数据存储和计算量的需求将带来对“云计算”能力的要求。

在物联网的初级阶段，把数据从计算中心传输到数据中心，使用 PoP（Point of Presence，接入点）就可满足需求。

在物联网高级阶段，数据可能纷繁复杂，要求的技术更加专业，这时可能需要第三方运营商的配合，需要虚拟化云计算技术、SOA 等技术的结合实现物联网的泛在服务。

4. CompaaS

CompaaS（Compliance as a Service，计算即服务）为云服务用户提供部署和运行软件所需的配置和计算资源能力的一种云服务类别。

5. DSaaS

数据存储即服务（DSaaS）为云服务用户提供配置和使用数据存储相关能力的一种云服务类别。

6. NaaS

网络即服务（NaaS）为云服务用户提供传输连接和相关网络能力的一种云服务类别。

7. XaaS

一切皆服务（XaaS）是一个统称，代表“X as a service”、“anything as a service”或“everything as a service”[15]。这一缩写指越来越多地通过互联网提供的服务，而不仅仅指本地或现场服务。云计算的本质就是 XaaS。

4.3　云计算支撑技术

中国电子技术标准化研究院于 2014 年发布《云计算标准化白皮书 V3.0》，指出云计算有七类主要支撑技术，分别是：系统虚拟化、虚拟化资源管理、分布式数据存储、并行计算模式、用户交互技术、安全管理和运营支撑管理[16]。

1. 系统虚拟化

系统虚拟化是指将一台物理计算机系统虚拟化为一台或多台虚拟计算机系统。每个虚拟计算机系统（简称虚拟机）都拥有自己的虚拟硬件（如 CPU、内存和设备等），来提供一个独立的虚拟机执行环境。这个提供虚拟机运行环境的虚拟化层被称为虚拟机监控器（Virtual Machine Monitor，VMM）[16]。

经过虚拟化层的模拟，对用户来说，虚拟机中的操作系统仍然是自己独占一个系统在运行。每个虚拟机中的操作系统可以相同也可以完全不同，并且这些虚拟机的执行环境是完全独立的。

虚拟机监视器（VMM）是一个系统软件，可以同时维护多个高效的、隔离的程序环境，该环境支持用户直接去访问真实硬件，而这样的程序环境就是虚拟机。

虚拟机可以看作是物理机的一种高效隔离的复制。虚拟机具有三个典型特征：同质、高效和资源受控。VMM 对物理资源的虚拟可以归结为三个主要任务：CPU 虚拟化、内存虚拟化和 I/O 虚拟化。按照 VMM 提供的虚拟平台类型可以将 VMM 分为两类：完全虚拟化和半虚拟化。当前主流的虚拟化技术实现结构可以分为三类：Hypervisor 模型、宿主模型和混合模型[16]。

2. 虚拟化资源管理

虚拟化资源管理是云计算中最重要的组成部分之一，虚拟化资源池管理就是实现对虚拟化数据中心资源池中的物理服务器和虚拟机统一管理、监控、调度[16]。

云计算的虚拟化资源的管理水平直接影响其可用性、可靠性和安全性。主要功能如下：

（1）物理服务器管理。资源纳管，信息获取，清单与查询，配置和管理。

（2）虚拟机管理。生命周期管理，配置，部署，快照。

（3）资源部署调度。集群管理，资源分配，资源动态增减，资源绑定，资源优先级，调度策略管理，故障切换，网络切换，节能管理。

（4）模板管理。模板管理，镜像管理。

（5）监控与告警管理。物理服务器资源监控，虚拟机监控，操作系统监控，检测日志，告警管理。

3. 分布式数据存储

分布式数据存储技术包含结构化数据存储、半结构化数据存储、非结构化数据三种数据的存储。

（1）结构化数据是指可以使用关系型数据库表示和存储，表现为二维形式的数据。一般特点是数据以行为单位，一行数据表示一个实体的信息，每一列的数据属性是相同的。比如文本、数字等都是结构化数据，这些数据都可以直接保存在关系数据库系统中。

（2）半结构化数据不符合关系型数据库或其他数据表的形式关联起来的数据模型结构，但包含相关标记，用来分隔语义元素以及对记录和字段进行分层。因此，它也被称为自描述的结构。常见的半结构数据有 XML 和 JSON。

（3）非结构化数据是数据结构不规则或不完整，没有预定义的数据模型，不方便用数据库二维逻辑表来表现的数据。包括所有格式的办公文档、文本、图片、各类报表、图像和音频 / 视频信息等[17]。

结构化数据存储主要采用分布式数据库技术；非结构化数据存储主要采用文件存储和对象存储技术；而由于半结构化数据没有严格的 schema 定义，所以不适合用传统的关系型数据库进行存储，适合存储这类数据的数据库被称作“NoSQL”数据库。

NoSQL 是对不同于传统的关系数据库的数据库管理系统的统称。两者存在许多显著的不同点，其中最重要的是 NoSQL 不使用 SQL 作为查询语言。其数据存储可以不需要固定的表格模式，也经常会避免使用 SQL 的 JOIN 操作，一般有水平可扩展性的特征。

4. 并行计算模式

相对于串行计算，简单的说并行计算就是同时使用多个计算资源来解决一个计算问题：也就是说一个问题被分解成为一系列可以并发执行的离散部分，每个部分可以进一步被分解成为一系列离散指令，来自每个部分的指令可以在不同的处理器上被同时执行，还需要一个总体的控制 / 协作机制来负责对不同部分的执行情况进行调度[18]。由于自然界中的万事万物都处于并发状态，并按照其内在时间序列运行着，所以和串行计算相比，并行计算更适用于对现实世界中的复杂现象进行建模、模拟和理解。

在云计算环境中，需要把海量数据分布到多个结点（通常是廉价不可靠的PC机）上，将计算并行化，利用多机的计算资源，加快数据处理的速度。而并行计算模型是提高海量数据处理效率的常用方法，故并行计算正是云计算所需要的。

云计算下的并行处理需要考虑以下关键问题：任务划分，使得任务能更加优化的被分解和并行执行；任务调度，操作尽量本地化，以保证在网络资源有限的情况下，最大限度地将计算任务在本地执行，减少通信开销；自动容错处理机制，保证在结点失效的情况下处理任务仍然能够正确地执行[16]。

5. 用户交互技术

所谓人机交互（Human–Computer Interaction，HCI），狭义地讲，人机交互技术主要是研究人与计算机之间的信息交换，它主要包括人到计算机和计算机到人的信息交换两部分。

随着云计算的逐步普及，浏览器不仅仅是一个浏览网页的工具，而今成了用户与云平台进行交互的主要工具。浏览器与云计算的整合技术主要体现在两个方面：浏览器网络化与浏览器云服务[16]。

6. 安全管理

安全问题是用户是否选择云计算的主要顾虑之一。传统集中式管理方式下也有安全问题，云计算的多租户、分布性、对网络和服务提供者的依赖性，为安全问题带来新的挑战。

云计算面临的安全问题，其实与传统的安全问题并没有太大的差异，但从安全方案和服务模式有了很大的变化。其中，主要的数据安全问题和风险包括：数据存储及访问控制，数据传输保护，数据隐私及敏感信息保护，数据可用性，依从性管理[16]。

7. 运营支撑管理

为了支持规模巨大的云计算环境，需要成千上万台服务器。如何对数以万计的服务器进行稳定高效地运营管理，成为云服务被用户认可的关键因素之一。涉及云的部署、负载管理和监控、计量计费、SLA、能效评测等五个方面[16]。

4.4　云计算服务商及产品简介

4.4.1　云计算服务商

互联网数据中心（Internet Data Center，IDC）公布了的 2018 年上半年中国公有云厂商市场份额数据。报告显示，阿里云市场份额（43%）位居中国第一，相当于二至九名总和。腾讯云（份额 11.2%）位列第二，中国电信（份额 7.4%）第三，AWS（份额 6.9%）位列第四，金山云（份额 4.5%）位列第五。IDC 的数据还显示，中国公共云厂商的前十名厂商的市场份额总和为 87%，而其中前五大厂商的市场份额就高达 73%。第五名之后的“长尾”厂商市场份额都不高[19]。2015 年统计至 2018 年，阿里云一直位居中国市场第一。报告称，阿里云在存储、数据库、人工智能等领域都有丰富的产品布局，服务也更加多样化。

2018 年 11 月，中国私有云市场的首份报告《2017—2018 年度中国私有云市场现状与发展趋势研究报告》由工信部电子一所指导，计世资讯（CCW Research）发布。该报告成为 2018 年首份中国私有云市场报告。根据计世资讯的研究调查结果，中国私有云市场将继续保持高速增长的趋势，预计 2018 年市场规模将达到 512.4 亿元，同比增长 27.0%。且到 2022 年，预计中国私有云市场规模将达到近 1000 亿元[20]。

计世资讯同时还发布了“2018 中国私有云解决方案提供商 TOP20”榜单，分别是：华为、新华三、VMware、华云、EasyStack、浪潮、青云、云宏、中国电信、阿里云、烽火通信、云途腾、海云捷讯、ZStack、中国移动、易思捷、品高云、腾讯云、中兴、UMcloud。

4.4.2　私有云产品简介

国内很多图书馆都建有自己的网络机房，这就为其建立私有云提供了便利条件。近年来，很多图书馆已经建有自己的私有云。对图书馆来说，如何结合馆信息系统的应用和经费等实际情况，选择适合自己的私有云软件平台非常重要。本节列举几个私有云产品的简介，目前华为云、华三云和 VMware 位列私有云市场前三，本节就根据它们的官方资料简介一下这三种产品。

1. 华为私有云

根据华为官方网站的资料，华为FusionCloud私有云解决方案可为客户提供业务感知、商业智能、统一管理和统一服务的云数据中心。包括几大部分：虚拟化层FusionSphere Virtualization；云平台层FusionSphere OpenStack；云服务层，由各个服务组件提供不同的云服务能力；统一管理层ManageOne；以及联接公有云实现混合云部署的FusionBridge。

FusionSphere OpenStack基于开源的OpenStack，内置华为KVM（Kernel-based Virtual Machine）虚拟化引擎，针对计算管理、存储管理、网络管理、安装运维、安全、可靠性等方面做了丰富的企业级增强。ManageOne提供统一的数据中心管理平台，针对分布云数据中心的服务保障和服务编排提供先进管理方案。FusionBridge混合云解决方案，支持8种统一服务，提供标准OpenStackAPI接口，实现跨云网络自动互通、统一镜像能力，提供统一资源视图和服务目录。

2. 新华三私有云

新华三私有云在各个行业都有应用，其中针对教育行业推出了H3CloudOS教育版方案，据其官方网站报道，该方案是H3C公司经过对教育行业用户IT现状、校园业务、资源交付流程等进行了深入调研，专门推出的贴合教育用户云计算需求的云操作系统、旨在为学校提供统一的校园云服务门户、实现校内云运营、助力学校信息中心实现云化转型。方案架构有三层，分别是：

（1）服务层。向学校二级部处、学院、课题组、创新创业团队提供多种多样的校园云服务，服务种类目录包括虚拟机、块存储、裸金属、防火墙、负载均衡、防病毒、云桌面、云网盘、大数据、域名、开发环境、应用商店、容器以及DevOps服务。

（2）管理层。实现服务发布。权限管理、流程管理都能云运营运维功能。

（3）调度层。通过OpenStack平台对于底层计算、存储、网络、安全、软件资源进行统一调度。

3. VMware私有云

根据VMware网上的资料，由vCloud Suite所构建的私有云的整体概念架构一般有5部分组成：服务器和网络与安全虚拟化、服务编排层、服务调配层、运维管理模块、高可用可灾难恢复模块。

服务器和网络与安全虚拟化是最底层，也是最基础层，是整个云计算数据中心的基石，用来实现对物理服务器以及相关联的网络与安全组件的虚拟化功能，对应的产品组件是 vSphere 和 vCloud Networking and Security。

该层之上，是服务编排层，这一层可以对所支持的相关服务进行编排，可以组合操作流，协调多个系统以实现组合操作，从而避免在不同系统上执行多个单独的操作。该层对应的产品组件是 vCenter Orchestrator。

再以上是服务调配层，通过该层，客户可以对通过自助式门户和目录向终端用户提供的预定义基础架构和桌面服务进行自动化调配，同时，还可以调配和管理应用服务或部署用户自己的 PaaS。该层自身不具备虚拟化资源的能力，而是与底层虚拟化平台协作，来提供调配和管理基础架构、桌面和应用服务的能力。该层对应的产品组件是 vCloud Automation Center（vCAC）以及 vCAC 企业版多包含的组件 vCloud Application Director。

运维管理模块用来对整个云计算数据中心进行性能、容量以及应用依赖关系相关的管理。该模块使 IT 部门可以获得更好的可见性和可操作的智能信息，从而主动确保动态虚拟环境以及整个云计算数据中心中的服务级别、资源利用率优化和配置合规性。该模块对应的产品组件是 vCenter Operations Management Suite。

高可用可灾难恢复模块可以最大程度上提升云计算数据中心的可靠性、可用性和灾难恢复的能力。该方案可以在功能组件、主机服务器、存储、数据以及站点间等多个层面提供全面的可用性保障，对数据中心常见的各种问题都提供了相应的解决方案。该模块对应的产品组件包括 vSphere 的相关高可用机制如 vMotion、Storage vMotion、vSphere Replication 以及灾难恢复解决方案 vCenter Site Recovery Manager。

4.5　云计算在图书馆的应用

过去图书馆一般采取直连式存储（Direct-Attached Storage，简称 DAS）、网络接入服务器（Network Access Server，缩写 NAS）和存储区域网络（Storage Area Network and SAN Protocols，简写 SAN）三种技术进行数据的存储，但随着数字图书馆建设取得的巨大成就以及智慧图书馆建设的推进，出现了图书馆信息系统海量数据的增长、数据种类繁多且结构复杂、磁盘设备存储能力有限等问题，这时传统技术很难满足对数据的备份、扩展和恢复的需求。从技术方面主要表现在[21]：

（1）图书馆信息资源海量增加。尤其是采用了门禁、监控、RFID 等系统以后，数据更新频繁且变化无常，对图书馆现有的数据管理、备份、存储设备等提出了挑战。

（2）有些图书馆的 IT 基础设施比较落后。在服务器、存储及备份系统等基础设施更新改造时，可以考虑私有云建设，发挥云计算在建设方面费用少的长处，更好地为图书馆提供服务。

（3）读者对信息服务的需求日益提升。这就要求图书馆的信息网络资源要保证读者可以从任何地点、任何设备接入服务和数据；同时要做到信息共享更加容易和方便，信息更新更加及时，信息利用更加简便。

按照云计算提供者与使用者的所属关系，可将云计算分为四类，即公有云、私有云、混合云和行业云。而图书馆在这四种云计算机模式中都有应用。图书馆利用的云计算模式大致可分为：公有云模式、独立或总分馆私有云模式、混合模式、行业模式等。

1. 公有云模式

图书馆把数据或信息系统放在云服务商提供的“云”上，通过互联网对数据或信息系统进行管理,这是一种典型的公有云服务应用模式。比如,在阿里云、腾讯云等云平台上可以分别搭载书目、自荐数据、电子资源目录的检索、定购、电子邮件、博客等业务服务。图书馆的业务究竟搭载到那朵云上，要根据自己的实际应用来定[21]。

这种模式适用于一些小规模的图书馆，或者图书馆的一些不太敏感的信息系统或数据。一些小规模图书馆不想创建或维护自有的基础架构或应用，可以选择这种模式。这种模式按时间收费租用虚拟机，可以大大减少图书馆内部的 IT 成本开支。

2. 独立或总分馆私有云模式

现阶段图书馆采用最为典型的模式应该是独立或总分馆模式。独立就是没有分馆的情境下，而总分馆却是有分馆情况下使用，比如一个高校可能有几个校区的分馆，一个市级的图书馆有一些县区级的分馆。在总分馆的模式下，总馆肩负着中心节点的职能，承担“云服务”提供者的角色，提供本地数据中心或其他业务支持。总馆和分馆都是“云服务”的使用者,直接将业务负载于“云”上,几乎所有的业务支持系统和资源服务系统都通过总馆的“云”来提供。这样，总馆可以利用云计算平台，进行数字资源的整合、组织、关联、导航甚至可视化服务。每个分馆背后都以互联互通的图书馆网作为支持，通过网络协议实现馆际互借、资源共享。这种模式对总馆来说提供的是私有云服务,而对分馆来说，在某种层次上算行业云的服务。

3. 混合模式

混合模式是指图书馆一方面利用一个或多个云计算提供商提供公有云服务，另一方面还在本地构造私有云服务。利用混合模式，可以把一些信息系统，比如目录服务、馆际互借、联合咨询、联机编目、软件共享等放在公有云上，这样对互联网用户来说，访问的速度也许更快一些，同时也节省了私有云的建设成本；另外对一些海量数据，需要大数据处理的系统可以放在私有云上，方便对这些数据进行分析和处理。

4. 行业云

行业云模式是指图书馆行业联合起来组成行业联盟，各个图书馆提供自己的资源，由联盟组织进行统一的管理，向联盟馆提供统一的服务。

截至目前，很多图书馆经常使用的还是第二种模式，比如很多高校图书馆采用了云计算技术，建立了自己专属的私有云。云计算和传统计算机与网络技术相结合，可为智慧图书馆的大数据分析与决策提供 IaaS、PaaS、SaaS 支持。高校智慧图书馆的云服务平台分为三个层次，分别为用户层、云服务层（IaaS 层、PaaS 层、SaaS 层）和资源层，其中资源层主要包括各类馆藏纸质资源、数字资源以及其拥有使用权限的其他数据库或者电子资源；资源信息的存储、运算以及用户资源信息的调度和负载均衡由 IaaS 层负责管理，IaaS 资源池主要由 CPU、存储、网络构成的实体层和由应用、计算、服务器虚拟化等构成的虚拟化层组成；PaaS 层对图书馆各种资源进行分类、存储及发布，为智慧图书馆的使用者提供有效的个性化服务；SaaS 层直接运行信息和应用系统，直接面向读者服务[22]。

4.6 新一代图书馆服务平台

在云计算技术发展日新月异之际，相应的图书馆管理系统也进入了新时代，也许有一天，不支持云计算技术的图书馆管理系统以后会逐步被淘汰出局。

文献［23］认为新一代图书馆管理系统（Next-Generation Library Management System，LMS），不单纯是传统图书馆自动化系统或集成管理系统的“进化”，而是一种“变革”。它采用SOA，对原系统进行重新设计、重构并统一图书馆对各类资源管理的工作流程，以全球知识库代替分散的本地资源库，以SaaS的方式提供云服务，能更好地适应图书馆的资源建设和服务创新[23]。

美国图书馆学家Marshall Breeding自2011年以后，认为新一代图书馆管理系统应该没有OPAC（On-line Public Access Catalogue，联机公共查询目录），所以必须与面向资源发现与获取的资源发现系统配套使用，从而构成新一代图书馆服务平台（Next-Generation Library Services Platform，LSP）[24]。Marshall Breeding关于图书馆的论述，可见其主页文献[25]。2013年他提出新一代图书馆服务平台的出现将会在未来10年重新塑造这个行业，系统将可以用来管理所有格式的图书馆资源，核心特点是SOA、B/S架构和SaaS云服务[26]。杨新涯等也在研究中指出向服务“平台化”转型应成为下一代图书馆管理系统的发展趋势[27]。

新一代图书馆服务平台LSP以云服务为主要特征，云服务作为新的IT基础设施与软件的服务方式，可使图书馆的信息系统建设和服务模式从本地服务器向云服务转移，从而也给学术图书馆联盟合作和共享提供了新思路，即通过联盟联合采购基于云服务的新一代图书馆服务平台，使各成员馆用户能够在系统层面进行合作与共享[28]。

文献［29］引用文献［30］，认为LSP的功能特性有以下几点：

（1）LSP可整合电子形式及印刷形式资源，并进行统一的管理。同时把一些独立系统管理的资源，比如档案资源、机构记录等数字资产的管理也融入于LSP中。

（2）LSP是一个综合的系统，可对现有的多种系统进行替代。比如可能替代图书馆集成管理系统、电子资源管理系统、数字资源管理系统等。

（3）LSP可对大量的元数据进行管理。LSP可以支持多种形式的元数据，比如 MARC、DublinCore 或其他 XML 标准，并对这些元数据进行管理。

（4）支持多种采购作业流程。LSP 支持对购买的、授权的以及开放获取资源的采购作业流程。它将电子和印刷资源的获取及管理集成到了同一个平台、数据库以及作业流程。

（5）LSP 包括知识库及目录文献服务，图书馆无须建立其自己的电子资源数据库，而是可以依赖于由提供商建立维护的数据库资源。

（6）LSP 具有嵌入式的馆藏分析功能。这些功能比图书馆集成管理系统对馆藏的分析与评估功能更加丰富和完善。

（7）功能组织更加先进和灵活。LSP 的功能组织与传统当代图书馆集成管理系统模块（编目、在线目录、流通、采购、期刊管理、权限控制）还是存在一些差别的。

（8）LSP 集成了发现服务，而不再是提供一个传统的在线目录服务。LSP 将具有单一搜索框的统一搜索界面及相关性排名、分面搜索、社交标记、持久链接、RSS 提要等，以及轻松保存搜索或将所选记录导出到书目管理软件程序的能力。

新一代图书馆系统采用全新的技术，基于云环境对原系统重新设计并重构各类工作流程，最终以 SaaS 或者云计算方式实现系统部署[31]。

目前，国外系统开发商和图书馆界积极合作，一些下一代图书馆服务平台产品不断涌现，本节简要介绍其中的五款，分别是 ExLibris 公司的 Alma、Innovative Interface 公司的 Sierra、开源计划 Kuali OLE、OCLC 的 WorldShare、Proquest 公司的 Intota。

1. Alma

据其官方网站报道[32]，Ex Libris Alma 是世界上唯一的统一图书馆服务平台，在单一界面中管理印刷、电子和数字资料。作为一项完全基于云的服务，Alma 为图书馆提供了业内最具成本效益的图书馆管理解决方案。具有以下特点：

（1）创建统一的图书馆体验。Alma 是从头开始构建的，允许图书馆管理自己所有的资源和独特的材料，并且支持教学、学习和研究。Alma 删除了不必要的孤岛并简化了流程，同时支持所有现代元数据和开放标准。

（2）将图书馆置于学术生态系统的核心。Alma 与图书馆的学术和财务系统集成，利用开放标准和协议，并作为图书馆的中心枢纽。Alma 强大的服务平台使图书馆工作人员能够集中精力支持学生学习、教师教学和学术研究。

（3）提供图书馆未来所需的数据。利用 Ex Libris 知识库和规范记录来简化图书馆的工作流程。深入了解图书馆的数据，并使用 Alma Analytics 做出明智的决策。

（4）加强图书馆合作。利用不断增长的 Alma 社区的力量。通过使用社区配置，数据和报告模板，分享想法和经验，节省时间和精力。

另外，为了支持全球分布的用户，Alma 系统可以通过各大洲多国数据中心进行数据分发。该系统工作端采用 B/S 模式访问，终端无须软件或插件。通过 Alma 不仅可以从现有图书馆集成管理系统中迁移数据，还能转变早期建立的电子资源管理流程。

Alma 的用户多以学术图书馆为主，目前在全球 714 个图书馆用户中，有 565 家是学术图书馆。2016 年、2017 年北京师范大学和清华大学分别选用了 Alma 产品作为其下一代图书馆管理平台 [29]。

2. Sierra

Innovative Interface 公司作为最大的独立图书馆技术公司之一，其研发新一代自动化系统 Sierra Services Platform，据其官方网站报道，可使图书馆能够重塑其服务的本质，并为未来创造价值。Sierra 的尖端技术为图书馆提供自动化工作流程，集成资源管理和数据开放访问 [33]。

Sierra RESTful API 通过鼓励图书馆和第三方开发人员创建自定义应用程序来扩展其功能，为新的可能性打开了大门。Sierra 支持充满活力、可扩展的解决方案，将图书馆彼此以及与所服务的社区和机构联系起来。图书馆服务的未来承诺更深层次的连接，更多的定制和更大的移动性。图书馆服务的未来是开放的。据其官方报道，该平台具有以下特点：

（1）可以整合现有的图书馆系统。Sierra 解决了当今图书馆面临的许多挑战，它能够与其他系统实现无缝链接和互操作。Sierra 可以连接到电子商务界面、课件管理系统以及大量扩展其功能的各种第三方数字内容提供商。

（2）具有更好的灵活性。Sierra 的可扩展可以满足图书馆和读者不断变化的需求。借助 Sierra 的开放式设计，图书馆可以自由选择自主开发、开源和第三方产品，从而实现其特殊的需求。

（3）接口易建，定制灵活。Sierra API 和直接数据库访问提供了更好的方法来利用图书馆的数据并定制图书馆的服务。

（4）简化工作流程。Sierra 通过革命性的基于角色的设计和方便的基于 Web 的访问，在统一的馆员应用程序中实现传统图书馆工作流程的现代化。

（5）简单易用。Sierra 在馆员工作流程中提供了一系列导航选项，以便于使用和缩短培训时间。

截至 2016 年底，Sierra 全球图书馆用户 1972 家，其中公共图书馆 1248 家，学术图书馆 542 家。2014 年华中科技大学图书馆正式引入 Sierra，成为国内首家用户。

3. Kuali OLE

Kuali OLE 项目的前身是一个开源的项目，其目标是设计一个下一代图书馆系统来替代目前基于实体印刷型资源工作流程的传统图书馆自动化系统。目前它是一个开放源代码的图书馆服务平台解决方案。Kuali OLE 系统设计是管理印刷和电子资源，支持每种格式对应的工作流程。软件设计理念基于面向服务架构[34]。

4. WorldShare

OCLC WorldShare 提供了一整套基于云开放平台的图书馆管理应用程序和平台服务。据其官方网站报道，WorldShare 是一个基于云的平台，可提供图书馆工作流程的集成管理，并提高工作效率。并且图书馆可以共享工作、数据和资源，从而可以节省图书馆资金并为图书馆创造价值[35]。

WorldShare 提供了一个集中的图书馆服务平台，用于管理活动、服务交付和工作流程。OCLC 正在将所有图书馆管理任务转移到一个平台上，在这个平台上，数据和活动可以在尽可能多的情况下有效地重复使用，从而减少工作量并节省图书馆馆员的时间。

5. Intota

据其官方网站报道[36]，Intota 是 Pro Quest 提供的一套图书馆服务平台，旨在满足当今图书馆的关键需求——管理电子馆藏和支持现代顾客的期望。Intota 将业界领先的发现、链接、集合管理和评估结合在一个基于综合知识库的系统中。Intota 提供了变革性的工作流程，从根本上改变了图书馆为用户提供服务的方式。Intota 是全新的 SaaS 产品，将会简化图书馆馆藏的管理，提供网络规模的馆藏管理解决方案。

4.7 图书馆行业云平台

20 世纪末，随着新一代网络和信息技术的广泛应用，图书馆在文献信息的生产、传播和服务模式面临着新的挑战。在知识越来越多样、信息越来越巨量的环境下，单个图书馆的资源、经费、设备与人力，已不可能满足本馆读者专业化和深层次的需求，这就为图书馆之间进行合作提供了可能，图书馆联合起来共同面对读者提供透明的服务。同时，由于技术应用越来越深入到图书馆各个方面，单馆的技术能力已经远远满足不了技术应用的需要，整合各馆的技术力量，通过馆之间的技术合作以及和相关厂商的技术合作，发挥联盟的优势成了当务之急[37]。中国高等教育文献保障体系（CALIS）正是在这背景下产生的。

据其官网介绍，CALIS 可以提供易得文献获取服务、易得学术搜索服务、外文期刊网服务、CALIS 联合目录服务、CALIS 共享系统服务、CALIS 与上图的馆际借书服务、CALIS 与 NSTL 的文献传递服务、电子书在线阅读和租借式借阅服务、CALIS 中文期刊论文单篇订购服务等九种服务。

其中的 CALIS 共享系统服务采用云计算技术构建了中心云服务平台和共享域云服务平台，可以支撑百家左右的图书馆在同一个共享域内实现业务操作，切实改善了图书馆共享的服务模式，实现资源、平台、服务、数据共享。共享域是指按地域、学科等类型组成的图书馆联盟，分实体共享域和虚拟共享域两类。CALIS 共享系统服务就是通过在共享域内部署云服务平台，为共享域内成员馆提供普遍服务和个性化服务。利用 CALIS 共享系统服务，可以灵活定制、即时部署、快速集成 CALIS 研发的一系列共享软件[38,39]。

据文献［40］，CALIS 从启动建设至今 20 多年来，国家累计投资 4.4 亿元建设资金，建成以高等教育文献服务体系、CALIS 应用软件云服务（SaaS）平台、CALIS 联机编目体系、CALIS 文献发现与获取体系等为主干，以各省级共建共享数字图书馆平台、各高校数字图书馆系统为分支和节点的分布式“中国高等教育数字图书馆”。由 4 大全国中心、7 大地区中心、除港澳台之外的 31

个省级（省、直辖市、自治区）中心和500多个服务馆组成的CALIS骨干服务体系，支撑着面向全国1700多所院校的共享服务。至此，CALIS成为全球最大的高校图书馆联盟之一。截至2018年3月31日，联合目录数据库积累书目记录708万条，馆藏信息约5000万条，各类型规范记录175万余条，覆盖中、英、法、德、西、拉、日、俄文等百余语种，已面向包括港、澳、韩国和北美地区近1300家成员馆提供数据下载服务逾亿次，月平均提供下载服务约130万次[40]。

为了进一步加强北京地区高校图书馆的整体化建设，进一步推进北京地区高校图书馆文献资源的共建共享工作，根据北京高校图工委的意见，经北京市教委批准，2008年正式恢复成立“北京地区高校图书馆文献资源保障体系”，英文名称为：Beijing Academic Library&Information System，简称BALIS[41]。

据其官网介绍，“北京地区高校图书馆文献资源保障体系（BALIS）”宗旨是，在北京市教委的领导下，把国家的投资、现代图书馆理念、先进的技术手段、高校丰富的文献资源和人力资源整合起来，建设北京高等教育文献联合保障体系，依托中国高等教育文献保障系统（CALIS），实现文献信息资源的共建、共知、共享，以发挥最大的社会效益和经济效益，为北京的高等教育服务，为北京的经济建设和社会发展服务。系统的硬件和软件由中国人民大学图书馆系统部和北京邮电大学图书馆技术部托管。根据工作需要和项目进行情况，现成立5个中心，分别由有关大学图书馆负责运行[42,43]。

（1）原文传递管理中心，由中国人民大学图书馆负责。

（2）馆际互借管理中心，由北京邮电大学图书馆负责。

（3）资源协调中心，由首都师范大学图书馆负责。

（4）培训中心，由北京师范大学图书馆负责。

（5）联合信息咨询中心，由北京科技大学图书馆负责。

聘请北京大学图书馆和清华大学图书馆为BALIS顾问馆。

其中的BALIS原文传递管理中心作为北京地区高校图书馆文献资源保障体系下设的五个分中心之一，现有96家成员馆，其中包括92家北京地区高校图书馆，国家图书馆、上海图书馆、首都图书馆3家合作公共馆，以及1个团体成员馆（即北京地区医院图书馆协会）。2007年12月1日—2017年6月30日，BALIS原文传递本地系统总服务量为172075条，满足量142169条，满足率 82.62%，平均每条申请完成时间 1.86 天，共注册人数 62114 人；2013–2016 年，BALIS/CALIS 融合系统中，北京地区高校图书馆总服务量为 271540 条，满足率为 82.25%，平均每条申请完成时间 4.07 天，共注册用户 32343 人；2014–2016 年，CASHL（China Academic Humanities and Social Sciences Library，中国高校人文社会科学文献中心）系统中，北京地区高校图书馆总服务量为 15269 条，满足率为 87.88%，共注册用户 8103 人[44]。

近年来，随着信息技术的进一步的发展，越来越多的学者对未来图书馆的建设有了更多的思考，比如姚仰平教授提出的“中国云图书馆”构想[45]。建议图书馆界借助行政力量的推动，联合全国图书馆的力量，形成一个统一的强有力的联盟机构。这一全国性的联盟机构可以基于云计算技术，采用相关技术标准，开发构建一种高效率、低成本的信息资源管理和服务模式，通过统一的数字服务平台，进行全方位的资源和服务整合，以使不同类型和层次的图书馆间全面实现海量资源的高度共享，所需资源的实时获取，以及学术成果的快速上传，共建共享，相互合作，让各图书馆把更多的精力致力于为读者提供高附加值的知识型服务，创建中国图书馆云生态[45]。2018 年 7 月 30 日，“中国云图书馆·三沙馆”在永兴岛开馆。这是“中国云图书馆”第一家正式落地的云图书馆[46]。

4.8 私有云在图书馆的应用

根据目前国内的实际情况，很多图书馆都建立了自己的私有云平台，可以说目前图书馆利用云计算技术时搭建自己的专属私有云是主流，本节主要介绍一些相应的研究成果。

图书馆私有云的建设，在云计算技术开始不久的 2011 年，文献［47］就构建了数字图书馆私有云平台，随后利用开源平台，搭建了数字图书馆私有云基础设施，并和外部存储集成，并进行了相应的测试[48]。文献［49］分析了云计算给高校图书馆带来的影响，以及应用中应考虑的问题。

文献［50］根据云计算的技术，特别是私有云的建设，以虚拟化为基础，搭建了高校图书馆云计算平台，并提出了当时比较成熟的解决方案。文献［51］针对数字图书馆建设中资源浪费的问题，基于 Xen Cloud Platform 的服务器虚拟化构架，讨论了多个增值服务来解决私有云建设过程中的关键问题，提出了图书馆私有云的开源基础构架解决方案。

文献［52］和［53］说明了图书馆私有云平台的架构，以微软 Hyper-VCloud 为原型，在身份认证架构和虚拟基础设施平台基础上，实现不同用户自助使用图书馆软、硬件资源的服务，简化基础设施和系统平台的管理，提高业务管理和服务平台的可用性。文献［54］和［55］论述了私有云在图书馆的应用，并对其优势进行了分析。文献［56］阐述了图书馆私有云建设的必要性。通过底层操作系统、虚拟化方案、云平台的选择介绍了图书馆业务系统私有云的框架选型，并介绍了基于 OpenStack 的图书馆业务系统私有云的部署流程。

一般情况下私有云架构有两种，一种是先虚拟化再集群，另一种是先集群再虚拟化。前者要建立虚拟机的集群，需要的服务器数量小，软硬件均有高可用性，缺点是部署及配置管理复杂，空间可能会造成浪费。后者是先将虚拟主机建立集群，虚拟机运行在集群上，这样硬件不仅可达到高可用性，存储空间也可按需分配，部署及配置管理相对比较简单，缺点是所需服务器数量多，软件无法达到高可用性[57]。

在图书馆私有云方面，虽然很多图书馆都建立了自己的专属私有云，但总体来说，相应的公开发表的文献不是很多，主要原因可能是图书馆把云计算底层的事务交给了云计算提供商来处理，而图书馆的技术人员更多关注的是应用的层面、使用的层面。在这方面，正是体现了云计算在图书馆应用方面的优势。

4.9　云计算的安全

私有云模式的部署方式可根据自身单位的情况灵活运用，因此比较受青睐。目前很多高校图书馆或公共图书馆都建立了自己的专用私有云，在云计算安全方面应用引起足够的重视。私有云的安全涉及很多的技术，也涉及很多的方面，本节从存储、数据两个方面简述一下私有云的安全。

4.9.1　私有云存储的安全

根据文献［58］总结出影响高校图书馆私有云存储的安全因素主要有：

1. 网络安全

网络安全是指黑客利用网络层对云存储及设备进行攻击，从而造成服务器无法访问或数据安全事故。有时这些事件是灾难性的，对图书馆的系统服务造成极为恶劣的影响。故此图书馆一定要重视网络安全，从路由器、交换机、服务器等层面把好安全关。

2. 服务器的稳定运行

一个私有云的架构一般有多个服务器的集群来组成，服务器的稳定运行是云存储的前提。造成服务器不能稳定运行的因素可能有[59]：

信息堵塞可能导致服务器故障。服务请求超过带宽限制，或者超过响应最大限制，造成信息堵塞。

信息残缺也可能导致服务器故障。信息残缺包括信号接收不全、或信号传播不稳定。

机房环境的配置，如通风条件，防火条件，空调等，这些外在因素也有可能影响到服务器的稳定性。

黑客或竞争对手对服务器的恶意攻击，或者植入一些病毒等，都将会大大影响服务器的正常运行。

服务器本身的硬件故障。比如内存、硬盘故障、网卡故障等。

系统软件、私有云软件等在服务器上的设置是否合理以及各组件之间是否相互融合，都对服务器的稳定运行造成影响。

不可抗力因素。比如战争、地震、洪水等。

3. 访问对象控制的安全

访问控制指系统对用户身份及其所属的预先定义的策略组限制其使用数据资源能力的手段。通常用于系统管理员控制用户对服务器、目录、文件等网络资源的访问。访问控制是系统保密性、完整性、可用性和合法使用性的重要基础，是网络安全防范和资源保护的关键策略之一，也是主体依据某些控制策略或权限对客体本身或其资源进行的不同授权访问。

图书馆私有云环境中，各个应用系统属于不同的安全管理域，它们各自管理着本地的资源和用户，跨系统间的实现就需要制定云中全局的访问控制策略。访问控制是信息安全保障机制的核心内容，可以用来保证数据的保密性和完整性。它用来限制主体对客体的访问权限，指定用户可以访问哪些资源并对这些资源做哪些操作。随着数量增多，处理的信息数据不断增大，对用户权限的管理任务将变得十分繁重，安全隐患也会降低系统的安全性和可靠性。

4. 系统管理员操作的安全

私有云存储作为一个新型的存储系统，在使用便利的同时，也对系统管理员的技术和管理水平提出了新的要求。系统管理员应该熟练掌握私有云系统的基础架构、系统操作管理、系统应用管理、用户服务与管理、安全管理、预警系统管理等方面的知识和技术，并且要严格执行信息安全、云计算管理方面的安全管理规范、方案和预案，杜绝误操作，提高云存储系统防范攻击的能力。

4.9.2 私有云数据的安全

数据安全是私有云的重要内容。数据的安全需要考虑网络的安全、服务器的安全、私有云存储的安全、私有云平台安全等因素。根据文献［60］，私有云的数据安全要做到数据的保密性、完整性和可用性。

1. 数据保密性

数据的保密性是指图书馆要严密控制每个可能造成数据泄密的环节，使数据在产生、传输、处理和存储的各个环节中不泄漏给非授权的个人和实体。图书馆数据保密性体现在两个方面，一是用户信息的保密性，另外就是一些珍贵文献资料的保密性。用户信息一般包括姓名、借阅信息等数据，甚至还有身份证号码、住址、手机号码等隐私信息。

用户信息和珍贵文献资料的泄露可能的原因，一是提供私有云的服务商在数据的安全控制上缺乏完善的安全管理机制，或者私有云软件平台本身有安全漏洞，未经加密处理的数据在信息存储和网络通信过程中就有可能遭到黑客的攻击和窃取[61]；另外服务商或具体服务人员在得到数据后，人为地造成数据泄露。

2. 数据完整性

数据完整性是指数据的精确性和可靠性。它是防止数据库中存在不符合语义规定的数据和防止因错误信息的输入输出造成无效操作或错误信息而提出的。为了提供正常的信息检索和资源共享的服务，图书馆必须保证数据的完整性。黑客可能利用云计算共享性的特点，找到漏洞直接攻击用于存储数字图书馆资源的云计算数据中心，对数据进行窃取、修改或删除；未经加密的数据在网络传输时候极易被监听、截获或篡改。

3. 数据可用性

数据的可用性是指图书馆要保证数据确实能为授权用户所用，即保证合法用户在需要时可以使用所需的数据。图书馆要保证授权用户按需使用，并且及时存取和访问，避免出现延时和拒绝服务等故障。这时图书馆要加强数据的授权管理工作，严格授权范围，避免错误的授权、非法的授权。另外要防止黑客对数据的篡改和删除。

图书馆的私有云安全，除了对服务器实体机安全管理以外，最重要的是对虚拟机的安全管理，文献［62,63］研究了虚拟机的安全，并给出了一些比较好的策略，详情见原文。

本章小结

在大数据和人工智能喧嚣尘上的时代，云计算经过十几年的发展，已经不再是个时髦的概念，而是实实在在地成为这些新技术新应用的基础架构。

云计算的出现可以很好地解决图书馆面临的种种困境，如云计算可以提供海量的存储和计算资源；可以让图书馆在互联网这个无所不包的平台上更经济地运营服务，而且服务更加敏捷、随需应变；可以提供更加完善的人机交互功能，更加多样的信息服务，从而提高图书馆的信息服务质量和效率。从图书馆当前的困境和云计算的优势可以看出，图书馆具有对云计算的现实需求。

无论如何 XaaS，云计算的目标便是提供服务。IaaS 对硬件资源进行了抽象，PaaS 对运行时进行了抽象，SaaS 对软件进行了抽象。从而达到更加合理的利用硬件和计算机的软件资源。抽象并不代表就不存在了，只不过对使用者用户来说，云计算提供的服务是个黑盒，服务内部对使用者是透明的，使用者不再需要去关心服务范畴内的任何事情了。

图书馆作为云计算技术的终端用户或实践者，根据图书馆的实际需要或某个信息系统的需要，选择公有云、私有云、混合云，甚至参与行业云建设。在图书馆数据海量增加、信息系统越来越多的时代，选择云计算技术是提高管理和服务水平的必由之路，是图书馆实现智慧化的基础。同时，云计算的安全也要提到特别关注的管理日程。

本章主要参考文献

[1] 中国大数据产业观察网.国内云计算市场众生相[EB/OL].(2019-07-31)[2019-12-23].https://new.qq.com/omn/20190731/20190731A0EJS000.

[2] 林海青.图书馆的云计算应用模式.数字图书馆论坛,2012(3):10-15.

[3] 深圳田鑫科技.三种云的区别:公有云、私有云、混合云[EB/OL].(2018-06-11)[2018-12-23]. https://baijiahao.baidu.com/s?id=1602959739449893518&wfr=spider&for=pc.

[4] CSDN.云计算概述[EB/OL].(2018-06-30)[2018-12-28]. https://blog.csdn.net/wn853036488 /article/ details/80863304.

[5] CSDN.云计算架构[EB/OL].(2013-10-13)[2018-12-23]. https://blog.csdn.net/zhoudaxia /article/details /9021693.

[6] 新浪博客.私有云的五大功能特点？[EB/OL].（2014-8-25）[2018-12-28]. http://blog.sina. com.cn/s/blog_1313266000102v09f.html.

[7] 火龙果软件.云计算的架构[EB/OL].(2013-04-17)[2018-12-28].http://www.uml.org.cn/ yunjisuan/201304171.asp.

[8] Dan Orlando.云计算服务模型,第1部分:基础架构即服务[EB/OL].(2011-04-28)[2018-12-23]. https://www.ibm.com/developerworks/cn/cloud/library/cl-cloudservices1iaas/index.html.

[9] 西部数据.云计算简介:功能特点、部署类型与服务模式[EB/OL].(2018-08-23)[2018-12-23]. http://news.west.cn/38601.html.

[10] Dan Orlando.云计算服务模型,第2部分:平台即服务[EB/OL].(2011-04-28)[2018-12-23]. https://www.ibm.com/developerworks/cn/cloud/library/cl-cloudservices2paas/index.html.

[11] Dan Orlando.云计算服务模型,第3部分:软件即服务[EB/OL].(2011-04-28)[2018-12-23].https://www.ibm.com/developerworks/cn/cloud/library/cl-

cloudservices3saas/index.html.

[12] 简书.DaaS（数据即服务）[EB/OL]. (2017-05-26)[2018-12-23]. https://www.jianshu.com/p /c7d7be621905.

[13] e-works.全面理解数据即服务(DaaS)[EB/OL].(2013-07-18)[2018-12-23]. http://articles.e-works.net.cn/bi/article108967.htm.

[14] CSDN.IaaS、PaaS、SaaS、CaaS、MaaS五者的区别[EB/OL].(2013-07-18)[2018-12-23].https://blog.csdn.net/boonya/article/details/52153708l.

[15] 博客园.第六章 XaaS和IT服务标准[EB/OL].(2019-05-14)[2019-12-23]. https://www.cnblogs.com/fadewalk/p/10808403.html.

[16] 中国电子技术标准化研究院.《云计算标准化白皮书V3.0》[EB/OL]. (2014-07-24)[2018-12-23]. http://www.cesi.cn/201612/1680.html.

[17] 知乎.什么是结构化数据？非结构化数据？半结构化数据？[EB/OL]. (2017-10-13)[2018-12-23].https://www.zhihu.com/question/50986354.

[18] 博客园.并行计算简介[EB/OL]. (2019-06-19)[2018-12-23].https://www.cnblogs.com/gangle/p/11049605.html.

[19] 张庆.IDC:中国云计算市场排名出炉，阿里云连续3年稳居中国第一[EB/OL]. (2019-01-18)[2019-1-21]. https://www.lieyunwang.com/archives/451108.

[20] 计世资讯.2017~2018年中国私有云市场现状与发展趋势研究报告（简版）[EB/OL].(2018-11)[2019-01-23].http://www.ccwresearch.com.cn/view_point_detail.htm?id =753674.

[21] 续敏.图书馆云计算应用模式[J].电子技术,2012,39(03):17-19.

[22] 倪菊.大数据云计算背景下智慧图书馆的构建研究[J].大众科技,2018,20(02):108-110.

[23] 朱本军,聂华.对下一代图书馆界面的探索与实践[J].大学图书馆学报,2010,(4):5-9.

[24] Marshall Breeding. Automation Marketplace 2013: The Rush to Innovate[J/OL].(2013-04-01)[2019-01-23].https://librarytechnology.org/document/17912.

[25] Marshall Breeding. Curriculum Vitae[EB/OL].(2000-01)[2019-01-23].

https://librarytechnology.org/marshallbreeding/cv/.

[26] Marshall Breeding. Looking Forward to the Next Generation of Discovery Services[J]. Computers in Libraries,2012,(3):28-31.

[27] 杨新涯,袁辉,沈敏.向服务平台转型的下一代图书馆管理系统实践研究[J].图书馆杂志,2015,(9):23-27.

[28] 钱国富.新一代图书馆服务平台在学术图书馆联盟的应用研究[J].现代情报,2017,37(08):80-84.

[29] 李娟,张雪蕾,魏青山.下一代图书馆服务平台Sierra和Alma的比较研究——基于Marshall Breeding 2016年调查数据[J].现代情报,2017, 37(06):113-118.[30] Marshall Breeding. Library Services Platforms: A Maturing Genre of Products [R]. Library Technology Reports, 2015: 26-36.

[31] 徐路路,王效岳.基于新一代图书馆系统的嵌入式服务分析——以WMS、Alma、Sierra为例[J].数字图书馆论坛,2017(08):52-59.

[32] Ex Libris Alma.Alma library services platform[EB/OL]. (2013-01-21)[2019-01-23].https://www.exlibrisgroup.com/products/ alma-library-services-platform/.

[33] Innovative Interfaces.A library system that works for you[EB/OL].[2019-01-23].https://www.iii.com/products/sierra-ils/.

[34] FOLIO官网.[2019-01-23].https://www.openlibraryenvironment. org/.

[35] OCLC官网.[2019-01-23].https://www.oclc.org/.

[36] ProQuest官网.[2019-01-23].https://www.proquest.com/products-services/intota.html.

[37] 朱强,冯英.CALIS的未来发展[J].数字图书馆论坛,2013(01):10-14.

[38] 刘兹恒,周佳贵.CALIS共建共享方式述评[J].数字图书馆论坛,2013(01):4-9.

[39] 王文清,张月祥,关涛,等.CALIS资源整合与云服务[J].国家图书馆学刊,2015,24(02):36-42.

[40] 姚晓霞,陈凌.从共建共享到融合开放:培育高校图书馆资源共享的新生态——纪念中国高等教育文献保障体系(CALIS)启动建设20周年[J].大学图书馆学报,2018,36(06):44-48.

[41] 大学图书馆学报."北京地区高校图书馆文献资源保障体系(BALIS)"正式启动[J].大学图书馆学报,2008(01):44.

[42] 中央民族大学图书馆.BALIS北京地区高校图书馆文献资源保证体系平台简介[J].中央民族大学学报(自然科学版),2015,24(03):2,97.

[43] BALIS.北京地区高校图书馆文献资源保障体系(BALIS)简介[EB/OL].(2014-11-16)[2019-01-23].http://www.balis.edu.cn/news/showNews.action?flag=content&id=21575.

[44] 徐飞,陆尧.BALIS原文传递服务十年发展与思考[J].数字图书馆论坛,2017(12):2-10.

[45] 北航图书馆.北航图书馆首次提出"中国云图书馆"构想[EB/OL].(2016-11-19)[2019-01-23].http://lib.buaa.edu.cn/newsinfo?cid=1&id=8352&pid=46.

[46] 王晓芸."中国云图书馆·三沙馆"在三沙市永兴岛开馆[EB/OL].(2018-08-01)[2019-01-23].http://news.youth.cn/gn/201808/t20180801_11686781.htm.

[47] 马少兵,马自卫.数字图书馆私有云平台的构建研究和应用开发[J].现代图书情报技术,2011(04):9-16.

[48] 马少兵. 数字图书馆私有云基础设施的构建和应用研究与实现[D].北京邮电大学,2012.

[49] 朱芳菲.私有云与高校图书馆[J].科技情报开发与经济,2011,21(18):14-16,19.

[50] 陈雄成.利用云技术搭建图书馆的私有云平台[J].新世纪图书馆,2011(09):74-75,79.

[51] 刘茜,胡朝明.图书馆私有云基础构架开源解决方案[J].现代图书情报技术,2012(Z1):48-53.

[52] 高荣.构建图书馆私有云平台[J].计算机系统应用,2013,22(04):60-63.

[53] 高荣.构建图书馆私有云平台框架实践性研究[J].图书馆界,2013(03):28-30.

[54] 李爽.私有云:高校图书馆改善信息服务的选择[J].图书情报论坛,2013(05):50-53.

[55] 徐鸿飞,杨继民.私有云在高校图书馆信息化建设中的优势[J].农业图书情报学刊,2015,27(09):126-128.

[56] 陈清.基于OpenStack的图书馆业务系统私有云基础架构的设计与研究[J].图书馆研究,2017,47(05):86-90.
[57] 高荣.构建图书馆私有云平台框架实践性研究[J].图书馆界,2013(03):28-30.
[58] 袁艳.高校图书馆私有云存储的安全性问题分析[J].出版广角,2015(12):46-47.
[59] IDC资讯中心.造成服务器不稳定的因素有以下七点[EB/OL].(2008-02-19)[2019-01-23].http://www.west999.com/www/info/78903-1.htm.
[60] 路璐,王新龙.探讨云计算下数字图书馆数据安全的问题[J].山西电子技术,2014(03):90-91.
[61] 赵培云.云数字图书馆安全问题浅析[J].图书馆杂志,2010(11):53-56.
[62] 陈臣,樊馨蔓.面向云计算的数字图书馆虚拟机系统安全研究[J].图书馆学研究,2013(09):51-53.
[63] 秦中元,沈日胜,张群芳,等.虚拟机系统安全综述[J].计算机应用研究,2012(5):1618-1622.

第五章　数据挖掘技术及应用

图书馆目前所提供的服务模式主要是“借、阅、还”以及“信息咨询”等，但随着信息需求的个性化、信息获取方式的多元化发展，图书馆需要借助网络智能技术来拓展自身的服务范围，提高图书馆信息利用的效率，能够深层次挖掘读者的真实需求，为每位读者提供个性化服务[1]。

为了给读者提供个性化的服务，图书馆首先要对读者有更多的了解，除了对读者的年龄、性别、专业和借阅信息等显式信息了解以外，还要尝试了解读者对图书馆的一些隐性需求。而这些隐性需求埋没在读者的借阅记录、访问图书馆网站及应用系统的日志等数据中。通过数据挖掘技术可以从这些海量数据中提取出读者的特征分类、需求偏好、借阅行为等知识或规律[2]。图书馆一方面可把这些知识和规律作为提供服务的依据，另外还可以把这些知识和规律用于馆藏优化、采访管理、图书推荐等管理方面。

数据挖掘从起源至今获得了极大的发展，被应用于各行各业。数据挖掘源于从数据库中发现知识。知识发现过程由以下步骤组成：数据清理，数据集成，数据选择，数据变换，数据挖掘，模式评估，知识表示。

数据挖掘可以与用户或知识库交互[3]。数据挖掘是在庞大数据集当中发现模式，将它转换成有效的信息的过程。该技术利用特定的算法、统计分析、人工智能和数据库系统，从庞大数据集中提取信息，并借助于数据库系统所提供的有效存储、索引和查询处理支持，以及高性能并行计算、分布式数据处理、可视化等技术，转换成易于理解的形式。

由此可见，数据挖掘需要一定数量的数据作为支撑，而对图书馆来说，图书馆层面的共享数据中心可作为数据挖掘的支撑平台。共享数据中心把所有所需的数据进行了集成，并统一的提供共享服务，可为图书馆开展数据挖掘业务提供基础数据。

总之，图书馆运用数据挖掘技术不仅可以对图书馆应用系统的数据和日志数据进行挖掘，而且还可对图书馆的信息系统本身进行数据挖掘，从中发现有价值的知识和读者个性化的需求，从而为管理和决策提供服务，为不同读者主动提供满足其需求的个性化服务，已成为图书馆发展的重要趋势之一。尤其在智慧图书馆阶段，显得尤为重要。

5.1　数据挖掘概述

利用数据挖掘技术可以从大量的、不完全的、有噪声的、模糊的、随机的数据中，提取出隐含在其中的、人们事先不知道的，但又是潜在的、有用的信息和知识。在图书馆中，其处理对象是大量的日常图书业务及相关业务产生的信息，如何将这些信息或知识从数据的海洋中抽取出来，从中发现读者个性化的信息需求规律，从而为不同读者主动提供满足其需求的信息服务，已成为优化图书馆读者服务的重要途径[4]。这也正是图书馆采用数据挖掘技术的原因[5]。

5.1.1　数据分析几个层次

关于数据挖掘和数据分析，以及数据统计等概念。在理解方面，它们的内涵或外延是有交叉的，本书根据文献［6］简单的梳理一下，本书以后按梳理的结论进行论述。

1. 数据分析

数据分析是一个大的概念，理论上任何对数据进行计算、处理从而得出一些有意义结论的过程，都叫数据分析。从数据本身的复杂程度、以及对数据进行处理的复杂度和深度来看，可以把数据分析分为以下4个层次：数据统计、联机分析处理、数据挖掘、大数据。

2. 数据统计

数据统计是最基本、最传统的数据分析，是指通过统计学方法对数据进行排序、筛选、运算、统计等处理，从而得出一些有意义的结论。比如常用的一些统计算法有：平均数、中位数、四分位数、标准差、方差等。数据分析应用于数据库系统时，一般都是传统的查询和报表工具，它会告诉用户数据库中有什么（What happened）。

3. 联机分析处理

联机分析处理（On-Line Analytical Processing，OLAP）的概念最早是由关系数据库之父 E.F.Codd 于 1993 年提出的。当时，Codd 认为当时使用的联机事务处理（On-Line Transaction Processing，OLTP）已不能满足终端用户对数据库查询分析的需要，SQL 对大数据库进行的简单查询也不能满足用户分析的需求。用户的决策分析需要对关系数据库进行大量计算才能得到结果，Codd 提出了多维数据库和多维分析的概念，即 OLAP。

OLTP 是传统的关系型数据库的主要应用，主要是基本的、日常的事务处理，例如银行交易。OLAP 也是数据仓库系统的主要应用，支持复杂的分析操作，侧重决策支持，并且提供直观易懂的查询结果。

OLTP 系统强调数据库内存效率，强调内存各种指标的命令率，强调绑定变量，强调并发操作；OLAP 系统则强调数据分析，强调 SQL 执行市场，强调磁盘 I/O，强调分区等。

OLAP 可以实现基于数据仓库的在线多维统计分析。它允许用户在线地从多个维度观察某个度量值，从而为决策提供支持。OLAP 更进一步告诉你下一步会怎么样（What next），如果用户采取这样的措施又会怎么样（What if）。

4. 数据挖掘

数据挖掘是从大量的、不完全的、有噪声的、模糊的、随机的数据集中识别出未知的、隐藏的、有效的、新颖的、潜在有用的知识或规则，最终以可理解的方式提供给用户。可以通过关联分析、聚类分析、时序分析等各种算法发现一些无法通过观察图表得出的深层次原因，并为此采取有针对性的管理措施。它是一门涉及面很广的交叉学科，包括机器学习、数理统计、神经网络、数据库、模式识别、粗糙集、模糊数学等相关技术。

5. 大数据

大数据是指用现有的计算机软硬件设施难以采集、存储、管理、分析和使用的超大规模的数据集。大数据具有规模大、种类杂、快速化、价值密度低等特点（4V 特性）。大数据的“大”是一个相对概念，没有具体标准，如果一定要给一个标准，那么 10 ～ 100TB 通常称为大数据的门槛。

从数据分析的角度来看，目前绝大多数高校图书馆或公共图书馆的数据应用产品还处在数据统计和报表分析的阶段，能够实现有效的 OLAP 分析与数据挖掘的还不是很多，而能够达到大数据应用阶段的非常少，至少还没有用过有效的大数据集。而智慧图书馆阶段的一个重要体现就是图书馆大规模应用大数据技术对数据进行分析和挖掘，所以目前智慧图书馆的建设还处于初级的阶段。本章先对数据挖掘及其相关技术进行论述，下一章节对大数据技术进行论述。

5.1.2　数据挖掘解决的问题

数据挖掘可以解决分类、聚类、预测和关联四个基本的问题。

1. 分类问题

利用数据挖掘在解决分类问题时，首先对收集到的变量进行分析，找出其与目标变量的相关特征，并筛选出两者间的联系。另外解决分类问题的前提是对历史数据的收集，明确具体的分类项目、用户的分类结果。因为在分析测试数据之前，类别要事先确定，所以分类通常被称为有监督的学习。分类算法要求基于数据属性值来定义类别，一般通过已知所属类别数据的特征来描述类别。

分类就是构造一个分类函数（分类模型），把具有某些特征的数据项映射到某个给定的类别上。该过程由两步构成[7]。

第一步，模型创建。通过对训练数据集的学习来建立分类模型。

第二步，模型使用。使用分类模型对训练数据和新的数据进行分类。

其中的训练数据集是带有类标号的，也就是说在分类之前，要划分的类别是要提前确定的。通常分类模型是以分类规则、决策树或数学表达式的形式给出。

数据挖掘的分类技术在很多领域都有应用，比如在图书馆的管理中，可以针对读者的不同喜好，甚至职业的不同等特点，将读者分为不同的类别。这样不仅可以找出不同类型读者的特征，而且可以进一步了解不同行为类别读者的分布特征。

2. 聚类问题

聚类问题不属于预测性的问题，它主要解决的是把一群对象划分成若干个组的问题。所谓“物以类聚，人以群分”，故得名聚类。聚类问题的核心是其划分的依据，经过处理后的同一类对象相似度较高，不同的对象则具有较低的相似度。由于聚类分析前没有给定划分类别，因此聚类又称为无监督的学习。

聚类的方法各种各样，常用距离、密度来度量不同对象的相似度。目前，最流行的聚类划分方法是基于对象间的距离长短来划分。距离短的聚成一类，距离长的则划为不同类。这样，类与类之间的距离较长，类内距离较短。

分类问题与聚类问题有本质的区别：分类问题是预测一个未知类别的对象属于哪个类别（相当于做单选题），而聚类问题是根据选定的指标，对一群对象进行划分（相当于做开放式的论述题），它不属于预测问题。因此在进行聚类之前，首先应确定选择哪些指标来对对象进行聚类。

聚类的输入是一组未被标记的数据，根据数据自身的距离或相似度进行划分。划分的原则是保持最大的组内相似性和最小的组间相似性，也就是说使不同聚类中的数据尽可能地不同，而同一聚类中的数据尽可能地相似[7]。比如根据读者借书数量情况，可以将读者分成不同的类，总共可以分成几类，各类包含哪些读者，每一类的特征是什么，这些分类信息对图书馆来说，可能是很重要的信息。当然，聚类除了将样本分类外，还可以完成孤立点挖掘。

孤立点与数据集中的同类其他数据在某些特征或属性方面显示出非常的不同，有时会让人怀疑这些数据是随机的、偶然的。孤立点可能是由于操作偏差或执行错误而产生的，也有可能是由于正常数据变异产生的，或者其他原因。许多数据挖掘算法试图通过各种改进来尽量减少孤立点对挖掘结果的影响，或者在挖掘过程中将其排除。然而孤立点可能隐藏着某种重要的信息，也许比一般的数据更有价值，如果只是简单地将其剔除可能会导致某个重要的隐藏信息的丢失，因此研究孤立点挖掘算法也逐步受到重视[8]。

3. 预测问题

这里所指的预测问题是狭义的预测，不包括前文所提到的分类问题。

预测是指建立两种或者两种以上变量之间相互依赖的函数模型，然后进行预测或者控制。数据挖掘中的预测问题通过对历史数据的统计和学习得到预测模型，再利用此模型对未来的输入输出值进行预测。预测问题多采用统计学技术解决，如回归分析和时间序列分析等。回归分析的主要目的是用来研究目标变量和影响它的相关变量间的关系，和关联分析不同，它较少应用于商业中，更多地应用于自然科学、医学、心理学等方面。

4. 关联问题

关联分析是在各类数据挖掘算法中比较重要的一种，关联规则与聚类算法一样，属于无监督学习方法。它在许多实际业务中都有应用，最广泛的应用便是在超市中，因此也叫作“购物篮分析”。

在图书馆的应用中，关联分析可以对读者借阅图书的种类之间的相关性进行数据挖掘，按读者借阅的时间、每个种类书籍的借阅数量等数据进行分析，挖掘其中的关联性，更好地为读者进行服务。关联分析有三个非常重要的概念，那就是“三度”，分别是支持度、置信度、提升度。

在智慧图书馆阶段的数据挖掘具有更重要的使命，数据挖掘要从现有的信息中提取数据的模式和模型，即精选出最重要的信息，以用于机器学习和人工智能的数据使用。其核心目的是找到数据变量之间的关系。其发展起来的主要原因是大数据的发展，用传统的数据分析的方式已经不能处理那么多大量的看似不相关的数据，因此需要数据挖掘技术去提取各种数据和变量之间的相互关系，从而精炼数据[9]。从这个层面上讲，数据挖掘本质上好像是机器学习和人工智能的基础。当然，数据挖掘会使用大量机器学习的算法，但是其特定的环境和目的与机器学习不太一样。

机器学习（Machine Learning）可以自动地从过往的经验中学习新的知识，是人工智能的重要一部分，目前，大多数的人工智能处理的任务，其实是用机器学习的方式完成的。机器学习可以用程序和算法自动地学习，只要被设计好了，这个程序可以进行自我优化。同时，机器学习需要一定数量的训练数据集，用于构建来自过往经验的“知识”。

人工智能是一个广泛的概念，本质是用数据和模型去为现有的问题提供解决方法，是一个与机器学习和数据挖掘相对不同的概念。人工智能的目的是让电脑具有一定的“智力”，像人一样拥有处理一定问题的能力。因此，理论上人工智能几乎包括了所有机器能做的内容，当然也包括了数据挖掘和机器学习的内容，同时还会有监视和控制进程的内容[9]。本书第七章对人工智能及其应用进行论述。

5.1.3 数据挖掘流程

一般情况下，数据挖掘可以用于任何类型的数据，只要数据对目标应用是有意义的。数据的最基本形式是数据库数据、数据仓库数据和事务数据。

另外，数据挖掘也可以用于其他类型的数据。这些数据具有各种各样的形式和结构，具有很不相同的语义。如时间相关或序列数据（如历史记录、股票交易数据、时间序列和生物学序列数据）、数据流（如视频监控和传感器数据，它们连续播送）、空间数据（如地图）、工程设计数据（如建筑数据、系统部件或集成电路）、超文本和多媒体数据（包括文本、图像、视频和音频数据）、图和网状数据（如社会和信息网络）和万维网（由 Internet 提供的巨型、广泛分布的信息存储库）。这些应用带来了新的挑战，例如，如何处理具有空间结构的数据（如序列、树、图和网络）和特殊语义（如次序、图像、音频和视频的内容、连接性），以及如何挖掘具有丰富结构和语义的模式[10]。

一个数据挖掘项目可以分为六个标准阶段，分别是需求理解、数据理解、数据准备、建立模型、模型评估和模型发布[11]，以下分别加以简介：

1. 需求理解阶段

绝大多数的数据挖掘工程都是针对具体领域的，因此数据挖掘前应该有一个比较明确的目标，明确的需求，明确的目的。需求理解也可以说是业务 / 研究理解，是确定分析目标的一个阶段。

首先要明确数据挖掘的最终业务目标，并将其转化为数据挖掘主题。其次要把业务需求的理解转化为数据挖掘的定义，拟定达成业务目标的初步方案。

2. 数据理解阶段

在明确需求的前提下，需要根据现有的数据，看能否满足需求的要求，如果不满足，还需要进一步的收集相关数据。

对数据进行抽样，在这种情况下必须理解数据的抽样过程是如何影响取样分布的，以确保评估模型环节中用于训练和检验模型的数据来自同一个分布。同时还要检测所有数据的质量，初步探测数据的意义。

最后分析数据中潜藏的信息和知识，提出拟用数据加以验证的假设。

3. 数据准备阶段

数据准备阶段包括前期数据准备和预处理数据两个阶段。

前期的数据准备阶段一般要对数据进行变换、组合，建立数据挖掘工具软件要求格式和内容的宽表。如果图书馆已经建立了图书馆层面的共享数据中心，那么这时的工作量就少很多。

预处理数据阶段可分为数据准备和数据归约两部分。其中前者包含了缺失值处理、异常值处理、归一化、平整化、时间序列加权等工作；而后者主要包含维度归约、值归约，以及案例归约等工作。

4. 建立模型阶段

建立挖掘模型是数据挖掘的核心工作。在数据挖掘之前一定要对模型进行选择。在建立模型阶段，要选择合适的建模方法，一是要根据需求，二是要根据所采用的数据挖掘工具，三是要考虑数据的实际情况。

建立模型可有多种选择和使用各种建模方法，并将模型参数进行优化。可优先选择提升度高、置信度高、简单而易于总结业务政策和建议的数据挖掘技术方法。在不同的模型之间做出选择，找到最优模型是这一阶段最重要的工作。

5. 模型评估阶段

模型评估就是要从业务角度和统计角度，对数据挖掘模型得出的结论进行评估。要求检查建模的整个过程，以确保模型没有重大错误，并检查是否遗漏重要的业务问题。当模型评估阶段结束时，应对数据挖掘结果的发布计划达成一致[11]。

常用的评估指标一般有：准确率、精确率、召回率和 F1-Measure。

6. 模型发布阶段

模型发布又称为模型部署，建立模型本身并不是数据挖掘的目标，虽然模型使数据背后隐藏的信息和知识被挖掘出来，但数据挖掘的根本目标是将信息和知识以某种方式组织和呈现出来，并用来改善运营和提高效率。对图书馆来说，数据挖掘的目标就是为了提高管理和服务水平。图书馆门户可以集成数据挖掘的成果，根据挖掘出的内容不同定期或实时的为馆领导、馆员、读者提供其访问或使用权限内的挖掘成果信息，从而为读者更好地提供服务，加强图书馆的管理提供有效的支持。

文献［7］根据图书馆的实际情况设计的数据挖掘主要包括数据确定、模型构建及结果解析三部分内容。①数据确定。首先要确定挖掘的数据对象和预期目标，随后的数据准备包括 4 个步骤，即应用数据取样、数据特征探索、数据特征分析和数据预处理，其关键是选择一组合适的数据。实际操作时，可以创建一个数据集，把大量的与目标相关的数据源数据组合起来放入这个数据集中，从中搜寻所有与需要挖掘对象相关的内、外部数据，在保证数据质量的前提下，决定数据挖掘的类型。然后将数据转化为可供挖掘的简单模式。②建立数据挖掘知识模型。③结果评价和分析。在数据挖掘过程中，要对数据挖掘的结果进行分析，还要解释其价值。一般来讲，采用的方法往往要根据挖掘的操作步骤而定，通常都要运用可视化技术[12]。

文献［13］认为，图书馆的数据挖掘过程中，在确定数据挖掘的主题之后，首先要对这个主题进行定义，明确数据挖掘的要求和目的，然后对读者数据库中的显性数据和隐性数据进行收集提取，并对其进行概念描述归纳出需求的相关特征，通过数据分析，按照相似性和差异性形成不同的需求分类模型，把数据放入不同的分类中，通过需求分类模型与读者行为信息的结合，进行差异分析和偏差检测，排除大量不相关的数据，形成挖掘结果。之后便对挖掘结果进行评价，形成的挖掘结果有可能存在无关的数据，也有可能不满足需求，如果不符合挖掘要求和目的，整个数据挖掘过程就要退回到数据收集阶段，并重复挖掘过程,这可以用“if not… then”规则来进行描述,反之则达到数据挖掘要求。

5.2　数据挖掘技术

与传统分析工具不同的是，数据挖掘使用的是基于发现的方法，运用模式匹配和其他算法决定数据之间的重要联系。数据挖掘算法的好坏将直接影响到所发现知识的质量层次。所以说图书馆要根据实际情况和需求情况，针对不同的问题，考虑适当的技术算法。

在更加详细的层面，数据挖掘的技术可以分别按对象、任务、技术方法进行分类。

数据挖掘的对象除了关系数据库这种结构化数据外，还包括半结构化和非结构化的数据。关于这三种数据类型在 4.3 节已经简介，不再赘述。

下面分别从按任务分类和按技术方法分类进行论述。

5.2.1　按任务分类的数据挖掘技术

根据数据挖掘的任务不同，可把数据挖掘分为关联分析、分类、聚类、预测、偏差分析等几个大类。针对这几项任务有相对应的数据挖掘类型，分别是关联规则法、分类分析法、聚类分析法、预测分析法、偏差分析法等。并且每个类别下面还包括不同的子类。

1. 关联规则法

关联规则就是寻找描述数据库中数据项（属性、变量）之间存在（潜在）的关联规则。利用关联规则的数据挖掘技术，可以找出大量数据之间未知的依赖关系。

关联规则数据挖掘的主要目的是找出数据集中的频繁模式，即多次重复出现的模式和并发关系，或同时出现的关系，频繁和并发关系也称作关联。

应用关联规则最经典的案例就是购物篮分析（BasketAnalysis），通过分析顾客购物篮中商品之间的关联，可以挖掘顾客的购物习惯，从而帮助零售商更好地制定有针对性的营销策略[14]。

支持度、置信度和提升度是衡量关联规则强度的三个重要指标，它们分别反映所发现规则的有用性、确定性和相关性。

（1）支持度。规则 $X\rightarrow Y$ 的支持度是指事物全集中包含 $X\cup Y$ 的事物百分比。支持度主要衡量规则的有用性，如果支持度太小，则说明相应规则只是偶发事件。

（2）置信度。规则 $X\rightarrow Y$ 的置信度是指既包含了 X 又包含了 Y 的事物数量占所有包含了 X 的事物数量的百分比。置信度主要衡量规则的确定性（可预测性），如果置信度太低，那么从 X 就很难可靠地推断出 Y 来，置信度太低的规则在实践应用中也没有太大用处。

（3）提升度。表示含有 X 的条件下，同时含有 Y 的概率，与不含 X 的条件下却含 Y 的概率之比。提升度反映了关联规则中的 X 重点内容与 Y 的相关性；提升度 >1 且越高，表明正相关性越高；提升度 <1 且越低，表明负相关性越高；提升度 =1，表明没有相关性。

在众多的关联规则数据挖掘算法中，最著名的就是 Apriori 算法，它可以找到数据中所有的频繁项集，即支持度不小于最小支持度的项集。之后，根据给定的置信度找到每一个频繁项集中不小于最小可信度的关联规则。

Apriori 算法是一种最有影响的挖掘布尔关联规则频繁项集的算法[10]。它的主要思想是利用逐层搜索的迭代方法，来寻找数据库中频繁出现的项集。该算法的主要步骤是：第一步，产生频繁 1– 项集 L_1，扫描数据库 D，出现在 D 中各个数据项的集合组成为 1– 项候选项集 C_1，并统计出每个数据项出现的次数，次数大于最小支持计数（预先定义）的项的集合就是频繁 1– 项集的集合 L_1；L_1 用于找频繁 2– 项集的集合 L_2，而 L_2 用于找 L_3，如此下去，第 k 步，产生频繁 k– 项集 L_k，利用上一步产生的频繁（k–1）– 项集 $L_{(k-1)}$，与自己连接产生 k– 项集候选集 C_k，扫描数据库事务集，计算 C_k 中每个成员出现的次数，将小于最小支持数的候选项删除，最后产生出频繁 k– 项集[15]。

关联规则算法不但在数值型数据集的分析中有很大用途，比如发现不同专业的学生借阅纸质图书数量的关联关系，学校各个学科的教师借阅纸质图书数量关联关系；而且在纯文本文档和网页文件分析中，也有着重要用途。

2. 分类分析法

分类是数据挖掘的一种非常重要的方法，是按照分析对象的属性、特征，建立不同的类别来描述事物。实际操作时，首先要对训练集的数据进行分析并进行归类处理，同时为每个类别做出准确的描述，或挖掘出分类规则，或建立分析模型，然后用这个分类规则或模型对其他数据对象进行归类。

分类分析法一般用规则或决策树模式对类别进行内涵描述，可分为辨别性描述和特征性描述。辨别性描述是对类与类之间的差异性属性的概括。特征性描述是对类中对象具有的共同属性特征的概括[8]。

分类分析与下面要提到预测分析的相似之处在于都有一个观察或归类的参照，区别就是分类通常用于离散数据，预测中的回归预测通常用于连续数据，而神经网络方法预测则既能用于连续的数据也能用于离散的数据。

图书馆可以把该技术用于对读者进行分类分析，根据读者的借阅纸质图书的情况进行分类分析。首先对训练集确定几种标记，这里的标记是指一组具有不同特征的类别。然后为每个记录赋予一个标记，检查这些标定的记录，提炼出这些记录的特征。例如对读者行为进行分析时，提取读者一段时间内的借阅量，按借书频率来划分读者的级别，将读者分为：一般、初级、中级、高级四类。用分类分析方法检查这些记录，然后给出读者级别描述："高级读者是指那些年借阅量在 x 册以上，年龄在 y 岁之间。"通过分析结果了解读者借阅习惯，确定书目的复本数量，使馆藏资源得到充分利用[16]。

3. 聚类分析法

聚类数据挖掘的原理是由"物以类聚，人以群分"而来的，针对几个特定的业务指标，聚类把整个数据样本分成不同的组，让同组数据个体间的差异尽可能最小，不同组数据的差异尽可能大。在数据集合的特征是未知的情况下，不受任何先验知识的干扰和影响，采用聚类分析技术可将整个无序的数据集自动分组。

聚类分析的算法一般可以分为基于划分的方法、基于层次的方法、基于密度的方法、基于网格的方法、基于模型的方法等，其中，前面两种方法在数据挖掘中最为常用。随着技术的发展，目前也包括了神经网络方法、机器学习方法等，聚类算法也被广泛应用于图像处理、模式识别、自动控制等领域。

（1）基于划分的方法。

当给定 m 个对象的数据集，以及确定希望生成的细分群体数量 K 后，即可采用基于划分的方法将这 m 个对象分成 K 组（$K \leqslant m$），使得每个组内对象是相似的，而组间的对象是相异的。基于划分的方法在中小规模的数据库中运用非常普遍，它只需要通过一个优化评价函数就可以将原始数据分解成多个集合分组，从而迅速找到数据库中隐含的信息和规律。最常用的划分方法是 K-Means，K-Medoids 方法等。

（2）基于层次的方法。

该方法可依次让最相似的数据对象两两合并，这样不断地合并，最后就形成了一棵聚类树。根据层次分解的形成过程，可以将基于层次的方法分为两种，即凝聚法和分裂法。凝聚法，也称为自下而上的方法，一开始将每个数据对象作为单独的一个簇，然后逐步地合并相近的对象或组，直到所有的组合并为一个层次的最上层或者达到一个终止条件。分裂法，也称为自上而下的方法，一开始将所有的数据对象置于一个聚类中，然后进行不断的迭代循环，在迭代循环的每一步中，一个簇被分裂为更小的簇，直到最终每个对象被归于一个单独的簇中，或者达到一个终止条件。常见的基于层次的方法有：Chameleon，BIRCH（Balanced Iterative Reducing and Clusteringusing Hierarchies），CURE（Clustering Using Representatives）[17]。

（3）基于网格的方法。

该方法需要采用一个多分辨率的网格数据结构。它将整个数据空间划分为有限数目的单元，以构成一个可以进行聚类分析的网格结构，几乎所有的聚类操作都在网格上进行。这种方法的主要优点是处理速度比较快，其处理时间独立平均数据对象的数目，仅依赖于量化空间中每一维上的单元数目。常用的基于网格的聚类算法有：WaveCluste，STING（Statistical Information Grid），CLIQUE（Clustering In Quest）[17]。

（4）基于密度的方法。

其主要思想是：一旦相邻区域的数据密度（对象或数据点的数量）超过了某一阈值，就继续聚类。也就是说，对给定类中的每个数据点，在一个给定范围的区域中必须至少包含某个数目的点。这样的方法可以用来过滤“噪声”孤立点数据，从而发现任意形状的聚类。具有代表性的基于密度的聚类方法有：DBSCAN（Density-based Spatial Clustering of Application with Noise），OPTICS（Ordering Points To Identify the Clustering Structure）。

（5）基于模型的方法。

为每个聚类假定一个模型，然后寻找相关的数据对假定的模型产生最佳的拟合。一个基于模型的算法可以通过构建反映数据点空间分布的密度函数来定位聚类，基于标准的统计数字来自动决定聚类的数目，同时考虑“噪声”数据或孤立点，从而产生健壮的聚类。这种聚类方法总是试图优化给定的数据和某些数学模型之间的适应性，其典型算法有：COBWEB，CLASSIT[17]。

聚类分析在图书馆中应用广泛，比如根据图书的书名进行聚类分析，可以找出其中的热门和冷门图书；对图书类别的借阅情况进行聚类分析，可以对纸质图书采购提供有效的支持，更好地满足学校专业设置的需求，迎合师生读者的借阅喜好，不断提高图书馆的使用率。

聚类技术在数据分析中的主要用途表现在：既可以直接作为模型对观察对

象进行群体划分，为业务的精细化管理提供具体的细分依据和相应的建议，又可在数据处理阶段用作数据探索的工具，包括发现离群点或孤立点，作为数据降维的手段和方法，通过聚类发现数据间深层次的关系等。

4. 预测分析法

预测是根据事物的过去和现在估计未来，根据已知预测未知，从而减少对未来事物认识的不确定性，以指导人们的决策行动，减少决策的盲目性。预测数据挖掘时利用历史数据在大型数据库中找出变化的节奏或规律，建立起关于重要数据类的模型，并依据该模型来预测未来数据的种类、趋势、特征等。

预测方法可分三大类：一是定性预测法，包括特尔菲法、专家会议法、岗位分析法等；二是数学模型法，包括回归模型法、序列模型法等；三是模拟模型法，包括交互影响模拟技术法、数字模拟仿真法[18]。

在数据挖掘中常用回归模型法、序列模型法、人工神经网络等进行预测。

（1）回归模型法。

回归分析是在掌握大量观察数据的基础上，利用数理统计方法建立因变量与自变量之间的回归关系函数表达式（称回归方程式）。预测时，只要任意输入一个时间值就可以通过回归方法得到该时间的状态信息。

回归可以分为线性回归和非线性回归两大类，线性回归包括一元线性回归、多元线性回归、多个因变量和多个自变量的回归；非线性回归包括一元非线性回归、多元非线性回归、分段回归。当研究的因果关系只涉及因变量和一个自变量时，叫做一元回归分析；当研究的因果关系涉及因变量和两个或两个以上自变量时，叫做多元回归分析[19]。

（2）序列模型法。

基于序列的分析重点在于分析数据间的前后或因果关系。在序列模式挖掘中又有时序分析和趋势分析两种。其中，时序分析的数据库中存在着一个随时间而变化的值，时序数据库是序列数据库的特殊形式，时序分析是用变量过去的值来分析并预测出未来可能的值。趋势分析法是通过对有关指标的各期对基期的变化趋势的分析，从中发现问题，为追索和检查账目提供线索的一种分析方法。序列模式挖掘被应用于 Web 日志记录分析、通信网络分析、交易数据库分析等领域[8]。

在图书馆中可以使用时序分析来预测读者下一阶段最可能借的书。时序分析要考虑到时间的特殊性质，比如一些周期性的时间定义，不同的日期，时间前后的相关性等因素。以同一读者为标准，在两次借书期间保持时间顺序关系，则可以得出一个简单的序列规则。表示读者在借了 A 书后，接下来必定也会借 B 书，其支持度为 X%，置信度为 Y%。分析结果可指导管理人员排架工作，方便读者查找[16]。

（3）人工神经网络。

人工神经网络是一种应用类似于大脑神经突触连接的结构进行信息处理的数学模型。神经网络是大量神经元的集体行为，并不是各单元行为的简单累加，而表现出一般复杂非线性动态系统的特性。人工神经网络是由人工建立的以有向图为拓扑结构的动态系统，它通过对连续或断续的输入做出状态响应而进行信息处理。

人工神经网络的特点：可以充分逼近任意复杂的非线性关系；所有定量或定性的信息都等势分布贮存于网络内的各神经元，故有很强的健壮性和容错性；采用并行分布处理方法，使得快速进行大量运算成为可能；可学习和自适应不知道或不确定的系统；能够同时处理定量、定性知识。

目前常用的“神经网络”算法是反馈传播 BP（Back propagation），该算法在多层前向型（Multilayer Feed-Forward）神经网络上进行学习，而多层前向型神经网络又是由一个输入层、一个或多个隐藏层以及一个输出层组成的。

5. 偏差分析法

数据挖掘中，偏差分析用来探测数据现状、历史记录或标准之间的显著变化和偏离，偏差包括很多潜在的有趣、有用的知识。如观测结果与期望值的偏离、分类中的反常实例、模式的例外等。

在数据实际分析或管理中，有时会发现一些异常的数据，一般会忽视这些数据的存在或将其作为噪声数据处理，偏差分析就是对这些异常数据进行观察与分析，并从中提取出有用的信息。偏差分析的最基本方法是检测和寻找给定参照数据和观察结果间的差异和差距。参照数据是外界提供的参考标准或参考数据，观察结果通常是某个域的值或多个域值的总和。偏差分析在一些预警系统、银行对用户的信用评估等方面都有较好的应用[8]。

5.2.2　按技术方法分类的数据挖掘技术

数据挖掘常用的技术方法有统计分析类、归纳学习类、公式发现、模糊数学方法、仿生物技术与可视化技术等大类。

1. 统计分析类

作为一门学科的统计分析，是数据挖掘中使用的主要方法。统计分析是对总体中抽取的样本进行分析，并得出描述和推断该总体信息和知识的方法，这些信息和知识往往揭示了总体中的内部规律。常用的统计、相关分析、回归分析、聚类分析、判别分析、假设检验均属于统计分析类。

相关分析就是分析现象 A 和 B 之间是否存在某种依存关系，或者研究变量 X 和 Y 之间的相互依存关系的密切程度。它是描述客观事物相互间关系的密切程度并用适当的统计指标表示出来的过程。

判别分析是按照一定的判别准则，建立一个或多个判别函数，用研究对象的大量资料确定判别函数中的待定系数，并计算判别指标。据此即可确定某一样本属于何类。

2. 归纳学习类

可分为基于信息论方法挖掘与基于集合方法挖掘两大类。基于信息论方法挖掘是利用信息论的原理从数据库中提取出信息量大的属性并建立属性的决策树。具体方法有 ID3、IBLE 等。基于集合论方法挖掘是通过数据库中各属性的元组集合间关系建立规则，方法包括关联规则挖掘、粗糙集方法、覆盖正例排斥反例的方法、概念树方法[8]。

ID3（Iterative Dichotmizer3）算法是一种贪心算法，利用信息论中信息增益寻找数据库中具有最大信息量的字段，建立决策树的一个节点，并根据字段的不同取值建立树的分枝，在每个分枝子集中重复建树的下层节点和分枝，最后得到一棵决策树，可以用它来对新的样例进行分类。

IBLE（Information Based Learning of Examples）方法是基于信息论的示例学习方法，利用信息论中信道容量的概念作为对实体中选择重要特征的度量，把数据库中的信息量从大到小的多个字段的取值建立决策规则树。

粗糙集是一种处理不精确、不确定和不完全数据的数学方法。它可以通过对数据的分析和推理来发现隐含的知识、揭示潜在的规律。在粗糙集理论中，知识被认为是一种分类能力，其核心是利用等价关系来对对象集合进行划分。

覆盖正例排斥反例方法利用覆盖所有正例，排斥所有反例的思想来寻找规则。首先在正例集合中任选一个种子，到反例集合中逐个比较。与字段取值构成的选择子相容则舍去，相反则保留。按此思想循环所有正例种子，将得到正例的规则。比较典型的算法有 AQ11 方法、AQ15 方法、AE5 方法等。

概念树是把数据库中记录的属性字段按归类方式进行合并，建立起来的层次结构。利用概念树提升的方法可以大大浓缩数据库中的记录（元组）。对多个属性字段的概念树提升，将得到高度概括的知识基表，然后再将它转换成规则[20]。

3. 公式发现

作为典型案例的公式发现方法之一，经验公式发现理论 FDD（Formula Discovery from Data）是应用人工智能技术的机器发现技术和数据计算中的曲线拟合技术以及可视化技术结合起来的系统。它可以从大量的实验数据中进行公式挖掘，最终以初等函数的组合公式表示变量之间的关系[21-22]。

4. 模糊数学

模糊集建立在自然语言的基础上，而自然语言中常采用一些模糊的概念。模糊集是一种边界不分明的集合，模糊集与普通集合既有区别又有联系。对于模糊集合，一个元素可以即属于该集合又不属于该集合，亦此亦彼，边界不分明或界限模糊。

应用于数据挖掘的是模糊集合理论。模糊集合论为模糊信息的描述和处理提供了数学基础，模糊集合是传统集合的扩展，当某模糊概念的隶属函数的值域为 {0,1} 时，该模糊集合即退化为传统的集合。在对数据源进行挖掘分析时，可为指定的属性引入模糊概念，使用模糊集的方法对属性值加以转换，使数据源中的属性值便于人的理解和计算机分析处理[23]。一般情况下有模糊分类、模糊聚类、模糊评价、模糊关联规则、模糊模式识别等。

5. 仿生物技术

仿生物技术是利用仿生物技术进行数据挖掘的方法，典型的两大类仿生物技术是神经网络方法类和遗传算法，并形成了独立的研究体系。

遗传算法（Genetic Algorithm,GA）起源于对生物系统所进行的计算机模拟研究。它是模仿自然界生物进化机制发展起来的随机全局搜索和优化方法。其本质是一种高效、并行、全局搜索的方法，能在搜索过程中自动获取和积累有关搜索空间的知识，并自适应地控制搜索过程以求得最佳解[24]。

遗传算法实现一般包括编码、解码、交配、突变、倒位、个体适应度评估、复制等几个步骤。

6. 可视化技术

可视化数据挖掘技术建立在可视化技术和数据挖掘技术基础之上，通过利用计算机图形学与人机交互技术，将挖掘过程中所用的源数据、产生的中间数据、输出的最终挖掘结果以及整个挖掘流程以图形化的方式展示给最终用户，从而有助于用户参与到挖掘过程中进行可视分析。一般包括挖掘数据的可视化、挖掘过程的可视化、挖掘结果模型的可视化[25]。

5.2.3　几种常用数据挖掘技术

除了上面介绍的数据挖掘技术，本节再介绍几种常用的数据挖掘技术，分别是决策树、贝叶斯分类方法、支持向量机、主成分分析、假设检验。

1. 决策树

决策树是一种非常成熟的、普遍采用的数据挖掘技术，由于决策树的构造不需要任何领域的知识，并且可以处理高维度的数据而受到广泛的欢迎。

决策树又称为判定树，是运用于分类的一种树结构，其中的每个内部节点代表对某一属性的一次测试，每条边代表一个测试结果，叶节点代表某个类或类的分布。决策树的决策过程需要从决策树的根节点开始，待测数据与决策树中的特征节点进行比较，并按照比较结果选择下一比较分支，直到叶子节点作为最终的决策结果[26]。

决策树的学习过程包括特征选择、决策树生成、剪枝三个步骤。

特征选择。从训练数据的特征中选择一个特征作为当前节点的分裂标准，这个特征的选取要慎重，选取的标准不同决定了随后的特征决策树算法。

决策树生成。根据所选特征评估标准，从上至下递归生成子节点，直到数据集不可分，则停止决策树继续生长。

剪枝。决策树容易过拟合，需要剪枝来缩小树的结构和规模，剪枝分两种，包括预剪枝和后剪枝。

决策树的优点：决策树的构造不需要任何领域的知识，适合探索式的知识发掘，并且可以处理高维度的数据，容易被分析师和业务人员理解。另外，决策树技术对数据的分布甚至缺失非常宽容，不容易受到极值的影响[27]。

目前，最常用的3种决策树算法分别是CHAID、CART和ID3（包括后来的C4.5、C5.0）。

决策树的主要用途：在用户划分、行为预测、规则梳理等方面具有广泛的应用前景，决策树甚至可以作为其他建模技术前期进行变量筛选的一种方法，即通过决策树的分割来筛选有效的输入自变量[27]。

2. 贝叶斯分类方法

贝叶斯分类方法（Bayesian Classifier）是非常成熟的统计学分类方法，用来预测类成员间关系的可能性。比如通过一个给定观察值的相关属性来判断其属于一个特定类别的概率。贝叶斯分类方法是基于贝叶斯定理的。

在许多场合，朴素贝叶斯（Naive Bayes，NB）分类算法可以与决策树和神经网络分类算法相媲美。朴素贝叶斯分类器依靠精确的自然概率模型，在有监督学习的样本集中能取得很好的分类效果。在很多实际应用中，朴素贝叶斯模型参数预计使用最大似然预计方法。朴素贝叶斯算法能运用到大型数据库中，而且方法简单、分类准确率高、速度快。

3. 支持向量机

支持向量机（Support Vector Machine,SVM）是Vapnik等人于1995年提出的，是近年来机器学习研究的一个重大成果。与传统的神经网络技术相比，支持向量机不仅结构简单，而且各项技术性能也有明显的提升，因此它成为当今机器学习领域的热点之一。支持向量机主要用在预测、分类这样的实际分析需求场景中。

支持向量机是一种二类分类模型。它的基本模型是定义在特征空间上的间隔最大的线性分类器；支持向量机还包括核技巧，这使它成为实质上的非线性分类器。作为一种新的分类方法，支持向量机以结构风险最小为原则。在线性的情况下，就在原空间寻找两类样本的最优分类超平面。在非线性的情况下，它使用一种非线性的映射，将原训练集数据映射到较高的维上。在新的维上，它搜索线性最佳分离超平面。使用一个适当足够高维的非线性映射，两类数据总可以被超平面分开[14]。

4. 主成分分析

主成分分析（Principal Components Analysis，PCA）属于传统的统计分析技术范畴，也是数据挖掘中常用的一种分析技术和数据处理技术。

在数据挖掘过程中，当一个对象有多个属性（即该对象的测量过程产生多个变量）时，会产生高维度数据，这给数据挖掘工作带来了难度，这时希望用较少的变量来描述数据的绝大多数信息，一个比较好的方法就是先对数据进行降维处理。

作为一种广泛使用的数据降维方法，其主要思想是将数据的 N 维特征映射到 K 维上，这 K 维是全新的正交特征，也被称为原 N 维特征的主成分。PCA 的工作就是从原始的空间中顺序地找一组相互正交的坐标轴，新的坐标轴的选择与数据本身是密切相关的。也就是说，PCA 会通过线性组合将多个原始变量合并成若干个主成分，这样每个主成分都转变成了原始变量的线性组合。转变的目的，一方面可以大幅降低原始数据的维度，同时也在此过程中发现原始数据属性之间的关系。

将主成分进行推广和延伸即成为因子分析（Factor Analysis），因子分析是一种数据简化的技术。它通过研究众多变量之间的内部依赖关系，探求观测数据中的基本结构，并用少数几个假想变量来表示其基本的数据结构。这几个假想变量能够反映原来众多变量的主要信息。原始的变量是可观测的显在变量，而假想变量是不可观测的潜在变量，称为因子。可以说主成分分析是因子分析的一个特例。

5. 假设检验

假设检验（Hypothesis Test）是现代统计学的基础和核心分析方法之一，其主要研究在一定的条件下，总体是否具备某些特定特征。假设检验是用来判断样本与样本、样本与总体的差异是由抽样误差引起还是本质差别造成的统计推断方法。其基本原理是先对总体的特征做出某种假设，然后通过抽样研究统计推理，对此假设应该被拒绝还是接受做出推断。

假设检验主要是验证在假设成立的前提下，是否发生了几乎不可能发生的事件，显著性水平即区分可能发生的事件与几乎不可能发生事件的界限（低于显著性水平的事件为几乎不可能发生的事件），若发生了几乎不可能发生的事件，则假设为假。

5.3 数据挖掘工具

随着计算机性能的不断提高，以及各种专业化数据挖掘软件的出现，人们不需要自己直接掌握这些高深、复杂的数据挖掘技术，只需要运用数据挖掘工具，采用相对简单的方法对数据进行分析，就能够实现数据挖掘的功能。

根据在图书馆的应用情况和以后可能使用的趋势，列举几个数据挖掘工具进行介绍。

1. Weka

Weka（Waikato Environment for Knowledge Analysis），是一款基于 Java 环境下的机器学习软件。它含有一系列面向数据分析和预测建模的可视化工具和算法，并带有图形用户界面，方便用户使用。在执行分类算法之前，Weka 还可以对属性进行删选，提供了不少筛选方法，比如主成分分析方法 PCA、信息增益方法等，帮助筛选更有效的数据属性，以此提高分类准确率。Weka 支持几种标准数据挖掘任务，包括数据预处理、聚类、分类、回归、可视化和特征选择。开发者可使用 Java 语言，在 Weka 的架构上开发出更多的数据挖掘算法[28]。

文献［29］以数据挖掘技术为基础，利用 Weka 软件作为图书馆数据挖掘工具，通过 C4.5 算法的 J48 决策树模型和 Apriori 算法产生关联规则进行分类预测，对图书馆的馆藏数据进行相应的分析，从海量数据中挖掘出用户需要的有用数据，并得到合理的统计结果。

2. Clementine

SPSS Clementine 是一款企业级的数据挖掘产品，提供包括神经网络、决策树、聚类分析、关联分析、因子分析、回归分析等在内的丰富的数据挖掘模型，通过节点的连接来完成整个数据挖掘过程。Clementine 还拥有优良的数据挖掘设计思想，正是因为有了这个工作思想，让数据挖掘的每一步工作也变得很清晰。

Clementine 的数据挖掘包含了六个步骤，分别是商业理解、数据理解、数据准备、建模、评价、部署。这些顺序并不严格，用户可以根据实际的需要反向执行某个步骤，也可以跳过某些步骤不予执行。

（1）商业理解。商业理解阶段是数据挖掘中最重要的一个部分，在这个阶段里需要明确商业目标、评估商业环境、确定挖掘目标以及产生一个项目计划。

（2）数据理解。数据是挖掘过程的“原材料”，在数据理解过程中要知道都有些什么数据，这些数据的特征是什么，可以通过对数据的描述性分析得到数据的特点。

（3）数据准备。在数据准备阶段要对数据做出选择、清洗、重建、合并等工作。选出要进行分析的数据，并对不符合模型输入要求的数据进行规范化操作。

（4）建模。建模过程也是数据挖掘中一个比较重要的过程。需要根据分析目的选出适合的模型工具，通过样本建立模型并对模型进行评估。

（5）评价。并不是每一次建模都能与用户的目的相吻合，评价阶段旨在对建模结果进行评估，对效果较差的结果需要分析原因，有时还需要返回前面的步骤对挖掘过程重新定义。

（6）部署。这个阶段是用建立的模型去解决实际中遇到的问题，它还包括了监督、维持、产生最终报表、重新评估模型等过程。

SPSS Clementine 的最新版本改名 SPSS Modeler，SPSS Modeler 是一个业界领先的数据挖掘平台，拥有直观的操作界面、自动化的数据准备和成熟的预测分析模型，更便于数据挖掘工作者进行数据探索和模型的优化。同时，增强了数据源连接、数据处理、建模分析等功能。

文献［30］研究了聚类分析技术及其在图书馆中的应用，利用 Clementine 的两步聚类模型实现对读者的聚类分析，将读者聚类为消极型、一般型和积极型三种类型，针对不同类型的读者，图书馆可以提供相应的个性化服务。

文献［31］利用 Clementine 中的 Apriori 节点对图书借阅数据进行关联规则数据挖掘，从而发现、认识图书类型间的相关性，以此为依据从读者借阅、馆藏设置、采购管理等方面优化了图书馆的服务。

3. Analysis Services

Microsoft SQL Server Analysis Services（SSAS）是微软公司提供的数据挖掘平台，允许设计、创建和管理多维结构，使其包含从其他数据源（例如关系数据库）聚合的数据，并通过这种方式来支持 OLAP。对于数据挖掘应用程序，Analysis Services 允许使用多种行业标准的数据挖掘算法来设计、创建和可视化从其他数据源构造的数据挖掘模型。

文献［32］利用 SSAS 提出了一种改进了的“读者交流日”活动方案。图书馆的工作人员利用 SSAS 的聚类算法可以分析出每位借阅者与借阅书籍类型之间的关系，将同样喜爱某类书籍的读者编入一个兴趣小组，从而把具有相同兴趣的读者分在一个组。

4. Rapid Miner

Rapid Miner 是一个可视化的开源文本挖掘工具软件，可以很直观地进行文本挖掘操作[33]，可为数据准备、机器学习、深度学习、文本挖掘和预测分析提供一种集成环境，是领先的数据挖掘开源系统之一。该程序完全用 Java 编程语言编写，并提供了一个选项，以便用户试用大量可任意嵌套的操作符，这些操作符在 XML 文件中有详细说明，可由 Rapid Miner 的图形用户界面来构建[34]。

文献［35］采用界面友好的开源数据挖掘工具 Rapid Miner 进行文本分类的实验。表明 Rapid Miner 具有界面友好、使用简便、实验流程设计直观、结构清晰等特点，在基于维吾尔文文本语料的分类实验中得到比较满意的实验结果。

5. Oracle Data Mining

Oracle Data Mining（ODM）是 Oracle Advanced Analytics 数据库选件的一个组件，它提供了强大的数据库挖掘算法对数据进行挖掘从而发现洞察和做出预测。通过 ODM，可以在 Oracle 数据库中构建和应用预测性模型，从而对一些未知事件进行预测。

算法以 SQL 函数形式实现，充分利用了 Oracle 数据库的优势。SQL 数据挖掘函数可以挖掘数据表和视图、星型模式数据，包括事务性数据、聚合、非结构化数据，即 CLOB 数据类型（使用 Oracle Text 提取令牌），以及空间数据。Oracle Advanced Analytics SQL 数据挖掘函数充分利用数据库的并行能力进行模型构建和模型应用，并沿用所有数据、用户权限和安全方案。可以在 SQL 查询、BI 仪表盘和嵌入式实时应用中包含预测模型。

在 Oracle 中，LOB（Large Object，大型对象）类型的字段容量大，最多能容纳 4GB 的数据，且一个表中可以有多个这种类型的字段，很灵活，适用于数据量非常大的业务领域，如图像、档案等。LOB 类型分为 BLOB 和 CLOB 两种：BLOB 即二进制大型对象（Binary Large Object），适用于存贮非文本的字节流数据（如程序、图像、影音等）。而 CLOB，即字符型大型对象（Character Large Object），则与字符集相关，适于存贮文本型的数据（如历史档案、大部头著作等）

文献［36］利用 ODM 在 Oracle 数据库中对读者的基本信息和借阅信息进行了数据挖掘，得出读者可能存在的阅读倾向，并以概率的形式呈现。从而为更好地为读者提供服务提供了依据。如采访部可以综合本馆的资源和现有需求量调整采购策略；信息部可以根据读者的阅读倾向提供新书的推荐服务；流通部可以根据读者的阅读倾向调整架位；咨询部可以根据阅读倾向的时间集中度适时开展相关主题的宣传、培训、讲座等。

6. SAS

SAS（Statistical Analysis System）是一个模块化、集成化的大型应用软件系统。它由数十个专用模块构成，功能包括数据访问、数据储存及管理、应用开发、图形处理、数据分析、报告编制、运筹学方法、计量经济学与预测等。

SAS 系统可以分为四大部分：SAS 数据库部分、SAS 分析核心、SAS 开发呈现工具、SAS 对分布处理模式的支持及其数据仓库设计。SAS 系统主要完成以数据为中心的四大任务：数据访问、数据管理、数据呈现、数据分析。SAS 持续良好的统计分析功能，得到了业界广泛好评，这为它在国际专业统计分析软件领域获得头把交椅奠定了基础。

在使用 SAS 的数据挖掘工具进行挖掘时，基本过程包括数据取样、数据探索、数据调整、模型研发、模型综合解释和评价几个部分[37]，分别论述如下[38]：

（1）数据取样。进行数据挖掘之前，要从大量数据中选取有代表性、真实、完整和有效的，并且要和研究的问题相关的数据子集。

（2）数据探索。利用图表、曲线等形式，通过数据分析和预处理对采样数据集进行分类和筛选，分析各因素之间的相关性、数据的规律和趋势等。

（3）数据调整。根据对数据进行探索后的初步了解，然后对数据进行增减、选择、转化、量化，保证数据挖掘的有效进行。

（4）模型研发。模型的建立和知识的发现这一步是数据挖掘的中心环节，根据数据集的特征和要实现的目标，选择一种或者几种挖掘方法，如回归分析、决策树等，通过比较获得效果最好的模型，进行预测。

（5）模型综合解释和评价。将以上处理得到的结果和模型进行综合的解释，并且根据一定的方法，对决策支持信息的适用性做出评价，从而评定数据挖掘结果的可靠性和有效性。

文献［38］以读者群体聚类分析和图书借阅数据关联分析为例，对怎样进行数据挖掘、采用什么样的挖掘模型及如何分析数据挖掘结果进行了深入的理论和实验研究，并将由 SAS 数据挖掘软件和 SQL Server 2000 数据库组成的数据挖掘模型应用到使用日志数据挖掘中，实现用户聚类分析、数字资源聚类分析和数字资源关联规则分析。

7. Knime

Knime 是一个模块化的智能、开源的开发环境，能够以可视化方式创建数据流并选择性地运行部分或全部分析步骤。Knime 由 Java 编译，具有极高的可扩展性，该软件基于 Eclipse 框架并通过插件的方式提供拓展功能，可以方便地增加新算法用于数据分析，同时也提供了 Java 编程接口，可以把文件、图片和时间序列加入处理模块，并集成到开源项目中[39]。

8. Orange

Orange 是一个开源的数据可视化、机器学习和数据挖掘工具包，用于数据可视化、机器学习、数据挖掘和数据分析。Orange 组件称为窗口组件，其应用范围从简单的数据可视化、子集选择和预处理，到学习算法和预测建模的评估。Orange 的可视化编程通过界面来进行，其中工作流程通过连接预定义或用户设计的窗口组件来创建，而高级用户可以将 Orange 用作 Python 库，以便操纵数据和更改窗口组件[34]。

Orange 的全部内容都是关于数据可视化的，可帮助用户发现隐藏的数据模式。其可视化窗口组件包括散点图、箱形图和直方图，以及特定于模型的可视化，例如树状图，轮廓图和树可视化等。许多其他可视化功能可用于附加组件，包括网络、词云、地理地图等的可视化。

9. Rattle

Rattle GUI 是一个开放的免费软件包，是一款基于 R 的可视化数据挖掘工具。Rattle 借助图形用户界面展示了 R 的强大功能，从而提供了丰富的数据挖掘功能。Rattle 还被用作学习 R 的教学工具，也可以用于统计分析或模型生成。Rattle 允许数据集划分成训练、验证和测试等部分，可以查看和编辑数据集[34]。

5.4　图书馆的数据源

将数据挖掘技术应用到图书馆管理的过程中，其作用主要表现在如下 5 个方面：有助于提升图书馆对读者的吸引力，有助于图书馆了解读者群体的关系与特征，有利于提高图书馆馆藏的借阅率，有利于提升图书馆读者的忠诚度，有利于提高图书馆的管理效率[40]。

所以说在图书馆开展数据挖掘工作具有重要的意义和应用价值。为了实现智慧图书馆层面的数据挖掘，首先要对图书馆的这些数据源做一下梳理，明确一下到底需要对哪些数据进行挖掘。本节就尝试对图书馆的各种数据进行梳理，为数据挖掘打下基础。

在图书馆，不但其日常业务方面，积累了大量的读者基本信息、读者借阅记录、读者访问数字图书馆的日志等数据，而且在其他相关业务方面，也积累大量的读者进出图书馆、图书馆环境、高校学生的课程和成绩信息、高校教师的科研和教学信息等数据。

在智慧图书馆阶段，数据挖掘的源数据范围应该是全方位、立体化的。文献［41］认为图书馆可用于满足智慧服务核心需求的重要大数据资源包括 3 大类：①用户数据，包括个人信息数据、显式行为数据、隐式行为数据、终端感知数据、社交数据等；②知识资源数据；③业务流程数据。而本书认为，除了这 3 大类以外，还需要考虑其他 3 类，分别是图书馆的环境数据、网络与软硬件数据以及网上的数据。借鉴文献［41］列表 5–1 如下。

表 5–1　智慧图书馆数据挖掘的数据源分类表

序号	数据类型		数据构成
1	用户数据	个人信息数据	性别、年龄、专业、职业、经济情况、爱好、科研、授课、专业、课程、成绩、一卡通消费等
		显式行为数据	借阅、下载、评价、打分等
		隐式行为数据	浏览、收藏、点击等
		终端感知数据	位置、时间、场景、设备参数等
		社交数据	论坛、微博、微信、QQ 空间等

续表

序号	数据类型	数据构成
2	知识资源数据	书目库、专利库、中外文期刊文献、电子图书、图像、音频、视频等
3	业务流程数据	参考咨询、检索查新、资源采购、馆际互借与文献传递、预约系统、门禁和选座等
4	环境数据	电源负载、视频监控、消防监控、温湿度监控、节能监控等
5	网络与软硬件数据	网络系统及网络设备、各个应用系统、服务器设备、云计算、服务器机房监控等
6	网上数据	网上书店的图书及评论信息、出版社网站图书信息、其他网上书评信息、网上期刊信息等

1. 用户数据

用户数据一般包括个人信息数据、显式行为数据、隐式行为数据、终端感知数据、社交数据几个类别。

（1）个人信息数据。个人信息数据方面一般考虑性别、年龄、专业、职业、经济情况、爱好等因素。对高校图书馆来说，还需要考虑教师和职工的科研、授课等数据，甚至学历、毕业院校等数据；对学生还需要考虑其课程、成绩、一卡通消费等数据。

（2）显式行为数据。显示行为数据一般包括读者的借阅、电子文献和其他资料的下载、对书刊或其他的评价和打分等信息。

（3）隐式行为数据。隐式行为数据一般包括对图书馆网站、门户、综合管理系统、电子资源等基于 Web 的系统的浏览、收藏和点击情况的数据。由于每个系统的统计方式不尽相同，所以数据挖掘时需要综合考虑。

（4）终端感知数据。在移动互联网时代，一般情况下每个读者都有一部智能手机，如果读者的智能手机安装了图书馆的 APP 软件，在读者同意并授权的情况下，可对读者在图书馆或高校的位置、时间、场景、设备参数等信息数据进行采集。

（5）社交数据。社交数据方面考虑其在论坛上的发布信息，以及其微博、微信、QQ 空间等信息的数据。当然除非图书馆有论坛，否则采集起来是有难度的,另外读者的微博、微信和 QQ 空间数据也不易采集。现在使用微信公众号、或 QQ、微信账号登录图书馆的账号，也许能对读者的一些信息进行了解。

2. 知识资源数据

主要包括书目库、专利库、中外文期刊文献、电子图书、图像、音频、视频等系统的数据，这些数据除了系统本身的数据，比如图书的基本信息数据以外，还包括读者使用的数据，比如每本书的借阅情况，电子资源的每本书或文献的下载或浏览情况等。

3. 业务流程数据

业务流程数据主要包括参考咨询、检索查新、资源采购、馆际互借与文献传递、预约系统、门禁和选座等系统的数据。

4. 环境数据

这里的环境指的是图书馆馆内或周围的环境，环境方面的数据主要包括电源负载、视频监控、消防监控、温湿度监控、节能监控等系统的数据。

5. 网络与软硬件数据

网络与软硬件数据主要指图书馆的网络系统监控、各个应用系统运行与服务状况监控、网络设备的使用状况监控、服务器设备配置及运行情况、云计算配置及计算能力、服务器机房电源和温湿度监控等系统的数据。

6. 网上数据

图书馆不仅要利用自己可以掌握的数据进行数据挖掘，而且有时还需要对网上的一些信息进行抓取，比如网上书店某本书的书评信息数据，可以对图书馆是否采购该书提供参考的依据。网上的信息很多，初步考虑网上书店图书及评论信息、出版社网站图书信息、其他网上书评信息、网上期刊信息等数据。在有特色的图书馆，可以考虑有针对性的抓取网上的一些特色资源，比如对服装特色高校图书馆来说，还可以抓取一些时尚信息。

本书认为，智慧图书馆是一个全面性的智慧化图书馆，而不仅仅是某方面的智能化，所以只有全面性的数据挖掘才能真正实现图书馆的智慧化。故此，图书馆在考虑建设智慧图书馆时，一是应该尽可能多的采集相关数据，二是要实现全方位的数据挖掘。

5.5　数据挖掘在管理方面的应用

传统图书馆的管理和服务大多依靠馆员的经验，在信息量爆发和读者需求个性化的今天，仅仅依靠经验难免会有考虑不周之处。而信息技术的发展和数据挖掘技术的成熟，为图书馆实现更好的管理提供了一定的条件。利用数据挖掘技术对图书馆的应用系统及其数据进行分析，可以科学地评价自身和做出确实可行的规划结果，从而优化图书馆的信息内容，向用户提供更优化的信息服务，为图书馆工作提供决策管理支持，指导图书馆的业务工作[42]。

根据目前的研究和应用现状，数据挖掘在图书馆管理方面的应用主要体现在图书期刊采购管理、馆藏优化、图书借阅管理、电子资源推荐、危机管理和决策管理等几个方面。

1. 图书期刊采购管理

图书馆作为一个公益服务性的单位，在经费一定的情况下，如何配置图书才能最大限度的满足读者的需求，从而实现采购经费的优化配置，对采购任务做到统筹兼顾和区分轻重缓急，一直是每个图书馆非常关心的问题之一。这时如果图书馆利用数据挖掘技术，比如使用序列分析方法处理数据，分析图书馆各个资源的使用状况，为馆内资源购买纸质图书提供合理的建议或报告，使图书馆建设朝着智能化图书采购的方向发展[17]。

同样，图书馆对每年的期刊购置，如何将这些费用合理、科学的分配到各学科，均衡购置各种文献载体，以便充分发挥经费的作用，也是一项非常复杂的工作。通过对现有期刊的借阅流通情况予以分析与挖掘，获取期刊使用有价值的信息，从而为购置期刊提供依据。与此同时，利用数据挖掘技术收集互联网上无序的非结构数据，并予以分类，也可以有效的丰富图书馆期刊资源[43]。

文献［17］在图书采购管理方面，分别从图书采购科目的选择、图书采购方式的选择、图书复本量的选择等三个方面进行了数据挖掘实践。

文献［44］选取读者基本信息、借阅历史信息记录、检索历史记录、书目信息等数据，运用中心平均值算法作为中心的分割聚类方法，对读者的阅读习惯进行数据挖掘，从而为图书采购提供有效的信息。

在期刊采购方面，文献［45］认为可以利用数据挖掘技术，分析各种纸质期刊的借阅率和流通情况以及各个电子期刊数据库服务器中用户的点击率、下载频率以及使用后的信息反馈，进行分析、挖掘来获取到不同专业以及不同层次读者借阅印刷型期刊和电子期刊的使用爱好，为期刊征订工作提供直接的分析依据。

2. 馆藏优化

馆藏优化可以分为布局的优化和图书种类的优化两类。

（1）馆藏布局优化。

在馆藏布局管理方面，一般有以读者为中心的馆藏布局、学科关联的馆藏布局、借阅一体化的馆藏布局三种情况[17]。通过数据挖掘，可找出图书之间的关联性和图书借阅频次等规律。对图书馆中的书架安置、图书摆放进行调整，从而优化资源配置、方便读者借阅。在新书采购时对借阅比较多的图书资料、关联性较高的图书资料和阅读意向较强的图书资料加大采购比例。

文献[46]通过对纸质图书的借阅数据以及相关数据,挖掘图书的使用情况,并对图书的码放架位、图书的采购、图书的编目等进行指导或优化。

（2）馆藏图书期刊优化。

通过对图书馆文献资料的流通情况以及馆藏资源进行挖掘，根据读者借阅文献的数据对图书馆的信息资源建设和分配提供决策支持。这样有利于图书馆及时过滤掉利用率不高的过时文献信息，并且还可以提高文献利用效率，减少部分文献资料的搜集。

数据挖掘可以在图书馆期刊管理的各个过程中发挥重要的作用，通过对图书馆系统中相关的数据进行整理，建立相应的数据库，利用数据挖掘的方法对数据库中用户行为进行分析，从而发现某些规律，及时调整图书馆的期刊采购及管理策略[47]。

文献[48]运用 K-means 算法，对高校图书馆管理系统中学生借阅信息进行数据挖掘。通过分析不活跃学生、一般学生和活跃学生 3 类读者的借阅规律，对馆藏结构进行优化，以期提高图书馆的资源利用率和管理工作效率，更好地为读者提供个性化服务。

3. 图书借阅管理

数据挖掘技术被利用在图书借阅情况的关联规则时，首先通过图书馆管理系统查明某本图书的借阅情况，搜索借阅该图书同时又借阅另一图书的情况，假如这两本图书被借阅的比例较高，则这两本书在程度表现上有着较强的相互联系，在以后图书馆管理系统推荐图书时，可以同时介绍这两本图书，将大大节约读者查询自己所需图书的时间，提高服务对象的满意度[43]。

文献［17］在图书借阅管理方面，从个性化书目的主动推送、读者分群的借阅制度、图书宣传活动的常规化三个方面进行了数据挖掘。

4. 电子资源推荐

文献［49］从基于用户行为数据挖掘的数字图书馆电子资源推荐服务模型的构建策略及构建方案着手，分析了数据挖掘技术在数字图书馆电子资源推荐服务中的作用，为数字图书馆提高读者的信息采用率提供了参考。

5. 危机管理

图书馆危机管理是指在图书馆管理过程中针对可能面临的危机采取一系列的管理方法和手段加以预防，使之化解，并使危机变成机遇。文献［50］把图书馆的危机按性质区分成两大类，即外部危机与内部危机。

内部危机是指由于图书馆组织内部的管理不当造成的危机，主要有：资源危机、人才危机和管理危机。外部危机是指由于图书馆的外部自然或社会环境等超出图书馆控制能力的因素所导致的危机。主要有自然灾害危机、计算机软硬件及网络安全危机和人为危机。

文献［50］在分析了图书馆的预警系统的逻辑工作流程后，根据预警系统的逻辑工作流程，并将危机管理理论与数据仓库、数据挖掘和OLAP等技术结合起来，设计了一种图书馆危机与预警管理的可行性操作方案，提出基于数据挖掘的图书馆危机与预警管理系统。

文献［51］针对图书馆网络的实际情况，设计了一种基于数据挖掘的网络安全管理模型。该模型利用多种信息采集策略收集各种安全产品的相关数据并进行整合，利用数据挖掘技术进行多维分析，实现了对图书馆多种安全产品告警事件的自动综合分析，并将挖掘结果以可视化的方式提交给系统分析员。数据挖掘是整个安全管理模型的动力所在，通过定义数据挖掘模型语言，采用合适的数据挖掘算法和工具，对事件进行统计、关联分析、聚类、序列分析，形成对事件的判断，识别威胁和产生报警。

6. 决策管理

文献［52］研究了高校图书馆大数据挖掘与决策分析体系建设的基础及发展方向。然后设计了基于高校图书馆特点的体系架构模型与业务分析流程，并探讨体系在高校图书馆个性化服务中的应用。最后，结合体系在高校图书馆未来发展中的多个应用案例分析，证明了基于“大数据＋微服务”的模式体系能够快速且有效地融入高校图书馆未来的建设发展中，为构建图书馆个性化服务提供技术支撑，同时为高校决策者做出科学的决策提供依据。

文献［53］从图书采访的定义、工作流程和现实需求出发，分析了高校图书馆图书采访工作的现状，研究了基于数据挖掘的高校图书馆图书采访决策的信息流，设计了基于数据挖掘的高校图书馆图书采访决策模型，探讨了数据挖掘在高校图书馆图书采访决策中的应用。

文献［54］针对如何科学制订高校图书馆图书采购计划以提高图书采购质量和效率的问题，将数据挖掘技术用于高校图书馆图书采购计划制订，以辅助决策，并详细给出了数据挖掘技术应用于制订高校图书馆图书采购计划的过程。

文献［55］认为基于用户数据挖掘的图书馆文献采访决策模式有 3 种，分别为应用决策树的分类分析、应用数据群组的聚类分析和应用数据挖掘的关联分析。然后提出了基于用户数据挖掘的图书馆文献采访决策模式实现思路：采用点面结合方式、定位文献采访方向；应用数据挖掘技术、输出文献采访重点；多维度挖掘用户数据、提高文献采访有效性。

5.6　数据挖掘在服务方面的应用

数字图书馆的建设给读者的阅读等带来了极大的便利，读者不仅可以很方便地借阅纸质书刊，而且还可以通过 PC、手机等终端浏览、阅读、下载电子资源。但有时读者面对这些数量庞大的、形式各种各样的纸质和电子资源，不知如何进行选择性的阅读和学习，从而影响了部分读者的使用。

为了解决这一问题，图书馆提供的个性化服务就是在对用户使用信息的习惯、喜好、行为以及特殊需求等进行分析的基础上，然后以此为依据提供给用户需要的信息资源[56]。个性化服务将成为未来图书馆发展的主要趋势，是未来信息服务的主流模式，它改变了图书情报机构以往“我提供什么用户就接受什么”的运作方式，开创了“用户需要什么，我就提供什么”的发展思路，它实现的是“信息找人，按需服务”[42]。

为了更好地提供个性化服务，需要分析用户以前使用信息资源的内容和习惯等。数据挖掘技术改变了图书馆在管理和服务上被动的情况，通过追踪用户的需求来提供个性化的服务，从而提高服务效率。数据挖掘使图书馆转变成为一个主动的、智能化的信息服务单位，图书馆需要根据不同借阅群体的特征及其借阅兴趣，主动提供个性化服务，并从整体上了解图书借阅情况，以提高图书馆的服务水平[57]。

文献［58］认为高校图书馆的数据挖掘提供的信息服务主要有：学科信息服务、阅读推广服务、个性化信息定制服务、一站式信息资源共享、可视化信息服务、智能化信息服务等几个方面。

1. 学科信息服务

高校图书馆不同于公众图书馆的一个重要业务就是学科信息服务，传统学科服务的手段是“一对一”或者“一对多”的服务，多采用阵地型、被动型、点对点型服务方式，通过到馆咨询答疑和网上虚拟互动来实现。而随着学科信息量的急剧增加，读者的要求越来越高，势必造成一些服务满足不了用户的需求。

根据高校图书馆所提供的信息偏重于专业性、学术性、学科性和个性化特征。对学科信息利用聚类分析、网络分析、可视化分析、引文分析、知识关联分析等数据挖掘技术构建学科的知识图谱，从宏观上分析相关学科领域的研究方向和热点，为科研人员、学者节约调研时间，帮助他们迅速洞察学科领域的研究进展、确定研究方向[59]。

2. 阅读推广服务

作为高校校园文化建设体系的一部分，阅读推广活动业已成为高校图书馆的常规活动。为了更好地搞好阅读活动，需要精准的了解读者的需求，并对每个读者的个性化需求进行预测或挖掘。

通过分析读者的历史借阅记录、浏览记录等相关联数据，得出信息关注度的趋势，最终分析出读者可能感兴趣的图书、电子资源、网络资源的信息，向读者主动推送相关的信息资源。根据读者使用搜索的热门关键词，将馆藏文献资源和数据库资源一起构建向量空间模型，然后计算文献资源和数据资源之间的相似度，把相似度最高的文献资源和数据资源的同作者、同类别、同出版社等的各类信息资源推荐给读者。对流通数据与外部数据进行关联规则的数据挖掘和聚类分析，可预测读者的需求和各种关联，进而有针对地提供阅读推广服务[58]。

3. 个性化信息定制服务

所谓个性化信息定制服务，是指图书馆针对用户的特定需求主动提供相对完整的信息集合或知识集合给用户。通过使用数据挖掘技术对用户的借阅信息进行分析，发现用户的兴趣偏好，然后进行个性化计算，将与用户兴趣相关的内容进行搜集并呈现给用户，帮助用户尽快找到其他可能感兴趣的信息或资源，从而节约用户在系统中耗费的时间和精力。另外通过分类分析的方法，发现用户的最新需求，通过兴趣模式算法挖掘潜在读者，免费为读者提供感兴趣的信息，逐渐转变为图书馆的稳定用户[60]。

一个好的推荐系统除了可以为用户提供个性化的服务，还能增加用户对系统的信任，进而对系统产生依赖[61]。推荐可分为基于关联规则的推荐、基于内容的推荐、协同过滤推荐和组合推荐四种[41]。

（1）基于关联规则的推荐。

在高校图书馆个性化服务中，关联规则可以用来发现用户使用文献之间的关系，发现同时被频繁使用的文献，从而帮助系统在用户浏览、下载、借阅时向其推荐相关文献。基于关联规则的推荐算法首先根据所有用户的文献使用数据产生关联规则，再结合当前用户的浏览、查阅行为做出推荐[41]。

（2）基于内容的推荐。

基于内容的推荐主要是通过机器学习从内容特征描述的事例中分析出读者的兴趣所在，然后根据读者信息的内容进行推荐。这些读者信息一般包括用户的基本信息和在图书馆的借阅等方面信息，推荐系统通过对读者信息进行分析，可以获得读者的兴趣，以及确定读者信息和目标读者信息之间的相似程度，并将相似度较高的项目推荐给目标读者。

（3）协同过滤推荐。

协同过滤推荐采用最近邻技术，通过分析所有读者的历史喜好信息计算不同读者之间的距离，然后找到与目标读者距离最近的用户，即最近邻用户，通过获取该读者对某些图书的评价信息并按照一定策略计算加权评价值，加权评价值的大小体现了该用户对这些图书的喜好程度，然后系统将预测的喜好程度较高的图书推荐给目标读者。协同过滤推荐又可以分为基于记忆的方法和基于模型的方法。

（4）组合推荐。

组合或混合推荐就是将不同的推荐方法以一定的方式进行组合，以期达到扬长避短的效果。研究和应用最多的就是基于内容的推荐和协同过滤推荐的组合。

文献［62］认为一个推荐系统至少包括三部分：用来收集读者信息的行为记录模块、分析读者个人喜好的模型分析模块、推荐算法模块。在图书馆应用时，行为记录模块记录读者的喜好行为，包含借阅、电子资源的阅读和下载、对图书的评价、图书预约和选购等信息；模型分析模块对这些信息进行分析，建立合适的模型描述用户的喜好信息；推荐算法模块是推荐系统的核心部分，通过后台的推荐算法，实时地从图书集合中筛选出读者可能感兴趣的图书进行推荐。

推荐的方式一般可以通过图书馆的门户、图书馆的 APP、短信、大屏显示等多种方式。比如在读者登录图书馆门户后，可以有一个弹出框，显示推荐的内容，让读者点击了解更加详细的内容信息。

4. 一站式信息资源共享

高校图书馆拥有独有的机构知识库、硕博士论文库、教师论著文库等系统平台，这些系统积累了大量的科学数据、专利、论文、著作以及学生的毕业论文和学位论文等学术信息资源，利用这些资源可以构建虚拟社区，形成学术交流圈，并与一定范围内的高校图书馆构建“一站式”信息资源共享平台，共同挖掘、共享科研数据，共同促进知识的传播与再利用[58]。

对这些汇聚的海量资源和数据进行数据挖掘，比如挖掘关键词条、热词等信息，进行关联分析，然后把结果进行推荐，并通过网站、门户、移动门户等方式呈现给授权的读者，从而提供更全面、精准的信息服务，更好的满足读者用户阅读、学习、交流的需求。

5. 可视化信息服务

可视化是利用计算机图形学和图像处理技术，将数据转换成图形或图像在屏幕上显示出来，再进行交互处理的理论、方法和技术。

高校图书馆可以利用可视化技术把数据统计的结果和数据挖掘的结果，转化为可视化信息，利用图形、曲线、表格的形式表达，具有直观的、实时的、动态的效果，显示在大屏上，既能为领导层提供决策参考，又方便读者直观了解图书馆的一些信息。比如把每年每月每日的图书借阅册数、还书册数、借阅人次等实时的、可视化的数据信息直观地提供给图书馆管理者和读者用户。

6. 智能化信息服务

图书馆可以提供很多的智能化服务。利用物联网和 3 D 导航技术帮助读者找到需要的图书，帮助读者找到自习的座位，帮助读者在馆内导航等；利用智能检索技术实现智能检索，比如利用基于内容的图像识别和检索技术实现图像数据库的“以图搜图”功能；利用智能视频监控系统对进出图书馆的人数进行统计，从而实现对入馆人数的智能调控和管理；对图书馆的网络信息资源利用智能技术进行智能开发，比如定期挖掘网络热门资源和关键词，协助学科馆员跟踪科研热点等。

5.7　Web 数据挖掘

Web 数据挖掘是图书馆应用的一个重要方面。Web 数据挖掘是数据挖掘技术在网络信息处理中的应用，是对 Web 资源中蕴涵的、未知的、有潜在应用价值的模式的提取有用信息或知识的过程。所挖掘的对象为服务器日志数据、Web 页面、Web 页面超链接关系及其他信息。Web 数据挖掘对图书馆加强信息资源建设、提升图书馆传统信息服务的质量、主动提供个性化服务都有重要的作用。

Web 数据挖掘在图书馆个性化信息服务中具有重要的作用，主要表现在以下几个方面：一是可以进一步了解读者，根据读者经常访问的内容，可以分析读者的个人喜好，从而了解读者的需要；二是对某些类型读者经常访问的地方，有针对性地提供个性化的图书推荐或讲座宣传；三是可以分析潜在读者的喜好，有针对性的优化馆藏和网站以便把这些读者吸引进来；四是根据挖掘结果对图书馆的 Web 站点进行优化，包括网站架构和网页风格等，以便更加符合读者的口味；五是根据挖掘结果，更加明确以读者需求为导向的理念，针对读者的个性提供不同的页面功能和不同风格的个性化访问页面，满足读者的个性需求[63]。

Web 数据挖掘技术可对 Web 存取方式、Web 结构和规则以及动态的 Web

内容进行挖掘，是实现数字图书馆功能的核心技术之一。按 Web 数据的内容、结构和用户记录三种类型分为三种挖掘方式：Web 内容数据的挖掘，比如 HTML、或 XML 格式的 Web 文档；Web 结构数据挖掘，比如 Web 文档中的超链接；Web 使用记录的挖掘，或叫用户访问数据的挖掘，比如服务器上的 log 日志信息 [64]。

根据图书馆的实际情况，图书馆一般可以对自己控制的网站、自己的一些 B/S 信息系统、馆外网站进行数据挖掘 [65]。

1. Web 内容挖掘

Web 内容挖掘就是从各种类型的网页页面中挖掘信息的过程。这些页面中的信息按内容格式，可以分为文本、图像、音频、视频几类。在数据挖掘时，针对不同的格式内容，需要选择不同的算法。比如基于文本挖掘算法可以解决页面中文本内容的挖掘，图书馆对豆瓣网书评、当当网书评等文本信息进行数据挖掘，对制定纸书采购计划，加强图书管理，和将馆内图书推荐给读者都具有指导作用。

另外，内容挖掘是数据挖掘的基础，只有在内容挖掘出的信息的基础上对信息再进行分析整合，才能得到用户真正需要的信息 [63]。

2. Web 结构挖掘

Web 结构挖掘对象为网页之间的链接信息。一般是从网站的链接关系或者组织体系中推导出相关知识，通过网页之间的相互关系，可以挖掘出网页内容之外的有价值数据信息 [66]。

Web 结构挖掘的最大特点是：可以将 Web 站点分级，显示站点的受欢迎程度。Web 结构挖掘利用基于内容的搜索结果，通过各种算法对搜索结果进行筛选，进而选出众多链接的根页面，然后依据它们在各自角色中的分量把它们一般分为大众、中枢和权威三个等级，将权威站点和中枢放在搜索结果的前面 [63]。

3. 使用记录挖掘

使用记录挖掘是图书馆最实用的一种 Web 挖掘方式，图书馆根据读者对图书馆所控网站系统（包括图书馆网站、图书馆门户以及其他的 B/S 系统等）的访问记录，进行数据挖掘可直接定位到读者感兴趣的方向。这些 Web 的访问记录主要包括服务器上与 Web 访问有关的各类日志文件，如代理日志、引用日志、访问日志等，其中涉及用户的诸多访问信息，包括访问时间、访问途径、用户的 IP 地址、访问结果等。图书馆对 Web 的访问记录进行挖掘一般可以发现用户的兴趣爱好、发现用户的期望位置、发现用户频繁访问的路径三个方面情况信息[66]。图书馆根据挖掘结果可以为馆藏优化、采访决策、图书推荐等提供依据。

文献［67］对读者访问图书馆数字资源的行为进行了分析，主要是针对读者经常访问的数据库、检索的关键字、下载的文章以及读者的检索行为习惯等信息。这些信息形成了日志文件，日志文件经过解析和清洗放在数据库系统中形成读者访问信息数据库，通过对读者访问信息数据库的数据进行数据挖掘建模分析，采用聚类算法，按照聚类分析的结果，将读者分为不同的类型，根据结果生成各种形式的报表，将学科信息呈现给读者，信息服务部门按照读者类型针对不同的读者有针对性地对其推送学科信息。

5.8　流通数据挖掘

除了 Web 数据的挖掘，对图书馆来说，另外一种重要的数据挖掘就是对流通数据的挖掘。本节拟对现有文献对流通数据的挖掘研究与应用进行梳理，认为对流通数据的挖掘，体现在为采访服务、馆藏建设及优化、读者阅读习惯分析、个性化推荐、书目推荐、借阅流量预测等几个方面。

1. 为采访服务

采访分为“采”与“访”两部分，包含采购和调研两层含义。所谓图书采访，就是采访部门对文献资源的征集、采购与整理分析[68]。

图书采访决策是指采访馆员利用科学的方法，对馆藏资源、用户需求进行综合分析、判断，并获得最佳方案的过程。采访决策要以大量可靠信息作为依据，并且利用数据挖掘等辅助工具，保障采访策略的针对性，其涉及的信息包括馆藏信息、用户需求信息、文献信息等。

根据这些信息构建基于数据挖掘的图书采访决策模型，利用数据挖掘实现对各类数据的分析、关联，发现其中蕴含的有价值内容，可以提高图书采访决策的准确性，也为馆藏资源建设和图书馆文献管理提供科学指导[53]。

2. 馆藏建设与优化

读者在专业知识学习或科研活动中，经常需要进行某些预备知识或相关知识的学习，这些预备知识或相关知识与读者学习或研究的专业领域既有可能属于同一领域内的不同学科方向，也有可能根本就不属于同一个领域。

图书馆在实际服务中，有针对性地对这些专业领域或学科之间存在的内在知识进行关联，这些关联的一部分对馆员来说可能是常识，容易处理，而相当一部分知识关联是馆员无法判断和发现的。这时图书馆可以利用数据挖掘技术对流通数据，特别是对不同专业读者群的流通数据进行挖掘分析，发现这种隐含的关联，以指导图书馆的读者服务工作向知识服务的层面发展[69]。

3. 读者阅读习惯分析

高校图书馆通过对借阅情况的数据挖掘分析，可获知本校读者的阅读习惯关联、领域知识关联，对把握采购图书方向和推荐读者关联图书有较大的参考意义[70]。

文献［71］利用数据挖掘技术的 C4.5 决策树对图书馆文献管理集成系统数据库进行了深度挖掘，从而得出读者阅读需求偏好特点，为实现个性化服务做了基础性的工作。

文献［72］对高校教师和学生借阅图书的相关信息以及馆藏图书文献资料信息结合起来进行分析，采用 DISAN 关联规则实施数据挖掘。通过改进性的 Apriori 算法，有效的分析整合出这些信息之间存在的关联性，得出师生在不同时间阶段借阅图书文献资源的规律。

文献［73］从图书馆读者借阅记录入手，针对读者借阅记录的分类号进行频数统计和聚类分析，并依据获得的借阅兴趣类目构建读者阅读兴趣本体模型。使用 SWRL 规则描述语言构造推理规则，在 Jess 推理引擎中进行推理，实现了读者阅读兴趣本体模型的动态更新。

文献［15］对一些计算机专业的局部学生的借阅信息进行挖掘后，得出支持度、可信度以及关联规则数目的对比关系。运用关联规则的 Apriori 算法和恰当的支持度与可信度对图书馆管理系统中读者的借阅信息进行了数据挖掘。

4. 个性化推荐

文献［74］对经典关联规则挖掘算法中的 Apriori 算法进行改进，采用改进后的算法对图书借阅历史数据进行关联分析，从而对读者做出个性化的推荐。

文献［75］利用数据挖掘的分类算法对读者利用图书馆的行为模式进行挖掘，对借阅信息进行关联分析，挖掘读者已使用资源之间的关系，进行资源个性化推荐。

文献［76］利用数据挖掘技术深入挖掘读者的借阅规律，感知读者的真实需求，形成以读者需求为驱动的差异化服务模式。对读者借阅的历史数据，利用关联规则中的 Apriori 算法分析读者需求特征和阅读趋向；结合读者自身属性和不同读者的需求特征选取读者细分因素，采取聚类算法细分读者群，建立聚类模型，从而清晰地揭示了读者群需求的差异性。

5. 书目推荐

文献［77］设计了一种基于读者个性化特征数据挖掘的图书馆书目推荐系统。根据读者聚类特点与数据关联规则，设计书目个性化推荐系统，并将挖掘出的关联规则应用到推荐服务当中；根据挖掘流程可得到大量数据，并对多余数据进行清理，对不完整数据进行补充，计算支持度和置信度；采用基于读者个性化特征数据挖掘图书馆书目并进行推荐，由此完成图书馆书目推荐。

文献［78］提出了一种基于数据挖掘算法的新方法用于电子图书馆的智能推荐服务，此方法采用中图分类号索引树计算读者的兴趣倾向程度，采用改进的 K-means 聚类方法实现兴趣相近的读者聚类，采用改进的 Apriori 算法实现关联规则挖掘并形成智能推荐建议，为读者提供了预期的推荐服务。

文献［79］提出的基于数据挖掘的图书馆读者借阅行为分析方法，采用基于相似系数矩阵的聚类算法，对图书馆读者借阅行为进行分析，采用 Jaccard 相似系数度量高维度图书馆读者借阅数据的相似度，对高维度读者借阅数据进行聚类分析，解决图书馆读者借阅数据维度高的问题。聚类算法的构建实现了图书馆读者借阅行为数据的有效分类，针对读者设计了个性化专属图书推荐服务。

6. 借阅流量预测

文献［80］针对当前高校图书馆图书借阅流量预测模型存在的精度低难题，提出了基于数据挖掘的高校图书馆图书借阅流量预测模型。引入混沌理论对借阅流量原始数据进行分析，建立高校图书馆图书借阅流量建模的学习样本，采用数据挖掘技术构建高校图书馆图书借阅流量预测模型，并与其他模型进行了高校图书馆图书借阅流量预测的仿真实验。

本章小结

在智慧图书馆的阶段，数据挖掘是在物联网作为图书馆底层数据采集的基础上，在图书馆共享数据平台建设的前提下，在云计算技术的支撑下，对图书馆的数据以及系统进行的挖掘。其目的是为了实现图书馆管理和服务的智能化、智慧化。

本章从数据挖掘的基本概念入手，介绍了数据分析的层次，数据挖掘可以解决的问题以及如何进行数据挖掘；然后对数据挖掘的技术以及数据挖掘的工具进行了论述；随后结合图书馆的实际情况对图书馆的数据源进行了梳理；针对图书馆的管理和服务，概要介绍了数据挖掘的具体应用现状；最后通过 Web 数据挖掘和流通数据挖掘两个图书馆最常用的数据挖掘领域，对数据挖掘进一步的做了深入的探讨。

通过以上论述，明确了数据挖掘在图书馆管理和服务中的重要作用。尤其在智慧图书馆阶段，数据挖掘作为必不可少的技术，其应用水平还将进一步的提高。

而随着人工智能和大数据时代的到来，图书馆海量数据的增加，智慧图书馆建设的进一步深化，数据挖掘技术需要大数据平台作为支撑，为实现图书馆的全面智慧化打下基础。

本章主要参考文献

[1] 高江丽.高校图书馆管理中数据挖掘技术的应用分析[J].中国管理信息化,2016,19(17):190.

[2] 吴晅威.基于数据挖掘的高校图书馆读者服务优化[J].科技情报开发与经济,2012,22(16):6-8,22.

[3] 傅永慧,展金梅.基于数据挖掘的CRM在图书馆服务应用的新探索[J].内蒙古科技与经济,2011(10):103-104.

[4] 袁春花.Web数据挖掘技术在数字图书馆中的应用研究[J].软件导刊,2013,12(01):131-133.

[5] 舒子谦.从数字图书馆的检索技术谈数据挖掘[J].科技信息,2013(26):273.

[6] CSDN.大数据、数据分析、数据挖掘的差别[EB/OL].(2017-10-09)[2019-02-21].https://blog.csdn.net/away30/article/details/78183534.

[7] CSDN. 数据挖掘的基本任务与要解决的问题(数据挖掘入门)[EB/OL].(2016-04-05)[2019-02-21].https://blog.csdn.net/u012507022/article/details/51067762.

[8] 谢薇.基于高校图书馆管理的数据挖掘算法应用研究[D].中南大学,2011.

[9] CSDN.数据挖掘、机器学习和人工智能的区别是什么？[EB/OL].(2018-05-05)[2019-02-21].https://blog.csdn.net/horacehe16/article/details/80202826.

[10] Jiawei Han, Micheline Kamber, Jian Pei著. 范明,孟小峰 翻译. 数据挖掘:概念与技术(原书第3版)[M].北京:机械工业出版社,2012,8.

[11] CSDN.数据挖掘与预测分析——跨行业数据挖掘标准流程[EB/OL].(2017-06-24)[2019-02-28].https://blog.csdn.net/xianjie0318/article/details/73661800.

[12] 常雅红.基于大数据挖掘的数字化图书馆服务新模式研究[J].图书情报导

刊,2016,1(07):11-15.

[13] 叶福兰,施忠兴.关联规则数据挖掘在图书馆个性化服务中的应用[J].福建电脑,2009,25(05):99,103.

[14] 刘知行.数据挖掘的9大成熟技术和商业应用[EB/OL].(2018-04-11)[2019-03-04].http://ihoge.cn/2018/DataMining.html.

[15] 蔡会霞,朱洁,蔡瑞英.关联规则的数据挖掘在高校图书馆系统中的应用[J].南京工业大学学报(自然科学版),2005(01):85-88.

[16] 李默.基于Web的数据挖掘技术在数字图书馆中的应用[J].大学图书情报学刊,2007(04):44-46.

[17] 刘昶.基于数据挖掘的J高校图书馆图书管理创新研究[D].南昌大学,2014.

[18] 百度百科.预测分析法[EB/OL].(2018-01-23)[2019-02-12]. https://baike.baidu.com/item/%E9%A2%84%E6%B5%8B%E5%88%86%E6%9E%90%E6%B3%95/4017463?fr=Aladdin.

[19] CSDN.数据挖掘常见分析方法[EB/OL].(2010-02-27)[2019-02-28]. https://blog.csdn.net/lpxuan151009/article/details/5332589.

[20] 博客园.大数据时代入门<二>——数据挖掘方法和技术理论篇[EB/OL].(2015-05-28)[2019-03-02].https://www.cnblogs.com/coderfish/p/4875469.html.

[21] 陈燕雷,孟俊仙,关永.经验公式发现系统FDD误差率计算方法的改进[J].微计算机信息,2012,28(08):179-180,144.

[22] 李宝方,袁超,张益维.基于WEB的公式发现系统研究[J].江西农业学报,2009,21(11):90-91,113.

[23] 李安. 数据挖掘算法研究[D].大连海事大学,2003.

[24] CSDN.遗传算法详解(GA)[EB/OL].(2016-04-18)[2019-03-02]. https://blog.csdn.net/u010451580/article/details/51178225.

[25] 曾春先.可视化数据挖掘技术的研究[J].重庆电子工程职业学院学报,2014,23(05):148-150.

[26] 博客园.决策树[EB/OL].(2015-05-16)[2019-02-28]. https://www.cnblogs.com/coder2012/p/4508602.html.

[27] 卢辉.数据挖掘与数据化运营实战:思路、方法、技巧与应用.机械工业出版社, 2013,06.

[28] 冯研,王馨.国内图书馆数据挖掘技术实践应用进展分析[J].图书馆学研究,2011(20):2-4.

[29] 马林,丁勇.基于WEKA软件的图书馆数据挖掘研究[J].电脑知识与技术,2009,5(24):6930-6932.

[30] 张文华,蒋年德,王益云.基于Clementine的图书馆流通数据挖掘[J].计算机与现代化,2010(04):171-173,176.

[31] 杨建明,刘芳.基于数据挖掘的高校图书馆服务优化研究[J].情报探索,2014(04):25-28,32.

[32] 侯杰.基于数据仓库的数据挖掘技术在高校图书馆管理中的应用[J].沿海企业与科技,2010(06):51-53.

[33] Verma T, Renu R, Gaur D. Tokenization and Filtering Process in Rapid Miner[J].International Journal of Applied Information Systems(IJAIS),2014,7(2):16-18.

[34] 51CTO.2018年值得拥有的十大大数据挖掘工具[EB/OL].(2018-09-20)[2019-03-04].http://bigdata.51cto.com/art/201809/583655.htm.

[35] 阿力木江·艾沙.基于Rapid Miner的维吾尔文文本预处理及分类实验设计[J].中国教育技术装备,2017(12):24-27.

[36] 马金林,马自萍.Oracle Data Mining在读者服务中的应用[J].科技情报开发与经济,2008(10):13-15.

[37] 吴修霆.SAS数据挖掘技术的实现[J].微电脑世界,2000(14):44-45.

[38] 欧阳烽.基于数据挖掘的高校数字图书馆信息资源管理[D].中南大学,2010.

[39] 郑茹菁,王晓晔,柴晓瑞,等.数据挖掘开源平台性能分析[J].天津理工大学学报,2015,31(04):33-38.

[40] 陈晔,董岩.数据挖掘在图书馆管理方面的应用[J].内蒙古民族大学学报(自然科学版),2016,31(03):206-208.

[41] 柳益君,何胜,熊太纯,等.大数据挖掘视角下的图书馆智慧服务——模型、技术和服务[J].现代情报,2017,37(11):81-86.

[42] 唐海萍.基于数据挖掘技术的图书馆管理模式[J].现代情报,2008(09):109-110.

[43] 张永强.数据挖掘技术在高校图书馆管理中的应用[J].淮北职业技术学院学报,2017,16(04):139-141.

[44] 刘淑瑞,秦文珍,张聪.基于数据挖掘技术的图书馆采购管理研究[J].重庆文理学院学报(自然科学版),2010,29(01):110-112.

[45] 刘海伟.浅谈数据挖掘与图书馆期刊工作[J].内蒙古科技与经济,2011(08):122-124.

[46] 傅永慧,展金梅.基于数据挖掘的CRM在图书馆服务应用的新探索[J].内蒙古科技与经济,2011(10):103-104.

[47] 陶正梁.数据挖掘在高校图书馆期刊管理中的应用研究[J].兰台世界,2015(17):148-149.

[48] 郑怀远.数据挖掘在高校图书馆管理系统中的应用研究——以福建工程学院图书馆为例[J].情报探索,2013(01):97-99.

[49] 江波.基于用户行为数据挖掘的数字图书馆电子资源推荐服务研究[J].河南图书馆学刊,2018,38(12):59-61.

[50] 沈嵘.基于数据挖掘的图书馆危机与预警管理模式研究[J].情报科学,2010,28(07):1060-1063,1077.

[51] 黎九平.基于数据挖掘的数字图书馆网络安全管理研究[J].情报探索,2012(12):91-93.

[52] 李艳,吕鹏,李珑.基于大数据挖掘与决策分析体系的高校图书馆个性化服务研究[J].图书情报知识,2016(02):60-68.

[53] 吴越.基于数据挖掘的高校图书馆图书采访决策模型构建研究[J].图书情报导刊,2016,1(12):82-85.

[54] 迟春佳,毛志勇.基于数据挖掘的高校图书馆图书采购计划辅助决策研究[J].现代情报,2009,29(07):108-110.

[55] 徐杰.基于用户数据挖掘的图书馆文献采访决策模式研究[J].中国中医药图书情报杂志,2018,42(02):28-31.

[56] 潘呈昀.探究图书馆个性服务管理中数据挖掘技术的应用[J].信息与电脑

(理论版),2014(02):184-185.

[57] 张钰莎.数据挖掘在高校图书馆个性化服务中的应用[J].廊坊师范学院学报(自然科学版),2019,19(01):37-41.

[58] 叶莉,凌征强.基于数据挖掘的高校图书馆信息服务[J].图书馆工作与研究,2017(05):70-74.

[59] 和婷.大数据思维对图书馆信息服务工作的启示[J]. 图书馆建设,2014(1):64-68.

[60] 毛雄建.数据挖掘技术在高校图书馆管理中的应用探讨[J].福建电脑,2018,34(05):145,147.

[61] 王飞.基于数据挖掘的高校图书馆个性化推荐服务的应用研究[D].内蒙古工业大学,2015.

[62] 张路路.基于数据挖掘的高校图书馆藏推荐系统模型研究[D].山东理工大学,2012.

[63] 白慧.基于Web数据挖掘的数字图书馆个性化信息服务[J].科技情报开发与经济,2008(15):38-39.

[64] 李默.基于Web的数据挖掘技术在数字图书馆中的应用[J].大学图书情报学刊,2007(04):44-46.

[65] 张燕,布海乔.Web数据挖掘在数字图书馆个性化服务中的应用[J].电子制作,2013(17):84.

[66] 孟玫.Web数据挖掘与高校数字图书馆个性化服务[J].电子技术与软件工程,2017(17):183.

[67] 周欣,陆康.基于图书馆数字资源访问系统的读者行为数据挖掘研究[J].现代情报,2016,36(01):51-56,73.

[68] 陈臣.基于小数据决策支持的图书馆个性化服务[J].图书与情报,2015(1):82-86.

[69] 刘志勇.关联规则数据挖掘在图书馆藏书建设中的应用研究[J].电子设计工程,2011,19(21):62-64.

[70] 江启煜.基于分割式数据挖掘关联算法的图书馆借阅情况分析[J].图书馆界,2012(03):81-83.

[71] 刘军.数据挖掘在读者阅读需求偏好研究中的应用[J].图书馆论坛,2012,32(03):89-93.

[72] 张黄.刍议数据挖掘功能在图书馆个性化服务系统中的应用[J].湖北函授大学学报,2014,27(07):82-83.

[73] 赵彦辉.基于流通数据挖掘的读者阅读兴趣本体模型构建[J].图书情报工作,2012,56(03):121-125.

[74] 王庆桦.基于数据挖掘技术的图书馆个性化快速推荐算法研究[J].现代电子技术,2019(05):149-151,156.

[75] 朱东妹.大数据环境下数据挖掘技术及图书馆应用实证研究[J].大学图书情报学刊,2017,35(05):99-104.

[76] 赵雨薇.基于数据挖掘感知读者需求的高校图书馆差异化服务研究[J].图书馆工作与研究,2018(07):68-73.

[77] 谢康.基于读者个性化特征数据挖掘的图书馆书目推荐[J].现代电子技术,2018,41(06):34-36.

[78] 张容,张勇.基于数据挖掘算法的电子图书馆智能推荐技术研究[J].西南师范大学学报(自然科学版),2017,42(07):81-85.

[79] 崔金环,解海.基于数据挖掘的图书馆读者借阅行为分析[J].现代电子技术,2019,42(01):166-170.

[80] 尹志强.基于数据挖掘的高校图书馆图书借阅流量建模与分析[J].微电子学与计算机,2018,35(11):95-99.

第六章 大数据技术及应用

近年来，随着物联网和云计算的兴起，“大数据”已然成为当下最时髦的词汇，大数据被人们誉为未来的石油和黄金，大数据背后隐藏的世界越来越引起人们的兴趣，可以说目前人类社会已经初步迈入了“大数据”时代。

在图书馆方面，图书馆服务经历了漫长的传统文献服务阶段，随着网络化、信息化的发展，数字信息服务成为与传统文献服务并重的现代图书馆必备功能[1]。而如今，随着智慧城市、智慧校园的兴起，智慧图书馆的建设如火如荼，把大数据技术应用于数字图书馆或智慧图书馆建设已经成为必然选择。

在数字图书馆阶段，图书馆的信息系统积累了海量的数据，这些数据对图书馆的管理和服务起了必不可少的作用；同时，图书馆为了更好地提高管理和服务水平，在有些方面也感到力不从心，比如不知如何给读者提供个性化的服务使其满意，这是一个比较尴尬的境地，虽然图书馆掌握着大量的数据资源，但没有从这些数据资源里得到有用的信息。随着物联网、数据挖掘、云计算和大数据等技术的不断发展，这些问题可以在一定层面上得到缓解或解决，比如利用大数据技术进行数据挖掘，可以给图书馆带来更多的新应用、新服务以满足读者的需求。

图书馆通过建立图书馆层面的数据共享中心，以云计算和信息网络安全作为平台支撑，采用数据挖掘、大数据技术和人工智能技术对图书馆的数据以及其他相关数据进行分析、挖掘、智能计算，最终可为实现图书馆的智慧化打下基础。

6.1 大数据概述

2011 年 5 月，全球知名咨询公司麦肯锡发布了《大数据：创新、竞争和生产力的下一个前沿领域》报告[2]，首次提出了“Bigdata”（大数据）的概念，并在报告中指出“数据已经渗透到每一个行业和业务职能领域，逐渐成为重要的生产因素；而人们对于海量数据的运用将预示着新一波生产率增长和消费者盈余浪潮的到来”。至此，大数据的研究与应用受到广泛的关注。虽然人们对“大数据”字面引申的概念、内涵等存在着多种的定义与理解，但存在一个共识，即：大数据不是对数据量大小的定量描述，而是一种在种类繁多、数量庞大的多样数据中进行的快速信息获取[3]。

大数据的数据具有多样性，日常情况下，人们说到的数据，大多指的是数字、文本等格式的数据，这些数据可以用关系数据库来直接存储，是所谓的结构化数据。而大数据的数据还应该包括半结构化数据和非结构化数据。图书馆系统的图书信息、电子书刊信息、借阅信息、读者信息等为结构化数据；而图书馆留言簿、图书馆论坛、微薄、微信平台等用户咨询借阅过程信息为半结构化数据；用户浏览图书馆网站及相关B/S系统的网页记录、用户的行为痕迹、在线咨询信息，以及用户存储和下载信息行为时出现的各种音视频信息等为非结构化数据[4]。

对“大数据”之中的“大”理解，IBM认为大数据具有“3V”特点，但以IDC为代表的业界认为满足“4V”指标的数据才可称为大数据，即Variety（种类多）、Velocity（速度快）、Volume（容量大）、Value（价值高），比IBM提出的“3V”多了一个“价值高”。目前很多人认为满足应该“4V+1C”，其中C指的是Complexity，就是复杂性加大，要处理分析大数据具有一定的难度。

所谓的“种类多”是指数据来自多种数据源，不仅包含了文本数据，也包含了数据库、图像、音/视频、传感器数据、网络检索历史记录等信息。同一个知识或智慧可以同时存在于不同类型的数据源中，也可能是每一种类型数据源分别支持同一个知识或智慧的某一个或几个侧面。所谓的“速度快”是指处理数据的速度要求足够快。只有快速处理的数据才能满足大数据时代数据的产生和变化的需要。所谓的“容量大”，一般数据量级已从TB跃升至PB乃至ZB。所谓的“价值高”是指数据本身就是资产，运用科技手段对大量的、随机的、模糊的及不完全的可用数据进行筛选、融合分析，可以挖掘出许多有用的知识、关系、模式，用于新的知识服务方式，从而创造新的更大的价值[5]。所谓的“复杂性加大”，是由于数据量大、数据机构复杂性和需求高几个方面决定的，相对于前期的数据挖掘阶段，大数据阶段的数据挖掘更加复杂。

大数据的“数据”不仅仅是数据存储，更重要的是数据获取与数据应用[6]。随着信息技术的发展，信息数据越来越多，数据容量越来越大，而云计算的出现使得信息数据的存储、计算并不成为信息数据存储的障碍，故此，大数据技术更应多的关注数据的获取和应用。

无论高校图书馆还是公共图书馆，都可以通过数据分析、数据挖掘等方法对数据进行分析和挖掘，快速有效地评估图书馆各种资源的使用情况，并且通过对读者平日使用资源日志及阅读偏好的收集，预测读者最可能关注的热点和动态，为有效评估图书馆已有文献的质量以及读者的潜在需求提供数据支持[7]，量体裁衣地为读者提供优质服务，同时利用读者不断增长的个性化信息需求完善高校图书馆的服务[8]。

图书馆在利用大数据技术时，面对不断产生并膨胀的数据统计分析、可视化展示、趋势预测等需求，通过利用数据交换、数据挖掘、云计算、数据库技术和信息系统的协同，可构建起图书馆数据分析与监控系统，在积累了大量实际应用经验的同时，分析各类大数据技术在图书馆的基本应用、拓展应用以及未来发展趋势，形成具有较强借鉴和参考作用的研究成果，助力图书馆构建大数据综合应用平台，推进图书馆向智能化、智慧型方向发展[9]。

因此，深刻理解大数据的内涵，以及了解和熟悉大数据及相关技术，根据图书馆自身的发展及其现阶段数据储存、分析、挖掘的现状，和未来发展的规划或设想，以及大数据时代本馆用户对信息资源的利用需求，对如何利用大数据进行全面的、系统的分析和论证将显得非常重要。

6.2　Hadoop 及相关平台

6.2.1　Hadoop 平台

Apache Hadoop 是一种可靠的、可扩展的分布式计算的开源软件，主要是针对大规模分布式数据而开发的软件框架，目前已经成为企业管理大数据的基础支撑技术。Hadoop 是解决企业数据中心大数据存储、大规模数据计算、快速数据分析的优秀基础数据平台。

据其官网介绍，Apache Hadoop 软件库是一个框架，允许使用简单的编程模型，跨计算机集群分布式处理大型数据集。它旨在从单个计算机扩展到数千台计算机，每台计算机都提供本地计算和存储。该库本身不是依靠硬件来提供高可用性，而是设计用于检测和处理应用层的故障，从而在计算机集群之上提供高可用性服务。该项目包括以下模块：Hadoop Common、HDFS、YARN、MapReduce、Hadoop Ozone、Hadoop Submarine 等。

1. Hadoop Common

Hadoop Common 提供一系列组件和接口，用于分布式文件系统和通用 I/O，支持其他 Hadoop 模块的常用实用程序。

2. HDFS

据其官网介绍，HDFS（Hadoop Distributed File System，分布式文件系统）是 Hadoop 应用程序使用的主要分布式存储。HDFS 集群主要由管理文件系统元数据的 Name Node 和存储实际数据的 Data Node 组成。HDFS 架构图描述了 Name Node、Data Node 和客户端之间的基本交互。客户端联系 Name Node 以获取文件元数据或文件修改，并直接使用 Data Node 执行实际文件 I/O。

HDFS 具有以下一些显著特征：Hadoop（包括 HDFS）非常适合使用商用硬件进行分布式存储和分布式处理，具有容错性、可扩展性和扩展性，非常简单；HDFS 具有高度可配置性，其默认配置非常适合许多安装；大多数情况下，只需要针对非常大的集群调整配置；Hadoop 是用 Java 编写的，并且在所有主要平台上都受支持；Hadoop 支持类似 shell 的命令直接与 HDFS 交互；Name Node 和 Data Node 内置了 Web 服务器，可以轻松检查群集的当前状态。

Name Node 将对文件系统的修改存储为附加到本机文件系统文件的日志进行编辑。由于 Name Node 仅在启动期间合并 fsimage 和编辑文件，因此编辑日志文件可能会在繁忙的群集上随着时间的推移而变得非常大。较大的编辑文件的另一个副作用是下次重新启动 NameNode 需要更长的时间。有了 Secondary Name Node，就可以定期合并 fsimage 和编辑日志文件，并使编辑日志大小保持在限制范围内。它通常在与主 Name Node 不同的机器上运行，因为它的内存要求与主 Name Node 的顺序相同。

Hadoop 目前可在具有数千个节点的集群上运行。HDFS 为每个群集都有一个 Name Node。Name Node 上可用的总内存是主要的可扩展性限制。在非常大的群集上，增加存储在 HDFS 中的文件的平均大小有助于增加群集大小，而不会增加 Name Node 的内存要求。

3. Map Reduce

据其官网介绍，Hadoop Map Reduce 是一个软件框架，用于轻松编写应用程序，以可靠、容错的方式在大型集群（数千个节点）的商用硬件上并行处理大量数据（多是 TB 级别的数据集）。

Map Reduce 作业通常将输入数据集拆分为独立的块，这些块由 map（映射）任务以完全并行的方式处理。框架对 map 的输出进行排序，然后输入到 reduce（归约）任务。通常，作业的输入和输出都存储在文件系统中。该框架负责调度任务，监视任务并重新执行失败的任务。

通常，计算节点和存储节点是相同的，即 Map Reduce 框架和 Hadoop 分布式文件系统在同一组节点上运行。Map Reduce 框架由每个集群节点的单个主 Job Tracker 和一个从属 Task Tracker 组成。主服务器负责在从服务器上调度作业的组件任务，监视它们并重新执行失败的任务。从属服务器按照主服务器的指示执行任务。尽管 Hadoop 框架是在 Java 中实现的，但 Map Reduce 应用程序不需要用 Java 编写。

Hadoop Streaming 是一个实用程序，它允许用户使用任何可执行文件（例如 shell 实用程序）作为映射器和 / 或 reducer 创建并运行作业。Hadoop Pipes 是一个 SWIG 兼容的 C++API，用于实现 Map Reduce 应用程序。

HDFS 和 Map Reduce 是 Hadoop 的两大核心，整个 Hadoop 的体系结构主要是通过 HDFS 实现分布式存储的底层支持的，并且通过 Map Reduce 来实现分布式并行任务处理的程序支持。HDFS 采用了主从结构模型，HDFS 集群是由一个 Name Node 和若干个 Data Node 组成的，Name Node 管理文件系统的命名空间和客户端对文件的访问操作；Data Node 管理存储的数据。Map Reduce 框架是由一个单独运行在主节点的 Job Tracker 和运行在每个集群从节点的 Task Tracker 共同组成的。Job Tracker 负责调度构成一个作业的所有任务，从节点仅负责由主节点指派的任务。当一个 job 被提交时，Job Tracker 接收到提交作业和其配置信息之后，就会将配置信息等分发给从节点，同时调度任务并监控 Task Tracker 的执行[10]。

4. YARN

据其官网介绍，Apache Hadoop YARN（Yet Another Resource Negotiator）的基本思想是将资源管理和作业调度/监视的功能分解为单独的守护进程。其想法是拥有一个全局的 Resource Manager（RM）和每个应用程序的 Application Master（AM）。应用程序可以是单个作业，也可以是作业的 DAG（Directed Acyclic Graph，有向无环图）。

Resource Manager 和 Node Manager 构成了数据计算框架。Resource Manager 在系统中的所有应用程序之间拥有仲裁资源的最终权限。Node Manager 是每台机器框架代理，负责容器、监视其资源使用情况（CPU、内存、磁盘、网络）并将其报告给 Resource Manager/Scheduler。

每个应用程序 Application Master 实际上是一个特定于框架的库，其任务是协调来自 Resource Manager 的资源，并与 Node Manager 一起执行和监视任务。

YARN 是下一代的 Map Reduce，即 MRv2，是在第一代 Map Reduce 基础上演变而来的，主要是为了解决原始 Hadoop 扩展性较差，不支持多计算框架而提出的。

5. Hadoop Ozone

据其官网介绍，Ozone 是 Hadoop 的可扩展、冗余和分布式对象存储。除了扩展到数十亿不同大小的 object 外，Ozone 还可以在 Kubernetes 和 YARN 等集成化环境中有效发挥作用。

Ozone 建立在一个高度可用的、可复制的块存储层上，这个层被称为 Hadoop 分布式数据存储（HDDS）。使用 Apache Spark、YARN 和 Hive 等框架的应用程序本地工作，无须任何修改。

6. Hadoop Submarine

为了使分布式深度学习/机器学习应用程序易于启动、管理和监控，Hadoop 社区启动了 Submarine 项目以及其他改进，例如一流的 GPU 支持、Docker 容器支持、容器 DNS 支持、调度改进等。这些改进使得在 Apache Hadoop YARN 上运行的分布式深度学习/机器学习应用程序就像在本地运行一样简单，可以让机器学习工程师专注于算法，而不是担心底层基础架构[11]。

Submarine 项目有两个部分：Submarine 计算引擎和一套集成 Submarine 的生态系统软件和工具。

（1）Submarine 计算引擎。通过命令行向 YARN 提交定制的深度学习应用程序（如 Tensorflow、Pytorch 等）。这些应用程序与 YARN 上的其他应用程序并行运行，例如 Apache Spark、Hadoop Map Reduce 等。

（2）Submarine 的生态系统软件和工具。Submarine-Zeppelin integration，允许数据科学家在 Zeppelin 的 notebook 中编写算法和调参进行可视化输出，并直接从 notebook 提交和管理机器学习的训练工作；Submarine-Azkaban integration，允许数据科学家从 Zeppelin 的 notebook 中直接向 Azkaban 提交一组具有依赖关系的任务，组成工作流进行周期性调度；Submarine-installer，在服务器环境中安装 Submarine 和 YARN，轻松解决 Docker、Parallel network 和 Nvidia 驱动的安装部署难题，可以更轻松地尝试强大的工具集。

6.2.2 Hadoop 相关发行版本

基于 Hadoop 技术或理念，一些厂商或组织发行了一些其他版本，比如 Cloudera、Hortonworks、MapR、EMR、FusionInsight、腾讯慧聚、DKHadoop、Transwarp DataHub 等。

1. Cloudera

Cloudera 的 CDH（Cloudera's Distribution Including Apache Hadoop）被认为最成型的发行版本，拥有最多的部署案例，可提供强大的部署、管理和监控工具。Cloudera 开发并贡献了可实时处理大数据的 Impala 项目。

CDH 提供了 Hadoop 的核心元素——可扩展的存储和分布式计算，以及基于 Web 的用户界面和重要的企业功能。CDH 是 Apache 许可的开放源码，是唯一提供统一批处理、交互式 SQL 和交互式搜索以及基于角色访问控制的 Hadoop 解决方案[12]。

据其官网介绍，Cloudera 企业数据中心（Cloudera Enterprise）提供了统一的平台，来解决数据仓库、数据科学、数据工程、搜索以及流媒体和实时分析等问题的可能性。

Cloudera 通过无数独特的创新、增强、降低风险和集中化来策划和扩展开源核心，以满足用户对业务关键型企业的需求。借助 Cloudera 共享数据体验（SDX），用户可以将其选择的分析数据添加到数据中，使用统一的目录桥接最复杂的环境并确保一致的安全性和细粒度治理。同时支持混合云和多云环境组合。

最新版本的 Cloudera Enterprise 6.1.0 是针对云优化的机器学习和分析的现代平台。此版本提供了多项新功能，改进了可用性和更好的性能。

在数据工程方面，Cloudera Enterprise 6.1 现在支持 Spark Structured Streaming，并以大约 100ms 的增量启用微批处理，使得可以在几秒内以摄取方式查询 Cloudera 平台中的延迟。

结构化流式传输通过将相同的 Spark Session API（数据框架和数据集 API）引入流数据，简化了传统的 Spark Streaming 功能，从而可以使用类似 SQL 的 API 在批处理和流处理中使用相同的代码。

将 Spark Structured Streaming 与 HBase 结合使用时，可以实现秒延迟为业务应用程序提供数据，从而为应用程序提供前所未有的响应实时数据的能力。

在存储方面，现在支持 HDFS 的 Erasurecoding。从 Cloudera Enterprise 6.1 开始，Hive、MapReduce、Spark、BDR 和 Navigator 将能够与 Erasure Coded 数据进行交互。HDFS Erasure coding 使用的磁盘可减少 50%，也不会影响弹性。

在数据仓库和SQL方面，Cloudera继续使用Impala扩展SQL支持。Cloudera Enterprise 6.1在单个查询中包含对“精确多个COUNT（DISTINCT<expr>）”的支持，允许运行更复杂的数据仓库查询，降低了查询后数据处理和分析的复杂性。

在平台支持与安全方面，除了 Oracle 的 JDK 之外，Cloudera 现在还支持使用 Open JDK 8 进行部署，支持 AWS CloudHSM for HDFS 加密。

在云编排方面，Cloudera 继续加强对云的支持。在 6.1 版本中，Cloudera Altus Director 增强了对安全环境的代理支持，增强了脚本的功能，包括预终止脚本和 Google Cloud 子网支持。

2. Hortonworks

据其官网介绍，Hortonworks 数据平台 HDP（Hortonworks Data Platform）可

帮助企业从结构化和非结构化数据中获得洞察力。它是用于分布式存储和处理大型多源数据集的开源框架。HDP 使 IT 基础架构现代化，并使数据在云或本地保持安全。

HDP 支持灵活的应用程序部署、机器学习和深度学习工作负载、实时数据仓库以及安全性和治理。它是静态数据的现代数据架构的关键组成部分。

HDP 具有如下优点：

（1）更快：以更低的成本提供灵活的部署时间。

基于容器的服务可以在几分钟内构建和部署应用程序。容器化使运行多个版本的应用程序成为可能，允许用户快速创建新功能，开发和测试新版本的服务，而不会中断旧版本。HDP 还支持 Docker 容器和本机 YARN 容器中的第三方应用程序。

（2）更智能：加快时间，获得更明智的决策。

HDP 为支持 Apache Hadoop 集群中的 GPU 提供了基础，增强了数据科学和 AI 实例所需的计算性能。它支持 GPU 池，以便与更多工作负载共享 GPU 资源，从而实现成本效益。它还支持 GPU 隔离，将 GPU 专用于某个应用程序，以便其他应用程序无法访问该 GPU。

HDP 包括一个容器化的 Tensor Flow 技术预览，结合 GPU 池为深度学习模型提供更容易的设计、构建和培训。

（3）混合：通往所有云层的最快途径。

HDP 可以自由地在混合和多云环境中部署大数据工作负载，而无须将供应商锁定到特定的云架构。客户能够在任何云设置中无缝地创建和管理大数据集群。HDP 与云无关，可自动配置以简化大数据部署，同时优化云资源的使用。

（4）实时数据库：跨历史和实时查询的一个 SQL 界面。

HDP 包括改进的查询性能，专注于更快的查询。Hive LLAP（LowLatency Analytical Processing）是最快的 Apache Hive 引擎，可在多租户环境中运行，不会造成资源竞争。此集成极大地加速了商业智能方案中常用的查询，例如连接和聚合查询。除了查询优化之外，Hive 还允许创建资源池，以实现细粒度的资源分配。

默认情况下，HDP 启用 ACID 事务，使 Hive 表中的更新更容易。Hive 作为实时数据库，消除了低延迟和高吞吐量工作负载之间的性能差距，从而以更快的速度处理更多数据。

（5）可信：用于安全和治理的企业级访问控制和元数据。

HDP 继续提供全面的安全和治理。HDP 的安全性分层集成，包括身份验证、授权、责任和数据保护功能。安全性和治理的集成允许安全专业人员设置基于分类的安全策略。此外，数据治理工具使组织能够在整个数据生态系统中应用一致的数据分类。允许对事件的审核变得更加细致和详细，使审核员更容易完成工作。

2018 年 10 月，两大数据平台 Cloudera 和 Hortonworks 宣布合并，打算创建世界领先数据平台[13]。

3. MapR

据其官网介绍，MapR 加速了计算和存储的分离，最新版本与 Kubernetes 集成，以更好地管理当今的突发性和不可预测的 AI/ML（机器学习）工作负载。

MapR 通过以下关键功能加速计算和存储的分离：处理计算突发和典型的 AI/ML 工作负载，通过转移其他计算容器而无须添加更多物理主机服务器。可在多云环境中部署 Spark 和 Drill 容器应用程序，包括私有云、混合云和公共云。可在同一平台上运行不同版本的 Spark 和 Drill，促进数据工程师工作流程中典型的开发、测试和质量保证多个阶段正常进行。通过设置对配额的精细限制，并通过使用 Spark 作业运算符创建不同的 Spark 集群来隔离资源，防止应用程序相互隔离资源。

4. Amazon Elastic Map Reduce

据其官网介绍，Amazon Elastic Map Reduce（EMR）提供的托管 Hadoop 框架可以快速、轻松、经济高效地在多个动态可扩展的 Amazon EC2 实例中处理大量数据，还可以运行其他常用的分布式框架（例如 EMR 中的 Apache Spark、HBase、Presto 和 Flink），以及与其他 AWS 数据存储服务（例如 AmazonS3 和 Amazon Dynamo DB）中的数据进行交互。EMR Notebooks 基于 Jupyter Notebook，可为即时查询和探索性分析提供开发和协作环境。

EMR 能够安全可靠地处理广泛的大数据使用实例，包括日志分析、Web 索引、数据转换（ETL）、机器学习、财务分析、科学模拟和生物信息。

5. FusionInsight

华为 FusionInsight 大数据平台是集 Hadoop 生态发行版、大规模并行处理数据库、大数据云服务于一体的融合数据处理与服务平台，拥有端到端全生命周期的解决方案能力。除了提供包括批处理、内存计算、流计算和 MPPDB（Massively Parallel Processing Database，大规模并行处理数据库）在内的全方位数据处理能力外，还提供数据分析挖掘平台、数据服务平台，帮助用户实现从数据到知识，从知识到智慧的转换，进而帮助用户从海量数据中挖掘数据价值[14]。

据其官方网站，FusionInsight 包括 FusionInsight HD 和 FusionInsight Stream 两个组件：FusionInsight HD 包含了开放社区的主要软件及其生态圈中的主流组件，并进行了大量优化，让企业可以从各类繁杂无序的海量数据中洞察商机；FusionInsight Stream 是 FusionInsight 大数据分析平台中的实时数据处理引擎，以事件驱动模式处理实时数据的大数据技术，解决高速事件流的实时计算问题[15]。

FusionInsight 具有如下特点：敏捷，全面优化的大数据平台，实现海量数据快速处理；智慧，超百万维度的建模框架，精准洞察用户的行为与特征；可信，金融级可信解决方案，有效支撑企业级核心业务的数据处理。

6. 腾讯慧聚

据其官网介绍，腾讯慧聚是基于腾讯多年的大数据平台建设经验和海量数据处理能力的政企大数据解决方案专家，提供大数据一站式平台 Dmaster、海量事务处理平台 Tbase、大数据实时接入平台 TDbank、大数据实时多维分析平台 Hermes、机器学习基础平台 TDinsight 等各类大数据平台产品，旨在慧聚数据之力，赋能智慧政企。

Dmaster 是结合开源 Hadoop 生态和而研制的组件服务，对外提供可靠、安全、易用的大数据处理平台。用户可以按需在公有云、私有云、非云化环境部署大数据处理服务以实现企业的大数据处理需求。

Tbase 是一款 MPP（大规模并行处理）数据库产品，采用 shared-nothing 的分布式架构并兼容优秀的开源 PostgreSQL 社区版本，具备业界先进的数据治理和数据安全特性，能够为业务提供有效的海量数据管理服务。

TDbank 主要负责数据的实时采集，分发以及配置管理工作，旨在统一数据入口，对外提供多样的数据接入方式，以及高效实时地分发数据。

Hermes 针对交互式海量数据分析需求而研发的数据多维分析平台。结合数据嵌套列存储、多维分析、全文检索、极速查询优化等技术，为用户提供高性能的用户画像和实时多维分析能力，以快速洞察海量数据价值。

TDinsight 提供一站式的机器学习平台，通过可视化的拖拽布局，组合各种数据源、组件、算法、模型和评估模块，支持各种主流的开源机器学习框架。覆盖特征工程、分类、聚类、回归、关联规则、时间序列等传统机器学习算法的同时，支持图算法、深度学习等更加丰富的算法库。

7. DKHadoop

DKH（DKHadoop）是一款国产大数据平台。据其官网介绍[16]，DKH 是为了打通大数据生态系统与传统非大数据公司之间的通道而设计的一站式搜索引擎级大数据通用计算平台。通过使用 DKH,可以轻松的跨越大数据的技术鸿沟，实现搜索引擎级的大数据平台性能。将大数据、搜索、分布式计算、内存计算、图计算、流计算、自然语言处理、机器学习等复杂的技术变成简单的接口和类库，底层技术从此触手可及。

DKH 有效的集成了整个 Hadoop 生态系统的全部组件，并深度优化，重新编译为一个完整的更高性能的大数据通用计算平台，实现了各部件的有机协调。因此 DKH 相比开源的大数据平台，在计算性能上有了高达 5 倍（最大）的性能提升。

DKH 更是通过独有的中间件技术，将复杂的大数据集群配置简化至三种节点（主节点、管理节点、计算节点），极大地简化了集群的管理运维，增强了集群的高可用性、高可维护性、高稳定性。

8. Transwarp Data Hub

Transwarp Data Hub（简称 TDH）是国内研发的企业级大数据平台。据其官网介绍[17]，TDH 主要提供 5 款核心产品：大数据分析数据库 Transwarp Inceptor，实时计算引擎 Transwarp Slipstream，数据挖掘工具 Transwarp Discover，NoSQL 数据库 Transwarp Hyperbase，企业搜索引擎 Transwarp Search，通过部署、安装、使用 TDH，企业能够更有效地利用数据构建核心商业系统，加速商业创新。

其中 Transwarp Inceptor 是用于数据仓库和交互式分析的大数据平台软件，它基于 Hadoop 和 Spark 技术平台打造[18]。

6.3　大数据技术图谱

Hadoop 解决了大数据（大到一台计算机无法进行存储，一台计算机无法在要求的时间内进行处理）的可靠存储和处理。但是，其核心部件 MapRecue 存在以下局限，使用起来比较困难[19]。

（1）由于其抽象层次低，需要手工编写代码来完成，初级者上手不易。

（2）只提供 Map 和 Reduce 两个操作，表达力欠缺。

（3）一个 Job 只有 Map 和 Reduce 两个阶段，而复杂的计算需要大量的 Job 完成，Job 之间的依赖关系是由开发者自己管理的，使用和管理起来比较复杂。

（4）处理逻辑隐藏在代码细节中，不容易读懂，对使用者要求较高。

（5）中间结果也放在 HDFS 文件系统中。

（6）Reduce Task 需要等待所有 Map Task 都完成后才可以开始，不能并行。

（7）时延高，只适用 Batch 数据处理，对于交互式数据处理，实时数据处理的支持不够。

（8）对于迭代式数据处理性能比较差。

由此，Hadoop 的其他相关项目也就随之诞生，并和 Hadoop 兼容互补，进而这些相关项目也如火如荼的开展起来了。

本节从数据采集和传输、消息系统、文件系统、内存技术、存储和数据库系统、数据计算与处理、查询引擎、分布式资源调度、机器学习、分析和报告工具、其他相关技术等方面对大数据相关技术进行论述。需要指出的是，有些软件或平台可能不仅仅属于本节所列属的类别，由于其功能众多，还可能属于其他类别。

6.3.1　数据采集和传输

本节主要介绍 Sqoop、Flume、Logstash、Chukwa、Avro、Fluentd、Splunk 等数据采集和传输工具。

1. Sqoop

据其官网介绍，Apache Sqoop 是一种用于在 Apache Hadoop 和结构化数据存储（如关系数据库）之间高效传输批量数据的工具。使用 Sqoop 可将数据从外部结构化数据存储导入 Hadoop 分布式文件系统，或 Hive 和 HBase 等相关系统。相反，Sqoop 可用于从 Hadoop 中提取数据并将其导出到外部结构化数据存储区，例如关系数据库和企业数据仓库。

Sqoop 底层用 Map Reduce 程序实现抽取、转换、加载，Map Reduce 天生的特性保证了并行化和高容错率，而且相比 Kettle 等传统 ETL 工具，Sqoop 任务跑在 Hadoop 集群上，减少了 ETL 服务器资源的使用。在特定场景下，抽取过程会有很大的性能提升[20]。

2. Flume

据其官网介绍，Apache Flume 是一个分布式的、可靠的且可用的系统，用于有效地从许多不同的源收集、聚合和移动大量日志数据到集中式数据存储。

Apache Flume 的使用不仅限于日志数据聚合。由于数据源是可定制的，因此 Flume 可用于传输大量事件数据，包括但不限于网络流量数据、社交媒体生成的数据、电子邮件消息以及几乎任何可能的其他数据源。

它具有基于流数据流的简单灵活的架构、可靠性机制和许多故障转移和恢复机制，以及强大的容错性。它使用简单的可扩展数据模型，允许在线分析应用程序。

3. Logstash

据其官网介绍，Logstash 是开源的服务器端数据处理管道，能够同时从多个来源采集数据、转换数据，然后将数据发送到用户指定的“存储库”中。Logstash 支持各种输入选择，可以在同一时间从众多常用来源捕捉事件。能够以连续的流式传输方式，轻松地从日志、指标、Web 应用、数据存储以及各种 AWS 服务采集数据。

数据从源传输到存储库的过程中，Logstash 过滤器能够解析各个事件，识别已命名的字段以构建结构，并将它们转换成通用格式，以便更轻松、更快速地分析和实现商业价值。

尽管 Elasticsearch 是 Logstash 首选输出方向，能够为搜索和分析带来无限可能，但它并非唯一选择。Logstash 提供众多输出选择，用户可以将数据发送到其要指定的地方。

4. Chukwa

Chukwa 用于管理大型分布式系统的数据收集系统。

Hadoop 的 MapReduce 最初用于日志处理，随着集群日志不断地增加，生成大量的小文件，而 MapReduce 具有处理少量大文件的优势。Chukwa 弥补了这一缺陷，同时具有高可靠性。Chukwa 由 Yahoo 开发，是基于 Hadoop 的大集群分布式监控系统，是 Hadoop 软件家族成员之一，以 HDFS 为存储层，MapReduce 为计算模型，Pig 作为其高层处理语言，采用流水式处理方式和模块化结构的收集系统。Chukwa 的系统开销非常小，不到整个集群资源的 5%[21]。

5. Avro

据其官网介绍，Apache Avro 是一个数据序列化系统，设计用于支持大批量数据交换的应用。Avro 提供丰富的数据结构，快速可压缩的二进制数据形式，存储持久数据的文件容器，远程过程调用 RPC（Remote Procedure Call）等。

主要特点有：支持二进制序列化方式，可以便捷、快速地处理大量数据；动态语言友好，Avro 提供的机制使动态语言可以方便地处理 Avro 数据。

Avro 依赖模式（Schema）用来实现数据结构定义。可以把模式理解为 Java 的类，它定义每个实例的结构，可以包含哪些属性。Avro 的模式主要由 JSON（JavaScript Object Notation，JS 对象简谱）对象来表示，它可能会有一些特定的属性，用来描述某种类型（Type）的不同形式[22]。

6. Fluentd

据其官网介绍，Fluentd 是一个开源数据收集器，允许用户统一数据收集，以便更好地使用和理解数据。Fluentd 尝试尽可能地将数据结构化为 JSON：这需要 Fluentd 统一处理日志数据的收集、过滤、缓冲和跨多个源和目标（统一日志层）输出日志。使用 JSON 可以更轻松地进行下游数据处理，因为它具有足够多的结构，可以在保留灵活模式的同时进行访问。

7. Splunk

据其官网介绍，Splunk Enterprise 便于收集、分析和操作技术基础设施、查看安全系统和业务应用的大数据中未开发的价值，并将数据分析结果可视化，为用户提供驱动运维性能和业务结果的见解。对任何机器数据，在下载数据可视化工具后，可收集来自任意来源的日志以及机器数据并为其建立索引。并可将机器数据和相关的数据库、数据仓库、Hadoop 以及 NoSQL 数据存储联系起来。支持每日 TB 级数据的多站点群集和自动加载均衡范围，优化反应时间并提供连续的可用性。开发者可以建立自定义 Splunk 应用程序或将 Splunk 数据集成到其他应用程序中。

6.3.2 消息系统

消息中间件主要是用于分布式系统中解耦、异步消息、流量削锋、日志处理等场景。主要具有以下优势：削峰填谷，主要解决瞬时写压力大于应用服务能力而导致消息丢失、系统崩溃等问题；系统解耦，解决不同重要程度、不同能力级别系统之间互相依赖导致一死全死问题；提升性能，当存在一对多调用时，可以发一条消息给消息系统，让消息系统通知相关系统；蓄流压测，线上有些链路不好压测，可以通过堆积一定量消息再放开来压测[23]。

现在常用的有 ActiveMQ、RabbitMQ、Kafka、RocketMQ 等消息系统。

1. ActiveMQ

据其官网介绍，Apache ActiveMQ 是一款功能强大的开源消息传递和整合模式服务产品。并具有如下特征：支持 Java、C、C++、C #、Ruby、Perl、Python、PHP 等各种跨语言客户端和协议；完全支持 JMS 客户端和 Message Broker 中的企业集成模式；支持许多高级功能，如消息组、虚拟目标、通配符和复合目标；完全支持 JMS1.1 和 J2EE1.4，支持瞬态、持久、事务和 XA 消息传递；等等。XA 是由 X/Open 组织提出的两阶段提交协议、分布式事务的规范。

2. RabbitMQ

据其官网介绍，Apache RabbitMQ 是一个受欢迎的消息代理系统，通常用于应用程序之间或者程序的不同组件之间通过消息来进行集成的情景。它支持多种消息传递协议、消息队列、传递确认、灵活路由到队列、多种交换类型；可与 BOSH、Chef、Docker 和 Puppet 一起部署。用户可以使用自己喜欢的编程语言开发跨语言消息，例如：Java、.NET、PHP、Python、JavaScript、Ruby、Go 等；可部署为集群以实现高可用性和高吞吐量等。

3. Kafka

据其官网介绍，Apache Kafka 是一个分布式流媒体平台。流媒体平台有三个关键功能：发布和订阅记录流，类似于消息队列或企业消息传递系统；以容错的持久方式存储记录流；处理记录发生时的数据流。

Kafka 通常用于两大类应用：构建可在系统或应用程序之间可靠获取数据的实时流数据管道；构建转换或响应数据流的实时流应用程序。

Kafka 作为一个集群运行在一个或多个可跨多个数据中心的服务器上。Kafka 集群以称为主题的类别存储来记录流。每条记录由一个键、一个值和一个时间戳组成。

4. RocketMQ

Apache RocketMQ 是一款开源的、分布式消息传递和流数据平台。

RocketMQ 相比于 RabbitMQ、Kafka 具有主要优势特性有：支持事务型消息（消息发送和数据库操作保持两方的最终一致性，RabbitMQ 和 Kafka 不支持）；支持结合 RocketMQ 的多个系统之间数据最终一致性（多方事务，二方事务是前提）；支持 18 个级别的延迟消息（RabbitMQ 和 Kafka 不支持）；支持指定次数和时间间隔的失败消息重发（Kafka 不支持，RabbitMQ 需要手动确认）；支持 consumer 端 tag 过滤，减少不必要的网络传输（RabbitMQ 和 Kafka 不支持）；支持重复消费（RabbitMQ 不支持，Kafka 支持）[23]。

6.3.3　文件系统

除了 HDFS 文件系统以外，还有：GlusterFS、Ceph、Kudu 等文件系统。

1. GlusterFS

据其官网介绍，RedHat 的 Gluster 是一个开源的、可扩展的网络文件系统。使用常见的现成硬件，可以为媒体流、数据分析以及其他数据和带宽密集型任务创建大型分布式存储解决方案。适用于云存储和媒体流等数据密集型任务。

2. Ceph

Linux 中备受关注的开源分布式存储系统，除了 GlusterFS，当属 Ceph。目前 Ceph 已经成为 RedHat 旗下重要的分布式存储产品，并继续开源。

据其官网介绍，Ceph 存储集群至少需要一个 Ceph Monitor、Ceph Manager

和 Ceph OSD（对象存储守护进程）。运行 Ceph Filesystem 客户端时也需要 Ceph 元数据服务器。Ceph 将数据存储为逻辑存储池中的对象。使用 CRUSH 算法，Ceph 计算应该包含对象的放置组，并进一步计算哪个 Ceph OSD 守护进程应该存储放置组。CRUSH 算法使 Ceph 存储集群能够动态扩展，重新平衡和恢复。

3. Kudu

Kudu 是 Cloudera 开源的、运行在 Hadoop 平台上的列式存储系统，拥有 Hadoop 生态系统应用的常见技术特性，可运行在一般的商用硬件上，支持水平扩展和高可用，目前是 Apache Hadoop 生态圈的新成员之一。Kudu 整体应用模式和 HBase 比较接近，即支持行级别的随机读写，并支持批量顺序检索功能。

Kudu 的设计与众不同，它定位于应对快速变化数据的快速分析型数据仓库，希望靠系统自身能力，支撑起同时需要高吞吐率的顺序和随机读写的应用场景，提供一个介于 HDFS 和 HBase 的性能特点之间的一个系统，在随机读写和批量扫描之间找到一个平衡点，并保障稳定可预测的响应延迟。可与 MapReduce、Spark 和其他 Hadoop 生态系统集成[24]。

6.3.4 内存技术

本节介绍大数据的内存技术：Alluxio、Redis、Ignite。

1. Alluxio

据其官网介绍，Alluxio（以前称为 Tachyon）是开源的，以内存为中心的分布式存储系统，使任何应用程序都能以内存速度与来自任何存储系统的任何数据进行交互。Alluxio 主要有两大功能，一是提供一个文件系统层的抽象，统一文件系统接口，桥接储存系统和计算框架；二是通过内存实现对远程数据的加速访问。

在文件统一存储和抽象方面，Alluxio 统一了对不同系统的数据访问，并无缝地桥接计算框架和底层存储。Alluxio 通过其统一的命名空间功能，有助于访问不同的系统，并无缝地桥接计算框架和底层存储。应用程序只需与 Alluxio 交互即可访问存储在任何底层存储系统中的数据。Alluxio 充当“虚拟数据湖”，提供来自不同数据源的所有数据的聚合视图，同时不创建该数据的永久副本。

远程数据加速访问方面，在不损失性能的情况下对计算和存储进行分离。

当 Alluxio 与计算节点一起部署时，Alluxio 通过缓存来实现这一目标。应用程序和计算框架通过 Alluxio 发送请求，Alluxio 又从远程存储中获取数据。

2. Redis

据其官网介绍，Redis 是一个开源的、内存数据结构存储，用作数据库、缓存和消息代理。它支持数据结构，如字符串、散列、列表、集合、带有范围查询的排序集、位图、超级日志，具有半径查询和流的地理空间索引。

Redis 使用内存数据集。根据使用情况，用户可以通过每隔一段时间将数据集转储到磁盘或通过将每个命令附加到日志来保留数据。

Redis 还支持简单到设置的主从异步复制，具有非常快速的非阻塞第一次同步，自动重新连接以及在网络分割上的部分重新同步。

3. Ignite

据其官网介绍，Apache Ignite 是以内存为中心的分布式数据库、缓存和处理平台，用于事务、分析和流式工作负载，以 PB 级的速度提供内存速度。

Ignite 是一个内存数据库，不完全是 SQL 数据库。尽管 Ignite 的行为与任何其他关系型 SQL 数据库的行为相同，但 Ignite 处理约束和索引的方式也存在差异。Ignite 支持主索引和辅助索引，但是，只能对主索引强制执行唯一性。Ignite 也不支持外键约束。与其他 NoSQL 数据库一样，Ignite 具有高可用性和水平可扩展性；但是，与其他 NoSQL 数据库不同是，Ignite 支持跨多个群集节点的 SQL 和 ACID 事务。关系数据库与 NoSQL 数据库主要区别如表 6–1 所示。

表 6–1　关系数据库与 NoSQL 数据库区别

关系数据库	NoSQL 数据库
支持强大的查询语言	支持非常简单的查询语言
具有固定的模式	无固定模式
遵循 ACID（原子性，一致性，隔离性和持久性）	只有“最终一致”
支持事务	不支持事务

NoSQL 数据库（Not only SQL）是一种数据库，它提供一种机制来存储和检索数据，而不是关系数据库中使用的表格关系。这些数据库是无架构的，支持简单的复制，并且可以处理大量的数据。NoSQL 数据库的主要目的在于：设计简单、水平缩放、更好地控制可用性。与关系数据库相比，NoSql 数据库使用不同的数据结构，它使 NoSQL 中的一些操作更快[25]。

从上述分析可知，Alluxio、Redis、Ignite 主要都是通过内存来实现加速的。

6.3.5 存储和数据库系统

1. Cassandra

Apache Cassandra 是一个高度可扩展的高性能分布式数据库，用于处理大量商用服务器上的大量数据，提供高可用性，无单点故障。这也是一种 NoSQL 类型的数据库。可提供高可用性且无单点故障，用于管理遍布各处的大量结构化数据[25]。

Cassandra 的主要特点就是它不是一个单个的数据库，而是由一堆数据库节点共同构成的一个分布式网络服务，对 Cassandra 的一个写操作，会被复制到其他节点上去，对 Cassandra 的读操作，也会被路由到某个节点上面去读取[26]。

2. MongoDB

据其官网介绍，MongoDB 是一种文档数据库，具有用户所需的可查询性和索引所需的可伸缩性和灵活性。MongoDB 将数据存储在灵活的类似 JSON 的文档中，并且数据结构可能会随时间而变化；文档模型映射到应用程序代码中的对象，使数据易于使用；随时查询、索引和实时聚合提供了访问和分析数据的强大方法；MongoDB 是一个分布式数据库，内置了高可用性、水平扩展和地理分布，并且易于使用；MongoDB 可以免费使用。

MongoDB 可用于各种规模的企业、各个行业以及各类应用程序的开源数据库。作为一个适用于敏捷开发的数据库，MongoDB 的数据模式可以随着应用程序的发展而灵活地更新。与此同时，它也为开发人员提供了传统数据库的功能：二级索引、完整的查询系统以及严格一致性等。

3. BigTable

Google 的 BigTable 是一个分布式存储系统，它可以支持扩展到 PB 级别的数据，包含几千个商业服务器。

BigTable 达到了几个目标：广泛应用性、可扩展性、高性能和高可用性。Google 的 60 多款产品和项目都存储在 BigTable 中，包括 WEB 索引、Google Earth 和 Google Finance 等。这些产品使用 BigTable 来处理不同类型的工作负载，包括面向吞吐量的批处理作业以及对延迟敏感的终端用户数据服务。这些产品所使用的 BigTable 的簇，也涵盖了多种配置，数量从几个到几千个服务器，并且存储了几百 TB 的数据[27]。

4. HBase

据其官网介绍，Apache HBase 是 Hadoop 的数据库，是一个分布式、可扩展的大数据存储。HBase 适用于对大数据进行随机、实时读 / 写访问，其目标是支持托管非常大的表（数十亿行数百万列）在商品硬件集群上。HBase 是一个开源的、分布式的、版本化的非关系数据库，按 Google 的 Bigtable 理念进行设计，正如 Bigtable 利用 Google 文件系统提供的分布式数据存储一样。作为是一种 NoSQL 数据库，HBase 在 Hadoop 和 HDFS 之上提供类似 Bigtable 的功能。HBase 不同于一般的关系数据库，它是一个适合于非结构化数据存储的数据库。另一个不同的是 HBase 基于列的而不是基于行的模式。

HBase 并不适合所有问题。首先要确保有足够的数据。一般需要数亿或数十亿行，比较适合使用 HBase。其次，针对 RDBMS（Relational Database Management System，关系数据库管理系统）构建的应用程序无法通过简单地更改“移植”到 HBase。第三，确保有足够的硬件支撑。

5. TiDB

据其官网介绍，TiDB 是一款开源的、分布式关系型数据库，其定位于在线事务处理和在线分析处理融合型数据库产品。

TiDB 是一个分布式 NewSQL 数据库。它支持水平弹性扩展、ACID 事务、标准 SQL、MySQL 语法和 MySQL 协议，具有数据强一致的高可用特性，是一个不仅适合 OLTP 场景，还适合 OLAP 场景的混合数据库。

TiDB 是为云而设计的数据库，同 Kubernetes 深度耦合，支持公有云、私有云和混合云，使部署、配置和维护变得十分简单。

NewSQL 类型数据库的出现主要是因为 NoSQL 不能完全取代 RDBMS，而单机 RDBMS 无法满足性能需求，并且使用“单机 RDBMS+ 中间件”方式，在中间件层很难解决分布式事务、高可用问题。NewSQL 针对 OLTP 的读写，提供与 NoSQL 相同的可扩展性和性能，同时能支持满足 ACID 特性的事务，即保持 NoSQL 的高可扩展和高性能，并且保持关系模型[28]。

其他类似产品还有 Neo4j、Vertica、CouchDB、Dynamo、SimpleDB、Hypertable

等。

6.3.6 数据计算与处理

从某种层面来说，Hadoop 就是一种数据处理的开源框架，其他的数据计算和处理产品还有：

1. Spark

MapReduce 计算模型基于非循环的数据流模型，具有很好的容错性，也能很容易地访问集群中的计算资源，但是不能充分地利用分布式内存，导致了对那些重用中间结果的应用不是很有效。Spark 计算模型刚好解决了这些问题，并且能在 Hadoop 集群下部署，访问 HDFS 文件系统[29]。

Spark 的核心引擎被称之为 SparkRuntime，主要负责任务调度、资源管理、故障恢复、存储压缩及数据交互等，而 RDD 是其最关键的技术。Spark 将分布式内存抽象成弹性分布式数据集（Resilient Distributed Datasets，RDD）。RDD 支持基于工作集的应用，同时具有数据流模型的特点：自动容错、位置感知调度和可伸缩性。RDD 允许用户在执行多个查询时显式地将工作集缓存在内存中，以便后续的查询能够重用，这极大地提升了查询速度[29]。

Spark 中数据的输入和处理都使用 RDD 包装，是 Spark 的核心逻辑数据结构或编程模型。它将所有数据分区抽象为不同的 RDD 对象，然后根据对应和依赖关系计算出其他 RDD。一个完整的 Spark 执行过程核心步骤是将作业转换为多个 RDD 组成的 DAG,并分阶段进行 DAG 调度和任务的分布式并行处理[30]。

Spark 通过 Scala、Java、Python 和 R 等编程语言中的功能性 API 来提供 RDD 接口，用户通过对自己的数据申请转换操作（如 map、filter 和 groupBy 等）来创建 RDD[31]。

数据源进入 Spark 以后就会自动生成一个 DAG，它规定了各 RDD 之间的依存关系；再根据 DAG 的分析结果，Spark 将一个作业分成多个 Stage；然后 Stage 确定后会报告给对应的 TaskScheduler，由后者负责将这些任务一一分发到集群的各个节点 Executor。在 Spark 中，多个 DAG 可以并行运行，从而避免 MapReduce 的同步问题[30]。

Spark 用于 Hadoop 数据的快速通用计算引擎。Spark 提供了一种简单而富有表现力的编程模型，支持广泛的应用程序，包括 ETL、机器学习、流处理和图形计算。

2. Storm

据其官方介绍，Apache Storm 是一个免费的开源分布式实时计算系统。Storm 可以轻松可靠地处理无限数据流，实时处理 Hadoop 为批处理所做的工作。Storm 很简单，可以与任何编程语言一起使用。

Storm 有许多用例包括实时分析、在线机器学习、连续计算、分布式 RPC、ETL 等。Storm 速度也很快，一个基准测试表明每个节点每秒可处理超过一百万个元组。它具有可扩展性和容错性，可确保用户的数据得到及时处理，并且易于设置和操作。

Storm 集成了用户已经使用的排队和数据库技术。Storm 拓扑支持数据流并以任意复杂的方式处理这些流，并且可以在计算的每个阶段之间重新划分流。

3. Spark Streaming

据其官方介绍，Spark Streaming 是 Apache Spark 的一部分。因此，每个 Spark 版本都会对其进行测试和更新。Spark Streaming 将 Apache Spark 的语言集成 API 引入流处理，使用户可以像编写批处理作业一样编写流式作业，并且支持 Java、Scala 和 Python。Spark Streaming 将流式传输与批量和交互式查询相结合，允许用户重复使用相同的代码进行批处理，将流加入历史数据，或者在流状态下运行即时查询。可以构建强大的交互式应用程序，而不只是分析。Spark Streaming 可以从 HDFS、Flume、Kafka、Twitter 和 ZeroMQ 读取数据，另外用户还可以自定义数据源。

4. Flink

据其官方介绍，Apache Flink 是一个框架和分布式处理引擎，用于对无界和有界数据流进行状态计算。Flink 被设计为可在所有常见的集群环境中运行，并以内存速度和任何规模执行计算。

任何类型的数据都是作为事件流产生的。信用卡交易、传感器测量、机器日志、网站或移动应用程序上的用户交互，所有这些数据都作为流生成。

数据可以作为无界或有界流处理。无界流有一个开始但没有确定的结束，不会在生成时终止并提供数据。实际应用时，必须连续处理无界流，即必须在摄取事件后立即处理该事件。无法等待所有输入数据到达，因为输入是无界的，并且在任何时间点都不会完成。处理无界数据通常要求以特定顺序提取事件，例如事件发生的顺序，以便能够推断结果的完整性。

有界流具有确定的开始和结束。可以在执行任何计算之前通过提取所有数据来处理有界流。处理有界流不需要有序提取，因为可以始终对有界数据集进行排序。有界流的处理也称为批处理。

Apache Flink 擅长处理无界和有界数据集。精确控制时间和状态使 Flink 的运行时能够在无界流上运行任何类型的应用程序。有界流由算法和数据结构内部处理，这些算法和数据结构专门针对固定大小的数据集而设计，从而产生出色的性能。

Apache Flink 是一个分布式系统，需要计算资源才能执行应用程序。Flink 与所有常见的集群资源管理器（如 Hadoop YARN、Apache Mesos 和 Kubernetes）集成，但也可以设置为作为独立集群运行。Flink 可以很好地运作这些集群资源管理器。这是通过特定于资源管理器的部署模式实现的，这些模式允许 Flink 以其惯用方式与每个资源管理器进行交互。

部署 Flink 应用程序时，Flink 会根据应用程序配置的并行性自动识别所需资源，并且可以以任何规模运行应用程序。

其他类似产品还有 Kinesis、Trident、Samza、HaLoop 等。

6.3.7 查询引擎

本节介绍的查询引擎，包括 Hive、Impala、Pig、SparkSQL、Presto、Lucene、Tez 等。

1. Hive

据其官网介绍，Apache Hive 数据仓库软件有助于使用 SQL 读取、编写和管理驻留在分布式存储中的大型数据集。它可以将结构投影到已存储的数据中，并提供命令行工具和 JDBC 驱动程序以将用户连接到 Hive。

Hive 是一个构建在 Hadoop 上的数据仓库框架。Hive 的设计目标是让精通 SQL 技能但 Java 编程技能相对较弱的用户能对存放在 Hadoop 上的大规模数据执行查询。

Hive 的查询语言 HiveQL 是基于 SQL 的，任何熟悉 SQL 的人都可以轻松使用 HiveSQL 写查询。和 RDBMS 相同，Hive 要求所有数据必须存储在表中，而表必须有模式（Schema），且模式由 Hive 进行管理[24]。

2. Impala

据其官网介绍，Apache Impala 是 Apache Hadoop 的一个开源的、原生的分析数据库。Impala 为 Hadoop 上的 BI 分析查询提供低延迟和高并发性（不是由 Apache Hive 等批处理框架提供）。即使在多租户环境中,Impala 也可以线性扩展。利用与 Hadoop 部署相同的文件和数据格式以及元数据，实现安全性和资源管理框架——无冗余基础架构或数据转换 / 复制。对于 Apache Hive 用户，Impala 使用相同的元数据和 ODBC 驱动程序。与 Hive 一样，Impala 支持 SQL。

3. Pig

据其官网介绍，Apache Pig 是一个分析大型数据集的平台，它包含用于表述数据分析程序的高级语言，以及用于评估这些程序的基础结构。Pig 程序的显著特性是其结构适合于大量的并行化，能够处理非常大的数据集。

目前，Pig 的基础设施层由一个编译器组成，该编译器生成 Map-Reduce 程序序列，已经在大规模并行中实现。Pig 的语言层目前由一个名为 PigLatin 的文本语言组成，它具有以下关键属性：

（1）易于编程。实现简单，“令人尴尬的并行”数据分析任务的并行执行对 Pig 来说很容易实现。由多个相互关联的数据转换组成的复杂任务被明确编码为数据流序列，使其易于编写、理解和维护。

（2）优化机会。任务编码的方式允许系统自动优化其执行，允许用户专注于语义而不是效率。

（3）可扩展性。用户可以创建自己的功能来进行专用处理。

目前 Pig 有 6 种执行模式，分别是本地模式、Tez 本地模式（实验性的）、Spark 本地模式（实验性的）、MapReduce 模式、Tez 模式、Spark 模式。

4. SparkSQL

据其官网介绍，SparkSQL 是 Apache Spark 用于处理结构化数据的模块。将 SQL 查询与 Spark 程序实现无缝融合。

Spark SQL 允许使用 SQL 或熟悉的 DataFrame API 在 Spark 程序中查询结构

化数据。可用于 Java、Scala、Python 和 R。

通过 JDBC 或 ODBC，以相同的方式连接到任何数据源，从而实现统一数据访问。DataFrames 和 SQL 提供了访问各种数据源的常用方法，包括 Hive、Avro、Parquet、ORC、JSON 和 JDBC，甚至可以跨这些来源来添加数据。

5. Presto

据其官网介绍，FaceBook 的 Presto 是一个开源的分布式 SQL 查询引擎，用于针对各种大小的数据源运行交互式分析查询。

Presto 允许查询它所在的数据，包括 Hive、Cassandra、关系数据库甚至专有数据存储。单个 Presto 查询可以组合来自多个来源的数据，从而允许整个组织进行分析。

查询速度快是 Presto 的一个重要特点，其针对的是那些期望响应时间从亚秒级到分钟级不等的用户。Presto 打破了使用昂贵的商业解决方案进行快速分析或使用需要过多硬件的慢速“免费”解决方案之间的错误选择。

6. Lucene

据其官网介绍，Apache Lucene 项目开发的开源搜索软件包括：Lucene Core 子项目，提供基于 Java 的索引和搜索技术，并具有拼写检查、命中突出显示和高级分析 / 标记化功能。Solr 是一个使用 Lucene Core 构建的高性能搜索服务器，具有 XML/HTTP 和 JSON/Python/RubyAPI、突出显示、分面搜索、缓存、复制和 Web 管理界面等功能。PyLucene 是 Core 项目的 Python 端口。

7. Tez

Tez 是 Apache 支持 DAG 作业的开源计算框架，它可以将多个有依赖的作业转换为一个作业，从而大幅提升 DAG 作业的性能。Tez 并不直接面向最终用户，事实上它允许开发者为最终用户构建性能更快、扩展性更好的应用程序。Hadoop 传统上是一个大量数据批处理平台。但是，有很多用例需要近乎实时的查询处理性能。还有一些工作则不太适合 MapReduce，例如机器学习。Tez 的目的就是帮助 Hadoop 处理这些用例场景[32]。

Tez 项目的目标是支持高度定制化，这样它就能够满足各种用例的需要，让人们不必借助其他的外部方式就能完成自己的工作[32]。

Tez 是基于 Hadoop YARN 构建的通用数据流编程框架，它提供了一个功能强大且灵活的引擎，可以执行任意DAG任务来处理批量和交互式用例的数据。Tez正在被Hadoop生态系统中的Hive、Pig和其他框架以及其他商业软件（例如ETL工具）采用，以取代Hadoop MapReduce作为底层执行引擎。

其他类似的产品还有Kylin、Druid、Drill、Phoenix、Stinger、Tajo、Elasticsearch等。

6.3.8　分布式资源调度

除了前面介绍的YARN分布式资源调度平台，本节介绍Mesos、ZooKeeper、Ambari、Kubernetes等。

1. Mesos

据其官网介绍，Apache Mesos将CPU、内存、存储和其他计算资源从机器（物理或虚拟）中抽象出来，使容错和弹性分布式系统能够轻松构建并有效运行。

Mesos使用与Linux内核相同的原理构建，只是构建在不同的抽象层次上。Mesos内核在每台机器上运行，并为API提供应用程序（例如Hadoop、Spark、Kafka、Elasticsearch），用于整个数据中心和云环境的资源管理和调度。

Mesos可在Linux、OSX和Windows上运行，可以将整个数据中心的资源（包括CPU、内存、存储、网络等）进行抽象和调度，使得多个应用同时运行在集群中分享资源，并无须关心资源的物理分布情况。如果把数据中心中的集群资源看做一台服务器，那么Mesos要做的事情，其实就是今天操作系统内核的职责：抽象资源+调度任务。

2. ZooKeeper

据其官网介绍，Apache ZooKeeper致力于开发和维护开源服务器，实现高度可靠的分布式协调。ZooKeeper是一种集中式服务，用于维护配置信息、命名、提供分布式同步和组服务。所有这些类型的服务都以分布式应用程序的某种形式使用。

分布式应用程序可以基于ZooKeeper实现诸如数据发布/订阅、负载均衡、命名服务、分布式协调/通知、集群管理、Master选举、配置维护、分布式同步、分布式锁和分布式队列等功能[33]。

ZooKeeper集群包括三种角色：Leader、Follower、Observer。Leader由除

Observer 外的所有节点选举产生，既可以为客户端提供写服务又能提供读服务。Follower 和 Observer 都只能提供读服务。Follower 和 Observer 唯一的区别在于 Observer 机器不参与 Leader 的选举过程，也不参与写操作的“过半写成功”策略，因此 Observer 机器可以在不影响写性能的情况下提升集群的读性能[34]。

3. Ambari

据其官网介绍，Apache Ambari 项目旨在通过开发用于配置、管理和监控 Apache Hadoop 集群的软件，来简化 Hadoop 的管理。Ambari 是一款基于 Web 的工具，用于配置、管理和监控 Apache Hadoop 集群，包括对 Hadoop HDFS、Hadoop MapReduce、Hive、HCatalog、HBase、ZooKeeper、Oozie、Pig 和 Sqoop 的支持。Ambari 还提供了一个用于查看群集运行状况的仪表板，例如热图，以可视化直观地查看 MapReduce、Pig 和 Hive 应用的程序，以及以用户友好的方式诊断它们的性能特征。

4. Kubernetes

据其官网介绍，Kubernetes 是一个可移植、可扩展的开源平台，用于管理容器化工作负载和服务，有助于声明性配置和自动化。它拥有庞大、快速发展的生态系统。Kubernetes 的服务、支持和工具被广泛使用。

谷歌在 2014 年开放了 Kubernetes 项目，Kubernetes 建立在谷歌拥有大量运行生产工作量的十五年经验的基础上，结合了社区中的最佳创意和实践。

Kubernetes 有许多功能，可以被认为包括：一个容器平台、一个微服务平台、便携式云平台等。

Kubernetes 提供以容器为中心的管理环境，可以协调计算、网络和存储基础架构，提供了平台即服务（PaaS）的大部分简单性，并具有基础架构即服务（IaaS）的灵活性，并支持跨基础架构提供商的移植。

Kubernetes 还可以作为构建组件和工具生态系统的平台，以便更轻松地部署、扩展和管理应用程序。用户可以使用自己的 API 编写自己的控制器（例如调度程序），这些 API 可以通过通用命令行工具进行定位，使得许多其他系统能够在 Kubernetes 上面构建。

其他类似产品还有 Azkaban、Thrift 等。

6.3.9　机器学习平台

本节主要介绍 TensorFlow、Mahout 机器学习平台。

1. TensorFlow

据其官方介绍，谷歌的 TensorFlow 是一个用于机器学习的端到端开源平台。它拥有全面并且灵活的工具、库和社区资源生态系统，可让研究人员使用机器学习的最新技术，开发人员可轻松构建和部署机器学习驱动的应用程序。

TensorFlow 提供多个抽象级别，用户可以根据自己的需要选择合适的抽象级别。用户可以使用高级 Keras API 构建和训练模型，这使得 TensorFlow 较易入门。

无论使用何种语言或平台，无论是在服务器、边缘设备还是 Web 上，TensorFlow 都可以轻松地训练和部署模型。TensorFlow Extended（TFX）提供完整的机器学习管道，TensorFlow Lite 可在移动和边缘设备上运行，TensorFlow.js 在 JavaScript 环境中训练和部署模型。

TensorFlow 可在不牺牲速度或性能的情况下，构建出最先进的模型。TensorFlow 通过 Keras Functional API 和 Model Subclassing API 等功能为用户提供灵活性和控制，以创建复杂的拓扑。

2. Mahout

据其官方介绍，Apache Mahout 是一个分布式线性代数框架和数学表达的 Scala DSL（Domain Specific Language，领域特定语言），旨在让数学家、统计学家和数据科学家在此平台上可以快速实现自己的算法。具有数学上富有表现力的 Scala DSL、支持多个分布式后端（包括 Apache Spark）、用于 CPU/GPU/CUDA 加速的模块化求解器等特点。

Scala 是一种通用编程语言，旨在以简洁、优雅和类型安全的方式表达常见的编程模式，与 Java 平台可以完美集成。Scala DSL 实现基于 Java 的 DSL 构建，但它增加了 Scala 语法的便捷，从而使构建路径更加方便。

Mahout 也可提供一些可扩展的机器学习领域经典算法的实现，旨在帮助开发人员更加方便快捷地创建智能应用程序[35]。

Mahout 集成了很多算法，包括聚类、分类、推荐过滤、频繁子项挖掘。通过使用 Apache Hadoop 库，Mahout 可以有效地扩展到 Hadoop 集群[36]。

其他的类似产品还有 MLib、Theano、Keras、DSSTNE、Lasagne、Torch、Mxnet、Ricardo、DL4J、CognitiveToolkit、Caffe、Hivemall 等。

6.3.10 分析和报告工具

本节主要介绍 Zeppelin、ECharts、AntV 分析和报告工具。

1. Zeppelin

据其官网介绍，Apache Zeppelin 基于 Web 的 notebook，支持 SQL、Scala 等数据驱动的交互式数据分析和协作文档，可以进行数据提取、数据发现、数据分析和数据可视化与协作。

Zeppelin 解释器概念就是允许将任何编程语言 / 数据处理后端插入 Zeppelin。目前，Apache Zeppelin 支持许多解释器，例如 Apache Spark、Python、JDBC、Markdown 和 Shell。

Zeppelin 提供内置的 Apache Spark 集成，不需要为它构建单独的模块、插件或库。Apache Zeppelin 与 Spark 集成后提供：自动 Spark Context 和 SQLContext 注入，从本地文件系统或 maven 存储库加载运行时 jar 依赖项，以及取消作业并显示其进度等功能。

在数据可视化方面，Zeppelin 中已包含一些基本图表。可视化不仅限于 SparkSQL 查询，任何语言后端的任何输出都可以被识别和可视化。

Zeppelin 可以轻松创建包含多个聚合值的图表，包括总和、计数、平均值、最小值、最大值等。

2. ECharts

据其官网介绍，百度的 ECharts 是一个使用 JavaScript 实现的开源可视化库，可在 PC 和移动设备上使用，并且兼容当前绝大部分浏览器（IE、Chrome、Firefox、Safari 等），底层依赖轻量级的矢量图形库 ZRender，提供直观、交互丰富、可高度个性化定制的数据可视化图表。

ECharts 提供了常规的折线图、柱状图、散点图、饼图、K 线图，用于统计的盒形图，用于地理数据可视化的地图、热力图、线图，用于关系数据可视化的关系图、treemap、旭日图，多维数据可视化的平行坐标，还有用于 BI 的漏斗图、仪表盘，并且支持图与图之间的混搭。

除了已经内置的包含了丰富功能的图表，ECharts 还提供了自定义系列，只需要传入一个 RenderItem 函数，就可以从数据映射到任何你想要的图形，更棒的是这些都还能和已有的交互组件结合使用而不需要操心其他事情。

3. AntV

据其官网介绍，AntV 是蚂蚁金服全新一代数据可视化解决方案，致力于提供一套简单方便、专业可靠、无限可能的数据可视化最佳实践。

最新版本 AntV3.0 主要包含 G2、G6、F2、L7 以及一套完整的图表使用和设计规范。

G2 是一套基于可视化编码的图形语法，以数据驱动，具有高度的易用性和扩展性，用户无须关注各种烦琐的实现细节，一条语句即可构建出各种各样的可交互的统计图表。

G6 是一个简单、易用、完备的图可视化引擎，它在高定制能力的基础上，提供了一系列设计优雅、便于使用的图可视化解决方案。

F2 是一个专注于移动，开箱即用的可视化解决方案，完美支持 H5 环境同时兼容多种环境（Node、小程序、Weex），完备的图形语法理论，满足用户各种可视化需求。

L7 中的 L 代表 Location，7 代表世界七大洲，寓意能为全球位置数据提供可视化能力。L7 的目标是提供一套地理空间数据可视化框架，易用易扩展，支持海量数据的高性能和 3D 高质量渲染，安全可靠（无地图法务风险）的地理空间数据可视化解决方案。

其他的类似产品还有 Jupyter、Kettle、Kibana、KNIME、Talend Open Studio、Pentaho、Jaspersoft、SpagoBI 等。

6.3.11　其他相关技术

其他相关技术方面主要介绍 Lumify、Etherenum 和 HyperLedger。

1. Lumify

据其官网介绍，Altamira 的 Lumify 是一个功能强大的大数据融合、分析和可视化平台，支持可操作智能的开发。用户通过一系列分析选项发现复杂的连接并探索其数据中的各种关系，包括图形可视化、全文分面搜索、动态直方图、交互式地理空间视图以及实时共享的协作工作空间。Lumify 以基于云的架构为设计理念，在亚马逊的 AWS 环境中开箱即用，可在大多数内部部署的云环境中运行。

查询的运行速度与底层数据库可以支持的速度一样快，允许用户利用现有的数据基础架构进行数据提取、流式传输、复杂查询等。

Lumify 位于标准数据平台之上，适合分析生态系统。数据存储是非专有的，Lumify 可与用户现有的数据配合使用，以实现跨分析工具和系统的共享。

Lumify 的基础架构允许用户附加新的分析工具。Lumify 提供了一个定义良好的 API，允许用户将分析输入和输出映射到 Lumify 中的对象类型。

基于浏览器的访问。无须在个人工作站上安装 Lumify，Lumify 可在服务器上运行。在拥有浏览器的任何地方访问 Lumify 的功能完整版本。

2. Etherenum

作为区块链技术的一种，据其官网介绍，以太坊 Etherenum 是一个分散的平台，其运行的智能合约是完全按照程序运行的应用程序，没有任何停机、审查、欺诈或第三方干扰的可能性。这些应用程序运行在定制的区块链上，这是一个非常强大的共享全局基础架构。

在传统的服务器体系结构中，每个应用程序都必须建立自己的服务器，在孤立的孤岛中运行自己的代码，从而使数据共享变得困难。如果单个应用受到威胁或脱机，许多用户和其他应用都会受到影响。

在区块链中，任何人都可以设置一个节点，复制所有节点的必要数据以达成协议，并由用户和应用程序开发人员进行补偿。并且允许用户数据保持私有，并且应用程序可以像互联网一样分散。

3. HyperLedger

据其官网介绍，超级账本 HyperLedger 也是一种区块链技术，本身是一项开源协作工作，旨在推动跨行业的区块链技术。这是由 Linux 基金会主办的全球合作项目，包括金融、银行、物联网、供应链、制造和技术领域的领导者参与。

Hyperledger 区块链是一种通过共识形成的点对点分布式账本，与“智能合约”和其他辅助技术系统相结合。可以用于构建新一代的事务性应用程序，在其核心建立信任，问责制和透明度，同时简化业务流程和法律约束。

6.4　大数据技术在图书馆的应用

在大数据时代，大数据获取、大数据存储和分析、大数据思维可以被看作是大数据的生态系统的重要组成要素，也是图书馆目前面临的三大挑战[37]。

但从潜在的机会看，数据量的增加为图书馆提供了精确把握用户群体和个体网络行为模式的基础，如果能够充分利用，就可以探索个性化、精确化和智能化地进行推送和服务，帮助用户从海量的信息中迅速找到所需要的信息，准确地发现读者的需求以提供最贴心的个性化知识服务，快速弥补图书馆现有服务中的不足，不断提升图书馆的核心竞争力[38]。

图书馆的大数据，既包含了结构化数据、半结构化数据，同时也含有非结构化数据。在图书馆利用大数据时，一般情况下，首先要对图书馆的结构化数据、半结构化数据和非结构化数据进行采集，然后利用 Hadoop 技术、云计算、关系型数据库等技术对数据进行存储；其次对数据进行清洗、加工、组织、备份等处理；最后利用知识发现、专家系统、数据挖掘等技术对智慧图书馆的数据进行分析、批处理，挖掘数据潜在的价值，了解读者用户的阅读行为及需求，以便为馆员用户和读者用户提供相应的智慧管理和个性化服务等[4]。

从现有的研究现状来看，目前大数据技术在图书馆的应用研究和实践涉及图书馆的各个方面，为了论述的方便，本节把研究成果分为综合应用、管理和决策、服务创新、个性化推荐等几个方面。其中的个性化推荐本来也算服务创新的类别，但由于这方面研究成果较多，所以单独列为一类。

6.4.1　综合应用

这里的综合应用是指一篇文献涉及对图书馆整体的或几个方面的综合研究或应用。

文献［39］对云计算开源框架 Hadoop 进行了比较深入的研究，设计了基于云计算 Hadoop 环境下的数字图书馆体系的结构框架，并对数字图书馆中的一些功能进行了设计实现。

文献［40］为解决大数据环境下高校图书馆服务面临的海量数据分布式存

储、多样化数据源分布式管理以及简易灵活的大数据服务应用问题，提出一种基于 Hadoop 的高校图书馆大数据整体技术框架，构建高校图书馆海量数据分布式存储管理、多样化数据源分布式管理和多样化服务管理。

文献［41］针对互联网时代图书馆的海量业务、文献和用户数据，利用 Spark 技术框架有效解决图书馆大数据挖掘处理下读者更复杂的多重处理需求和低延迟的交互式查询需求问题。根据智慧图书馆建设发展的相关理念及功能性需求，建立了基于 Spark 大数据处理技术的图书馆智慧服务框架，对比 Hadoop MapReduce 框架法，提出和介绍了基于 Spark 大数据处理技术的图书馆智慧服务流程和应用实践情况。

文献［42］构建了一个基于用户行为和大数据分析的图书馆个性化服务模型。在该系统中，主要包括两个部分，分别是用户行为数据挖掘和用户个性化服务，在数据挖掘中，主要提供了数据集成、处理和交互；在用户个性化服务中，主要提供检索、推送、挖掘、分析和学科知识等多个方面的服务体系。构建了图书馆个性化集成服务原型系统。

文献［43］建立了读者兴趣分析和导向模型。一是将大数据技术与 C# 语言数据分析技术应用于读者兴趣分析与导向分析工作中，为解决大数据存储与运算的高成本问题，选择成本较低的 Microsoft Azurez 作为服务器群，用来构建数据平台；二是利用 NoSQL 分布式数据库和 HBase 数据库对图书馆读者借阅检索日志（图书电子资源访问来源）进行分析，实现对图书馆电子资源的使用信息进行监控和优化；三是通过对读者的文献借阅的历史数据进行挖掘，构建文献推荐模型框架；四是将文献推荐模型框架生成的图书推荐列表进行转化，最终为采编部生成采购清单。

文献［44］设计了基于启发式规则的电子文档的元数据抽取方法。在 Hadoop 平台建立基于 Lucene 的全文索引和基于元数据的关系数据索引。在以查询为核心的用户服务功能中，设计了基于下载和查询记录的查询优化技术。

文献［45］设计了基于 Hadoop 的数字图书馆系统，并对分布式搜索进行了研究和实现。

文献［46］使用数据挖掘的相关思想挖掘读者借阅信息，使用多维度评分算法，从读者借阅历史数据中，分析读者对图书的评分，通过协同过滤推荐算法并使用 Mahout 框架，在读者检索图书时提供更加智能的检索结果。另一方面根据检索结果优化算法对检索结果进行优化，方便读者检索到对自己有用的图书信息。

文献［47］针对目前主流的大数据处理技术进行分析，研究其在数字资源揭示与服务平台中的应用方法，分析和构建了 Hadoop、Memcached、Cassandra、协同过滤等技术在数字文化资源统一揭示与服务平台中的应用模式。

6.4.2　管理与决策

文献［48］通过对图书馆业务流程再造，改变传统的基于“文献采购为起点，读者借阅为终点”的图书馆工作流程，建立了以读者为起点的，大数据分析决策为核心，读者服务为终点的图书馆工作流程，并将大数据分析决策的结果应用到图书馆全盘工作中去。具体应用包括图书馆大数据的信息获取、图书馆大数据的信息存储、图书馆大数据的信息分析、图书馆大数据决策支持系统（包括管理策划、参考咨询、资源建设、采购评估、阅读推广、读者教育、舆论监督）等几个方面。

文献［49］提出了一种基于 Hadoop 的图书馆非结构化大数据分析与决策系统。该系统能够快速分析图书馆中的海量非结构化数据，通过处理海量非结构化数据发现其中隐藏的价值，并从非结构大数据中挖掘知识，可为图书馆决策和读者服务提供支持。

文献［50］研究了基于 Hadoop 的高校图书馆数字资源大数据分析系统。该系统可以多维度、多层次的进行数据分析，发现数据之间的潜在关系，深度挖掘数据价值，通过资源聚类与标签，可以合理配置热点数字资源。

文献［51］构建基于 Hadoop 的分布式文件系统 HDFS，用来管理数据量庞大的图书基本信息和书籍评论信息。同时，构建 Hadoop 集群环境，并设计、实现了分布式存储图书信息和评论信息的功能。

文献［52］为解决图书馆传统关系型数据库在海量数据存储和访问效率中存在的瓶颈问题，提出了一种基于 Hadoop 的图书馆复合大数据存储系统。该系统能够满足图书馆大数据存储需求，提高大数据存储效率，可高效保障图书馆大数据决策的需求。

文献［53］对图书馆的移动用户行为分析模型进行了研究。根据图书馆需求拟定出符合业务发展的数据模型，然后根据该数据模型的表示方式从 MySQL、MongoDB 中的业务数据和 Elasticsearch 中的用户行为、日志数据中提取数据进行筛选，通过 ETL 过程编写 Python 脚本完成分析功能，由 Air-flow 负责任务处理和存储，最后将形成的数据存入 MySQL 中，建立能应用于深度分析、供数据应用层使用的多维数据模型。从时间维度、用户维度、部门维度、资源维度、行为维度、入口渠道 6 个维度进行数据仓库层面的建模，从用户行为序列预测与用户兴趣引导两步实现数据应用。

文献［54］研究了一种采用 Web 日志工具 LogStash 和 Elasticsearch 设计实现的高校图书电子资源访问日志的实时采集和快速查询分析方法；给出了日志采集的大数据工具的选择、索引的建立方法，以及日志分析的处理流程，文中采用 Kibana 工具实现日志可视化分析。

文献［55］以图书馆海量文献资源为基础，结合以 Spark 为代表的内存计算框架特点，阐述其在提供文献大数据服务方面的独特优势，提出以文献资源聚合模式和 Spark 技术为支撑的图书馆文献服务方案，设计应用案例并分析实验结果。

文献［56］以《全国报刊索引》的自动分类问题作为实验对象，利用两台图形工作站，建立了 TensorFlow 深度学习模型，通过设定参数和阈值、系统调优等工作，实践了应用 TensorFlow 的完整过程，论证了其可行性。实验通过对 170 万余条题录数据进行训练和测试，克服了报刊索引数据过于简单与中国图书馆分类法的类目过于细致之间的矛盾。

文献［57］为了给功能性阅读应用加入更多的个性化设计与辅助性应用，将 Redis 缓存与传统数据库相结合，以此来提高资源的查询效率，将用户的阅读历史以知识图谱的形式记录下来，既可以展示用户的成长记录，又能将用户的知识结构进行梳理。

6.4.3 服务创新

文献［58］通过对图书馆文献数据和用户数据的资源整合、信息挖掘，提出构建一种基于大数据的图书馆移动信息服务平台，同时提出大数据移动检索、个性化推荐、情景感知等创新性的移动信息服务，以提高数字图书馆服务水平。

文献［59］为了提升图书馆在大数据下的特色数字资源服务质量，探讨了一种更科学有效的云服务模式。采用 Hadoop 平台，结合实例探讨了 HDFS 构建需求与可行性，并提出 HDFS 关键技术应用于特色数字资源云服务的具体方案。

文献［60］提到的图书馆智慧墙系统，是以大数据技术为依托，采集图书馆设备数据、空间数据、环境数据和第三方业务数据后开展数据整合与数据挖掘，并在大屏幕液晶拼接屏上进行直观展示，实现信息统一发布及管理。

文献［61］提出了一个基于 Hadoop 的分布式文件系统 HDFS、分布式计算模型 MapReduce 和分布式数据仓库 Hive 相结合的图书馆信息检索平台，并在大规模数据检索方面进行了实验。

文献［62］通过 Hadoop 云计算搭建图书馆数字资源，实现 Hadoop 平台下数字资源的检索实例。

6.4.4　个性化推荐

个性化推荐的研究成果比较多，按所含关键词 Mahout、K-Means 或 Apriori、MapReduce 分别论述，不含这三个或组关键词的归其他类别。

1. 含关键词 Mahout

文献［63］使用 Hadoop 计算平台，以 K-Means 算法为例，分析其在 Mahout 中的并行化策略。通过对读者的借阅数据进行分析研究，应用数据挖掘技术逐步建立应用模型，有效地将数据挖掘技术与图书馆个性化服务紧密地结合在一起。

文献［64］从搭建 Hadoop 分布式平台和运用 Mahout 的 MapReduce 实现算法入手，针对读者借阅记录的分类号进行频数统计和借阅时间统计，依据借阅次数和借阅时间获得偏好值，使用 Mahout 基于图书的推荐器，测试伪分布式单节点模式和完全分布式 MapReduce 计算框架下的推荐效果。

文献［65］通过搭建 Hadoop 分布式平台，采用 Mahout 框架构建客户端图书推荐处理中心，并利用数据迁移工具 Sqoop 作为 HDFS 与 MySQL 的桥梁，将推荐结果迁移到 MySQL 数据库。存储在 MySQL 数据库中的推荐数据可以通过 Web 推荐引擎展示在 Web 页面。Web 端的推荐引擎是通过 Maven 进行构建的，以 Tomcat 作为 Web 容器，采用 SSH 框架，实现了基于 Hadoop 和 Mahout 的个性化图书推荐系统。

文献［66］基于 Hadoop 开源分布式计算框架和 Mahout 协同过滤推荐引擎技术构建图书推荐引擎系统，并利用云模型和 Pearson 系数对传统协同过滤推荐算法进行改进，改善传统单机推荐算法在高维稀疏矩阵上进行运算所导致的系统性能不佳及推荐结果不准确的问题。

文献［67］阐述了一种基于 Mahout 的图书推荐系统的设计与实现。该系统主要使用 Taste 引擎来构建用户偏好，使用基于项目的协同过滤算法计算物品和物品之间的相似度，向目标用户进行推荐。

2. 含关键词 K-Means 或 Apriori

文献［68］通过 Hadoop 平台，利用图书流通数据，对学生和图书的信息收集整理并规范化为聚类数据，通过对借阅次数和读者类别的不同形式的 K-Means 聚类，发现学生在图书借阅上的不同倾向和很多有价值的信息。

文献［69］在云平台上搭建 Spark 集群，以 HDFS 为存储系统，Spark 为计算平台，对图书推荐技术进行了研究。针对数据缺失和数据形式问题，对原始数据进行了预处理，构建了“用户 - 图书”评分矩阵。为解决数据稀疏性问题，采用了 ALS 矩阵分解的协同过滤算法，然后将 K-Means 聚类算法融入 ALS 矩阵分解算法中以解决用户冷启动问题，并针对 K-Means 算法属性权重和初始值问题，利用加权欧式距离和最大最小值算法对其进行了优化。最后在 Spark 上实现算法，并设计实验进行验证，针对不同的用户实现了个性化图书推荐。

文献［70］利用 MapReduce 框架分块处理，结合关联分析 Apriori 算法，将数据挖掘技术应用到图书管理系统中。针对传统的 Apriori 算法，提出基于内存计算、弹性分布式数据集处理的 Spark 平台为读者推荐书籍。

文献［71］提出一种基于 Hadoop 平台的 Apriori 优化算法。首先在分布式 Hadoop 框架的基础上，采用 DAG 图对 Hadoop 平台下的并行 MapReduce 实施步骤进行分析；然后对传统关联规则 Apriori 算法进行 MapReduce 优化，减少数据库连接的次数，同时尽量生成更少的无用候选项目集，从而缩短任务处理时间。最终实现为借阅者推荐最适合的书籍。

文献［72］针对挖掘图书借阅记录中蕴含价值的问题，以图书分类号作为图书特征，给出了结合 Apriori 的频繁项集挖掘算法。针对海量图书借阅记录难以处理的问题，将频繁项集挖掘算法融入 Hadoop 大数据平台，设计了基于 Hadoop 的频繁项集挖掘算法，有效解决了数据存储和并行处理的问题。实验结果表明，部分图书之间的关联程度高。

3. 含关键词 MapReduce

文献［75］以高校馆的借阅记录为研究对象，选择基于协同过滤的推荐算法进行个性化推荐，并使用图书类别代替图书来构成用户评分矩阵，用 Eclipse 实现了计算读者相似度的算法 MapRduce 化，并在 Hadoop 平台下进行并行化实验分析，在云平台下算法的可扩展性得到了有效的提高。

文献［74］利用基于大数据的数据挖掘预处理技术，将图书馆用户细分为新用户和一般用户，然后利用数据挖掘与 MaReduce 技术，提出大数据下的图书馆个性化推荐方法和策略。针对图书馆个人信息较少的新用户，提出基于用户模式聚类与 MaReduce 的图书馆个性化推荐方法；针对图书馆的主要用户——一般用户，提出基于关联规则挖掘与 MaReduce 的图书馆个性化推荐方法。

文献［75］利用优势矩阵法对目前主流的推荐算法赋予不同的权重作为混合推荐策略进行分析与研究；通过对分布式计算框架 MapReduce 的研究，以及采用的推荐算法在 Hadoop 框架下进行了并行化实现。最终在对混合推荐策略与 Hadoop 并行计算框架研究的基础上，设计并实现了基于 Hadoop 的高校图书馆图书推荐系统。

4. 其他

文献［76］在大数据 Hadoop 数据处理平台上，采用协同过滤的推荐算法，按照用户的兴趣来推荐最近邻居和按照用户偏好项目的相似来推荐项目，经过对其相似度、性能优化等进行对比，提出项目和用户的加权优化、项目聚类和用户局部相似性、局部最近邻和全局最近邻的融合等协同过滤改进算法，从而达到平台的智慧推荐，满足用户的需要。

文献［77］提出一种以文献“混合关联”为主要内容的高校图书馆文献推荐方案及实现算法，并应用 Spark 内存计算技术设计实证案例，最后对实证结果进行讨论并与同类算法比较。表明该方案能有效满足用户需求，提高文献推荐性能和效率。

文献［78］在Hadoop平台上构建高校移动图书馆个性化信息服务系统，从用户的信息行为角度出发，利用大数据技术获取用户信息需求，并以此作为系统个性化推荐功能的输入，能较好地提升高校移动图书馆个性化信息服务的质量。

文献［79］以一所高校的文、史、法及心理学院读者的借阅记录为样本数据，采用大数据处理软件Weka进行数据离散化转换，并加载分析，根据频繁项集合算法的挖掘关联规则，预测相关书籍的借阅概率，生成推荐书目，向读者进行个性化推荐。

本章小结

本章以大数据开源框架Hadoop为引，论述了Hadoop平台及其相关的关键组件，随后介绍了一些与Hadoop相关的发行版本，然后对大数据的相关技术图谱进行分类介绍，最后对大数据技术在国内图书馆的应用情况及案例进行了简单的梳理。

从总体上看，目前图书馆利用大数据技术还处于探索阶段，这些案例对大数据技术在图书馆的应用进行了深入的研究，获得了较好的效果，为图书馆的管理和决策以及服务提供了良好的参考，为以后实现全面的大数据分析和挖掘，实现图书馆的全面智慧化做了有益的探索。本书认为目前还存在一些需要改进的地方：

第一，目前在图书馆的大数据技术应用方面，从宏观方面研究的较多一些，而从技术实践方面研究的相对较少。由于本书关注的是技术，所以本书挑选出的案例大多是技术实践方面的案例。

第二，一些数据的采集还不是很全面，比如个性化图书推荐方面，大多对图书馆的借阅数据进行分析，很少涉及到学生的专业和课程信息，以及教师的专业和科研信息等数据；另外也建议考虑网上的书评数据，这样对一本书的总体评价会更全面一些，更有利于图书的个性化推荐。

第三，目前还没有看到一个系统的、成熟的、全面的、由公司专门开发并提供技术支撑的全馆层面的大数据平台。相信，随着智慧图书馆建设的深入，这个大数据平台迟早会出现。

本章主要参考文献

[1] 郑琳晰.大数据背景下图书馆管理思维和管理方式的变革[J].中共福建省委党校学报,2016(04):112-114.

[2] McKinsey Global Institute.Big data:The next frontier for innovation,competition,and productivity［EB/OL］.(2011-05)［2019-03-01］.http://www.mckinsey.com/Insights/MGI/Research/ Technology_and_Innovation/Big_data_The_next_frontier_for_innovation.

[3] 韩翠峰.大数据带给图书馆的影响与挑战[J].图书与情报,2012(05):37-40.

[4] 倪菊.大数据云计算背景下智慧图书馆的构建研究[J].大众科技,2018,20(02):108-110.

[5] 曹欣.大数据时代图书馆面临的机遇与挑战[J].科技情报开发与经济,2014,24(24):19-21.

[6] 张兰廷.大数据的社会价值与战略选择[D].中共中央党校,2014.

[7] 张国杰.大数据视角下图书馆服务发展走向及策略研究[J].图书馆工作与研究,2014(06):8-12.

[8] 危家凤.大数据环境下高校图书馆编目员的角色定位[J].河南图书馆学刊,2015,35(09):77-79.

[9] 蔡晖."图书馆之城"大数据应用实践研究[J].公共图书馆,2015(03):45-50.

[10] 博客园. Hadoop以及相关组件介绍以及个人理解[EB/OL].(2017-08-01)[2019-03-01].https://www.cnblogs.com/wangkeustc/p/7268567.html.

[11] Wangda Tan,Sunil Govindan,Zhankun Tang. Submarine: Running deep learning workloads on Apache Hadoop[EB/OL].(2018-12-01)[2019-03-01]. https://hortonworks.com/blog/submarine-running-deep-learning-workloads-apache-hadoop/.

[12] CSDN.Cloudera(CDH)简介和在线安装[EB/OL].(2017-12-07)[2019-03-01].

https://blog.csdn.net/wh211212/article/details/78743191.

[13] 搜狐.两大数据平台Cloudera和Hortonworks宣布合并[EB/OL].(2018-10-05)[2019-03-01].https://www.sohu.com/a/257789739_308467.

[14] 电子发烧友. Hadoop是什么？华为大数据平台Hadoop你了解多少[EB/OL].(2017-12-25)[2019-03-01].http://www.elecfans.com/emb/ 607453.html.

[15] 华为官网.FusionInsight大数据平台[EB/OL].(2017-12-25)[2019-03-01].http://carrier.huawei.com/cn/products/IT/cloud-computing/fusioninsight.

[16] 大快搜索.DKHadoop(DKH)-商业发行版Hadoop [EB/OL]. [2019-03-01].http://www.dksou.com/a/product/pro-11.html.

[17] 星环科技. Transwarp Data Hub产品功能[EB/OL].[2019-03-01]. http://www.transwarp.cn/transwarp/product-TDH.html?categoryId=18.

[18] 阿里云云栖社区. Transwarp大数据平台 [EB/OL].(2018-01-16)[2019-03-01].https://yq.aliyun.com/articles/625575.

[19] 知乎.与Hadoop对比,如何看待Spark技术？[EB/OL].(2015-03-24)[2019-03-01].https://www.zhihu.com/question/26568496/answer/41608400.

[20] 简书.Sqoop最佳实践[EB/OL].(2018-02-26)[2019-03-01]. https://www.jianshu.com/p/be33f4b5c62e.

[21] 常广炎.Chukwa在日志数据监控方面的运用[J].无线互联科技,2017(05):136-137.

[22] 简书.Apache Avro是什么干什么用的(RPC/序列化) [EB/OL].(2017-05-03)[2019-03-01].https://www.jianshu.com/p/a5c0cbfbf608.

[23] 简书.MQ背景&选型[EB/OL].(2018-08-05)[2019-03-01]. https://www.jianshu.com/p/2838890f3284.

[24] CSDN.大数据平台技术栈[EB/OL].(2018-09-12)[2019-03-01]. https://blog.csdn.net/weixin_33770878/article/details/86888580.

[25] W3Cschool.Cassandra简介[EB/OL].(2016-12-19)[2019-03-01]. https://www.w3cschool.cn/cassandra/cassandra_introduction.html.

[26] 百度百科.Cassandra(开源分布式NoSQL数据库系统)[EB/OL].(2018-12-15)[2019-03-01].https://baike.baidu.com/item/cassandra/

20140772?fr=aladdin.

[27] 博客园.Bigtable:一个分布式的结构化数据存储系统[EB/OL].(2012-08-02)[2019-03-01].https://www.cnblogs.com/luckcs/articles/ 2619954.html.

[28] CSDN.5分钟理解数据库全景图[EB/OL].(2018-07-11)[2019-03-01].https://blog.csdn.net/icycode/article/details/81008607.

[29] 黎文阳.大数据处理模型Apache Spark研究[J].现代计算机(专业版),2015(08):55-60.

[30] 李玮.Apache Spark技术研究与应用前景分析[J].电信技术,2016(09):67-68,71.

[31] 王军.基于Apache Spark的大数据分析引擎应用研究[J].电子测试,2018(16):72,66.

[32] InfoQ. Apache Tez 是什么?[EB/OL].(2014-10-10)[2019-03-01]. https://www.infoq.cn/article/apache-tez-saha-murthy.

[33] 伯乐在线. ZooKeeper原理及其在Hadoop和HBase中的应用[EB/OL].(2017-02-27)[2019-03-01].http://blog.jobbole.com/110388/.

[34] CSDN. Hadoop从入门到放弃系列——ZooKeeper[EB/OL].(2016-10-21)[2019-03-01].https://blog.csdn.net/lianjoke0/article/details/82656047.

[35] 牛怡晗,海沫.Hadoop平台下Mahout聚类算法的比较研究[J].计算机科学,2015,42(S1):465-469.

[36] 博客园.Mahout学习[EB/OL].(2017-06-24)[2019-03-01]. https://www.cnblogs.com/ahu-lichang/p/7073836.html.

[37] 曾文雯.大数据时代下高校图书馆的应对策略[J].高校图书馆工作,2014,34(04):41-43.

[38] 朱静薇,李红艳.大数据时代下图书馆的挑战及其应对策略[J].现代情报,2013,33(05):9-13.

[39] 王亚民,刘学胜.基于Hadoop平台的数字图书馆研究[J].情报科学,2012,30(11):1685-1690.

[40] 叶春蕾.基于Hadoop的高校图书馆大数据关键技术研究[J].数字图书馆论坛,2017(05):33-38.

[41] 宋维维,夏绍模,李赞.基于SPARK大数据处理平台的图书馆智慧服务探索与实践[J].情报科学,2018,36(06):45-49,56.

[42] 王大壮.基于用户行为和大数据分析的图书馆个性化服务探究[J].图书馆学刊,2017,39(12):111-115.

[43] 于红蕾.基于Hadoop平台的图书馆读者兴趣分析与导向系统模型的建立[D].长春工业大学,2017.

[44] 董园园.基于Hadoop高校数字图书馆系统的设计与实现[D].电子科技大学,2014.

[45] 刘学胜.基于Hadoop的数字图书馆构建研究[D].西安电子科技大学,2012.

[46] 马玲.基于Mahout的图书智能检索系统的研究与应用[D].东北师范大学,2015.

[47] 薛尧予.大数据关键技术在数字文化资源统一揭示与服务平台中的应用[J].图书馆理论与实践,2015(12):96-99.

[48] 陈艳.基于大数据的图书馆业务流程再造研究[J].新世纪图书馆,2014(06):28-31.

[49] 陈臣.基于Hadoop的图书馆非结构化大数据分析与决策系统研究[J].情报科学,2017,35(01):24-28.

[50] 曹健,秦荣环,孙会清,等.基于Hadoop的高校图书馆数字资源整合利用研究[J].图书馆工作与研究,2018(03):74-78,101.

[51] 张慧俐.基于Hadoop的图书采集与存储应用系统的设计与实现[D].山西大学,2016.

[52] 梁俊荣.基于Hadoop的图书馆复合大数据存储系统研究[J].现代情报,2017,37(02):63-67.

[53] 汤妙吉.面向个性化信息服务的图书馆移动用户行为分析模型设计[J].现代情报,2018,38(01):121-126.

[54] 张卫华.基于大数据技术的高校图书馆电子资源访问日志分析[J].创新科技,2017(03):82-84.

[55] 何胜,熊太纯,柳益君,等.内存计算框架下的图书馆文献服务及案例研究[J].图书馆论坛,2017,37(12):87-94.

[56] 郭利敏,刘炜,吴佩娟,等.机器学习在图书馆应用初探:以TensorFlow为例[J].大学图书馆学报,2017,35(06):31-40.

[57] 崔梦天,吴倩.基于Redis缓存的数字化图书馆应用[J].吉林师范大学学报(自然科学版),2018,39(02):123-127.

[58] 桂玉杰,杜涛,蔡静,等.基于大数据的图书馆移动信息服务创新研究[J].软件导刊,2016,15(12):92-95.

[59] 赵嘉凌.基于Hadoop的图书馆特色资源云服务关键技术研究[J].软件导刊,2018,17(05):173-175.

[60] 郑良光.基于大数据的图书馆智慧墙系统建设研究[J].图书馆学研究,2016(21):31-35.

[61] 张艳,潘吴斌.基于Hadoop的数字图书馆云检索系统的设计与实现[J].图书馆理论与实践,2014(04):92-95.

[62] 李志萍.Hadoop分布式云计算在图书馆数字资源建设中的应用研究[J].内蒙古科技与经济,2017(01):82-84,156.

[63] 李萍.基于Hadoop的K-Means聚类算法在高校图书馆工作中的应用研究[J].大学图书情报学刊,2014,32(05):35-41.

[64] 赵彦辉,刘树春.Hadoop平台在图书推荐应用中的性能分析[J].现代情报,2014,34(10):157-161.

[65] 张春.基于Hadoop平台的个性化图书推荐系统的研究[D].安徽工业大学,2017.

[66] 奉国和,黄家兴.基于Hadoop与Mahout的协同过滤图书推荐研究[J].图书情报工作,2013,57(18):116-121.

[67] 张淼,吴昌雨,刘东旭.基于Mahout的图书推荐系统的设计与实现[J].无线互联科技,2018,15(17):47-48.

[68] 刘兴亮.基于Hadoop的海量图书流通数据的K-Means分析[D].东华理工大学,2015.

[69] 杨慧.基于校园资源云的Spark图书推荐技术的研究[D].西安科技大学,2017.

[70] 高琪娟,刘锴,陈佳.面向Spark的图书借阅数据关联模型的研究[J].安徽农

业大学学报,2018,45(04):768-771.

[71] 袁泉,常伟鹏.基于Hadoop平台的图书推荐服务Apriori优化算法[J].现代电子技术,2019,42(01):180-182.

[72] 彭增焰,吴东,张立敏.基于Hadoop的频繁项集挖掘算法在图书借阅数据中的应用[J].电子技术与软件工程,2017(12):197-198.

[73] 郭禹,田永红.基于Hadoop的高校图书推荐算法研究[J].内蒙古工业大学学报(自然科学版),2016,35(02):111-115.

[74] 何波,章宏远.大数据下的图书馆个性化推荐研究[J].新世纪图书馆,2017(06):62-63,68.

[75] 李冲.基于hadoop的高校图书馆图书推荐系统研究及实现[D].北京邮电大学,2018.

[76] 林敏,陈美龙.基于大数据的协同过滤推荐算法在智慧图书馆中的应用[J].电子科学技术,2017,04(04):137-141.

[77] 何胜,熊太纯,柳益君,等.基于Spark的高校图书馆文献推荐方案及实证研究[J].图书情报工作,2017,61(23):129-137.

[78] 段薇,路向阳.基于Hadoop的高校移动图书馆个性化信息服务平台设计[J].科技广场,2017(12):39-44.

[79] 周婕,章增安,刘海涛.基于大数据的高校图书馆个性化推荐书目生成研究[J].晋图学刊,2017(05):29-33.

第七章　人工智能技术及应用

无论是物联网、共享数据中心、云计算，还是数据挖掘、大数据，最终都可为人工智能在图书馆的应用提供基础，实现图书馆业务的智能化和智慧化，而在图书馆各个业务智慧化的前提下，才可能实现图书馆全面全方位的智慧化。

1956 年，由约翰·麦卡锡和马文·明斯基在美国组织召开了达特茅斯会议，这成为人工智能发展史上具有划时代意义的事件，从此真正开启了人工智能时代[1]。随后，尤其是近三十年来，人工智能获得了快速的发展，在很多学科领域都获得了广泛应用，得到了工业和学界的广泛重视，目前甚至成了一个国家的科技实力是否强大的标志之一。

人工智能的发展经历了能存会算（运算智能）、能听会说与能看会认（感知智能）和能理解会思考（认知智能）的三个阶段。机器早已实现了能存会算的运算智能，而且在能听会说与能看会认的感知智能上，已证明机器也在大多数情况下已经超越了人类。在《国际图联趋势报告》的文献综述中，人工智能被列为四大技术趋势之一，并提出人工智能对图书馆未来的影响主要有三个方面：下一代超越关键词检索的浏览器和对网页内容的语义分析；综合语音识别、机器翻译、语音合成以支持实时多语言翻译；对多元、复杂网页内容的云服务众包翻译和识别[2]。

随着智慧图书馆建设的逐渐展开，越来越多的人工智能技术会逐步应用于图书馆，而不仅仅是以上提到的三个方面。由于人工智能涉及的技术众多，本章从人工智能概述开始，对智慧图书馆建设密切相关的技术，分别从文本智能、语音智能和视觉智能三个方面进行论述，随后论述人工智能在图书馆中的应用，最后结合作者具体研究和实施的一个应用案例进行说明。

7.1 人工智能概述

7.1.1 人工智能的概念

一般认为人工智能(Artificial Intelligence,AI)的定义可以分为两部分,即“人工”和“智能”。“人工”一词一般指的是用人力所能制造出来的。而对“智能”一词,可能涉及意识、自我、思维、情感等问题。到底什么才算“智能”?人类理解的智能是人本身的智能,这是普遍认同的观点[3]。

美国斯坦福大学著名的人工智能研究中心尼尔逊教授这样定义,人工智能是怎样表示知识以及怎样获得知识并使用知识的学科;另一名著名的美国大学MIT的华生教授认为,人工智能就是研究如何使计算机去做过去只有人才能做的智能工作[4]。这些说法反映了人工智能学科的基本思想和基本内容。即人工智能是研究人类智能活动的规律,构造具有一定智能的人工系统,研究如何让计算机去完成以往需要人的智力才能胜任的工作,也就是研究如何应用计算机的软硬件来模拟人类某些智能行为的基本理论、方法和技术。

李德毅院士认为,人工智能至少应该包括四个核心学科:脑认知基础、机器感知与模式识别、自然语言处理与理解、知识工程[5,6]。

脑认知基础学科阐明认知活动的脑机制,即人脑使用各层次构件,包括分子、细胞、神经回路、脑组织区实现记忆、计算、交互等认知活动,以及如何模拟这些认知活动。包括认知心理学、神经生物学、不确定性认知、人工神经网络、统计学习、机器学习、深度学习等内容。

机器感知与模式识别学科有两个重要内核,一个代表图像视觉,一个代表语言听觉。研究脑的视知觉,以及如何利用机器完成图形和图像的信息处理和识别任务,如物体识别、生物识别、情境识别等。目前在物体的几何识别、特征识别、语义识别中,人的签名识别、人脸识别、指纹识别、虹膜识别、行为识别、情感识别都已经取得巨大成功。

智能语言处理和理解学科,即自然语言处理与理解研究自然语言的语境、语用、语义和语构;大型词库、语料和文本的智能检索,语音和文字的计算机输入方法,词法、句法、语义和篇章的分析,机器文本和语音的生成、合成和识别，各种语言之间的机器翻译和同传等。目前在计算语言学和语言数字化取得巨大成功，例如信息压缩和抽取、文本挖掘、文本分类和聚类、自动文摘、阅读与理解、自动问答，话题跟踪、语言情感分析、聊天机器人、人工智能写作等，形成一大批井喷成果，中文信息处理与理解尤为突出。

知识工程研究学科如何用机器代替人，实现知识的表示、获取、推理、决策，包括机器定理证明、专家系统、机器博弈、数据挖掘和知识发现、不确定性推理、领域知识库；还有数字图书馆、维基百科、知识图谱等大型知识工程。

以上是李德毅院士对人工智能技术四个技术核心的简述。图书馆的智慧化需要人工智能技术的支撑，随着人工智能技术的进步，一些人工智能技术会逐步的应用到图书馆的智慧化建设中。

7.1.2　人工智能学派

从1956年以来，人工智能60多年的发展历史进程中主要有3大学派和方向，分别是符号主义、联接主义、行为主义[7]。

（1）符号主义，也称逻辑主义、心理学派或计算机学派，其原理主要为物理符号系统（即符号操作系统）假设和有限合理性原理，用物理符号系统来代表智能行为。人工智能发展早期，问题求解、数学计算、机器翻译等，以及后来的专家系统、决策分析系统都属于符号主义的产物。随着技术的发展，符号主义遇到的瓶颈主要是知识提取、表达方式、常识积累、情感等问题，所以难以达到较高层次的人工智能。

（2）以神经网络研究为代表的联接主义把人工智能推向了一个新的高潮。联结主义是统合了认知心理学、人工智能和心理哲学领域的一种理论。联结的中心原则是：心理现象可以用简单且单位一致的互联网络来描述。人们通过生物神经网络模型、人工神经元模型、典型训练算法，激励函数等方法，处理形象思维，用计算机模拟人的视觉理解、直觉与常识等问题。

（3）行为主义最早来源于20世纪初的一个心理学流派，认为行为是有机体用以适应环境变化的各种身体反应的组合，它的理论目标在于预见和控制行为[8]。20世纪80年代，以布鲁克为代表的研究人员将行为主义的观点引入人工智能的研究中，并逐步形成了有别于传统人工智能的新的理论学派。行为主义认为智能行为产生于主体与环境的交互过程中，复杂的行为可以通过分解成若干个简单的行为加以研究，主体根据环境刺激产生相应的反应，同时通过特定的反应来陈述引起这种反应的情景或刺激。因此它能以这种快速反馈替代传统人工智能中的精确的数学模型，从而达到适应复杂、不确定和非结构化的客观环境的目的[9]。

人工智能研究进程中的这三种学派，或称为三种假设、三种研究范式，有力地推动了人工智能的发展。从这三大学派的历史发展来看，符号主义认为认知过程在本体上就是一种符号的处理过程，人类思维过程总可以用某种符号来进行描述，其研究是以静态、顺序、串行的数字计算模型来处理智能，寻求知识的符号表征和计算，它的特点是自上而下。而联结主义则是模拟发生在人类神经系统中的认知过程，提供一种完全不同于符号处理模型的认知神经研究范式，主张认知是相互连接的神经元的相互作用。行为主义认为智能是系统与环境的交互行为，是对外界复杂环境的一种适应。三大学派在实践之中都形成了自己特有的问题解决方法体系，并在不同时期都有成功的实践范例。而就解决问题而言，符号主义有从定理机器证明、归结方法到非单调推理理论等一系列成就；而联结主义有归纳学习；行为主义有反馈控制模式及广义遗传算法等解题方法[10]。

7.1.3 人工智能层次

目前大多认同人工智能可以分为三个层次，分别是弱人工智能、强人工智能和超人工智能[9,11]。

弱人工智能层次是低于人类智能水平的人工智能。目前大多人工智能的技术正处于这个层次。比如阿尔法狗、无人超市系统、刷脸门禁系统、基于内容的图像识别和检索、手机导航系统、智能客服、语音或文本翻译、无人驾驶系统、一些种类的机器人等，都属于弱人工智能。这些人工智能的特点是人类可以很好地控制这类人工智能的发展和运行。

强人工智能层次是和人类智能并驾齐驱的人工智能。到了这个阶段，计算机或机器已经有了意识、自我、创新思维、情感了。目前仅处于设想阶段，类脑计算的发展也许是达到强人工智能的有效之路之一。

超人工智能层次是超出人类智力水平的人工智能。到了这个层次的计算机或机器的学习能力将远远超过人类的学习能力，因而这个层次的人工智能能很轻松地解决人类智能所不能解决的问题，比如长生不老问题、宇宙旅行问题等。当然，从人类的角度来说，这时也会在道德层面、伦理层面、人类自身安全等等方面出现许多人类无法预测的问题。也许会出现“第一个超级智能机器是人类完成的最后发明。”[12]

当然有悲观的，也有乐观的，人工智能技术的发展可为人类勾勒这样一幅图景：它能够准确回答几乎所有困难问题的先知模式，能够执行任何高级指令的精灵模式和能执行开放式任务，而且拥有自由意志和自由活动能力的独立意识模式。

人工智能涉及的技术很多，结合图书馆的实际情况，本书仅从文本智能、语音智能、视觉智能几个方面进行论述。

7.2　文本智能

文本智能，通俗来讲就是让计算机像人类一样理解自然语言、理解文本信息。一般包括智能分词、文本识别、文本摘要、文本分类、情感分析等。

7.2.1　智能分词

词语是语言中可单独应用的最小语言单元，是表征语义的最基本元素。中文和其他一些西方语言的比较，句子间每个字与字之间是没有空格那样的分隔符，呈现出一种多个字符串紧密连接的状态[13]。中文分词可以认为是将大量句子和文本进行切割成词的过程[14]。对句子或文本进行自动分词是一种让人工智能辨识并理解中文的基本方法[15]。

根据中文分词特点，可以把分词算法分为四大类：基于规则的分词方法、基于统计的分词方法、基于语义的分词方法、基于理解的分词方法[16]。一个完整的分词系统应该包括以上所有或几个分词方法，而基于语义的分词方法和基于理解的分词方法更接近于智能的分词方法。智能分词可以对文本内容实现精准分词，并智能判断词汇对应的词性[17]。

1. 基于规则的分词方法

基于规则的分词方法又被称为机械分词方法、基于字典的分词方法。该方法的三个要素分别是分词词典、文本扫描顺序和匹配原则。分词词典需是一个“充分大的”机器词典，分词时按一定的策略将要分析的汉字串与该词典的词条进行匹配，若在其中找到某个字符串，则匹配成功。文本扫描的顺序可分为正向扫描、逆向扫描和双向扫描。匹配原则主要有最大匹配、最小匹配、逐词匹配和最佳匹配。这类分词方法主要有：最大匹配法、逆向最大匹配法、逐词遍历法、设立切分标志法、最佳匹配法。

基于规则分词方法的优点是简单，易于实现。但缺点有很多：匹配速度慢；存在交集型和组合型歧义切分问题；词本身没有一个标准的定义，没有统一标准的词集；不同词典产生的歧义也不同；缺乏自学习的智能性[16]。

2. 基于统计的分词方法

该方法认为：上下文相邻的字同时出现的次数越多，就越有可能构成一个词，因为中文词应该是稳定的组合。据此，可对训练文本中相邻出现的各个字的组合频度进行统计，计算它们之间的互现信息。互现信息体现了汉字之间结合关系的紧密程度。当组合程度高于某一个阈值时，便可以认为此字组可能构成了一个词。该方法又称为无字典分词。该方法所应用的主要的统计模型有：N 元文法模型、隐马尔可夫模型、最大熵模型、条件随机场模型等[16]。

在实际应用中可将此类分词算法与基于词典的分词方法结合起来，既发挥词典分词切分速度快、效率高的特点，又利用了无词典分词结合上下文识别生词、自动消除歧义的优点。

3. 基于语义的分词方法

语义分词法引入了语义分析，对自然语言自身的语言信息进行更多的处理，如扩充转移网络法、知识分词语义分析法、邻接约束法、综合匹配法、后缀分词法、特征词库法、矩阵约束法、语法分析法等[16]。

4. 基于理解的分词方法

基于理解的分词方法是通过让计算机模拟人对句子的理解，在分词的同时进行句法、语义分析，利用句法信息和语义信息来处理歧义现象。它通常包括三个部分：分词子系统、句法语义子系统、总控部分。在总控部分的协调下，分词子系统可以获得有关词、句子等的句法和语义信息来对分词歧义进行判断，即它模拟了人对句子的理解过程。这种分词方法需要使用大量的语言知识和信息。由于汉语语言知识的笼统、复杂性，难以将各种语言信息组织成机器可直接读取的形式，因此目前基于理解的分词系统还处在初级阶段。主要有专家系统分词法、神经网络分词法、机器学习分词法等[16]。

文献［18］针对图书馆检索系统，实现了自动分词，词库采用的是由“现代汉语语法电子词典”中提取的词语和词类信息，共约有4600万个词条，以满足对用户提问的分析和对文献的作者、期刊、语种、学科、关键词、主题词等信息的查询需要。另外，还设有用户词库，可使用户根据处理语料的需要自行添加词条，作为对系统词库的补充。提出的一种改进型的机械分词法，其算法采用的是正向最大匹配法，同时辅之以分词知识法和词频统计法进行纠歧，设置用户词库处理新词。整个系统由词典管理、统计信息管理、自动切分和词性标注、歧义字段识别与排除、组词与新词处理等五类模块所组成。

7.2.2　文本识别

文本识别也叫OCR（Optical Character Recognition，光学字符识别），是对文本的实体进行识别，一般是对图像中的文字进行识别，识别出图像中的文字，图片可以是JPG、GIF、PNG、BMP、TIF、和PDF源文件、PDF扫描件等。

让计算机具有根据图来认字的能力，可以解脱人们将汉字输入计算机的繁重劳动，克服计算机汉语信息处理的汉字输入困难的瓶颈问题[19]。

文本实体的识别一般过程：对输入的一张图片，进行预处理，一般包括角度矫正和去噪；然后对文字的每一行进行行分割，再对每一行文本进行列分割，切割出每个字符，将该字符送入训练好的OCR识别模型进行字符识别，得到结果；最后需要对识别结果进行矫正和优化，比如可以设计一个语法检测器，去检测字符的组合逻辑是否合理。从大的模块总结而言，一套OCR流程可以分为：版面分析 -> 预处理 -> 行列切割 -> 字符识别 -> 后处理识别矫正[20]。

从以上可知，要做文本实体识别并不是单纯一个OCR模块就能实现的，涉及其他相关技术。只有各个技术相互配合才有可能获得较好的识别效果。

文献［21］针对图书馆馆藏书籍的管理和查找带来的大量烦琐手工工作，

提出基于书籍文本自动识别和定位的智能图书管理方法。该方法采用神经网络技术搭建文本识别模型对海量书架上的书籍文本进行自动识别，并基于自动识别出的图书信息搭建馆藏图书的数据库，为实现对馆藏图书的智能检索提供可靠的数据支持[21]。

7.2.3 文本摘要

文本摘要是一种从一个或多个信息源中抽取关键信息的方法，用户可以从摘要获取到文本的所有关键信息点而无须阅读整个文档，从而使用户既了解了要点，又节约了时间。文本摘要系统首先从文本中自动提取有代表意义的关键词，作为描述该文本的标签，然后提取有代表性的语句作为文本数据的摘要，从而实现文本数据的简要、概括性描述。

文本摘要技术希望计算机生成的摘要与人工摘要一样，尽可能做到表达内容正确、语义连贯、语句通顺等。其基本流程主要分为如下四个步骤：首先，对原始文档进行数据预处理，把标点符号、停用词等与文本语义相关不大的内容去掉，以保证文档数据的质量；根据特征计算文档各个部分的重要程度，依据重要程度大小排序抽取重要内容，以提高文本摘要的显著性；对选取内容中的冗余信息进行去除，以提高文本摘要的新颖性；将零散的信息片段重新组合排序，并按照摘要大小生成相应摘要，提高文本摘要的流畅性[22]。

停用词指的是诸如代词、介词、连接词等不包含或包含极少语义的词，另外标点符号也可以被认为是一种停用词。通常情况下，在文本中去掉这些停用词能够使模型更好地去拟合实际的语义特征，从而增加模型的泛化能力。但值得注意的是，停用词表并不是一成不变的。针对不同的文本分类情景，所采用的停用词表也应该做出针对性的调整。

文本摘要方法的分类方式有多种。根据输入文本的数量，文本摘要方法可以分为单文本摘要方法和多文本摘要方法。根据不同的标准，文本摘要方法又有不同的分类体系。对于用户自建数据集的文本摘要任务，常用方法可分为基于统计的方法、基于图模型的方法、基于词法链的方法、基于篇章结构的方法和基于机器学习的方法[23,24]。

7.2.4　文本分类

文本分类可以实现文本资源进行整理和归类。在给定分类标准的前提下，根据文本信息的主题、内容或属性，对海量的文本信息资源进行单类别或多类别归类的过程[25]。

文本分类一般由文本预处理、文本表示、分类方法及效果评估三部分组成，技术方面主要涉及向量空间模型、特征提取和文本分类方法等。其中在进行文本分类之前，需要事先将文本的内容特征明显的表示出来，因此特征提取成为文本分类中的重要一环，能够直接影响文本分类的正确率[26]。

1. 文本预处理

在处理文本数据时，首先要对原始信息进行预处理。由于中文数据词语之间没有明确的分隔符且存在一定的噪音信息，所以在预处理阶段通常要经过分词、去除停用词、低频词过滤等过程。现有的分词算法可见 7.2.1 节介绍。

2. 文本表示

文本是由词和短语构成的符号序列。要将自然语言处理问题转化成机器可学习的数学模型，首先要对词和文本进行向量化建模[27]。这时需要对文本进行特征选择和特征降维。

特征选择是在不影响原始特征空间性质的前提下，从原始特征空间中选择一些对文本内容最具有代表性的特征来进行文本分类，从而对文本特征空间进行降维，以此提高文本分类的精度和效率。目前常用的特征选择方法包括：文档频率、卡方统计量、信息增益等[25]。

特征空间一般具有高维性，并且这种高维、离散的特征由于具有时空复杂度较高的特点，故给相关计算带来了不便。同时，特征的冗余以及缺乏有效关联也会影响分类性能。特征抽取是特征降维的重要手段，其对原始的特征空间进行压缩、变换生成新的语义空间，并降低原始空间的维度[28]。经过特征抽取后，新的特征子集能够更加简洁、准确地刻画文本的语义信息。常用的特征抽取方法有潜在语义索引、主成分分析和非负矩阵分解等，在文本分类时，通常还要结合文本数据和分类器的特性，融合、改进各种特征降维方法[27]。

3. 分类方法及评估

宏观上文本分类的方法包括三类：分别为无监督、半监督、有监督的文本分类。无监督的文本分类无须带类别标记的训练数据，其方法有文本聚类、种子词匹配、潜在主题挖掘等。半监督的文本分类算法只需少量带有标记的数据，通过学习少量标记数据和大量无标签数据的潜在特征，建立分类模型，并对新数据做出预测。有监督的机器学习方法需要大量带有标签的训练数据，广泛使用的传统分类模型有：朴素贝叶斯、K 最近邻、支持向量机、决策树等[27]。

文本分类的常用的评价指标分别为：精确率、召回率、准确率和 F 值[29]。

文献［25］在分析传统数字图书馆中文本分类方法的基础上，提出了基于深度学习的数字图书馆文本分类模型，采用词向量的文本特征表示方法来解决传统方法的高纬度和数据稀疏问题，并且词向量可以携带文本的语法和语义信息，通过深度学习模型的卷积神经网络所特有的层次结构，可以自主学习文本的词语、短语、句子、段落等各个层级上的内在的语法和语义特征，将词向量和卷积神经网络两者提取到的文本特征相结合共同作用于数字图书馆的文本分类，可以有效解决传统文本分类中存在的问题。

7.2.5 情感分析

在某些行业或应用场景，让计算机对文本进行情感分析，挖掘文本数据正面、负面、中性的情感倾向，并识别、提取出有明确评价指向的口碑信息具有重要的意义和应用价值。比如对产品、网上商品、新闻事件等各维度的正负面评价进行情感分析以提供相关人员参考。由于情感分析蕴含的巨大商业、政治等方面的价值，在网络用户急剧增多、网上的文本信息海量增长、用户参与并发布的评论日益膨胀的今天，对其研究和应用越来越受到普遍的关注。

文本的情感分析，又称为文本观点挖掘、文本意见挖掘。其研究对象主要是 Web 上的文本，尤其是网络用户发布的评论性文本[30]。通过对文本信息，尤其是评论性文本的主题、意见持有者、主客观性、情绪态度等情感信息的挖掘和分析，进而识别出主观性文本的情感趋向。

情感分析方法可以分为三类，一类是基于情感词典的方法，通过特定的语义规则进行情感分析；第二类是基于传统机器学习的方法，这类方法首先要挖掘文本的特征，再使用支持向量机、朴素贝叶斯、最大熵等模型对文本进行情感分析；第三类是比较新的基于深度学习的方法，首先将文本转换为文本向量，然后作为深度学习模型的输入进行训练，最后验证并保存训练好的模型[31]。

基于情感知识构建情感词典并将其作为工具是判断主观性文本情感极性的传统方法，大部分的情感词典是人工构建的，基本原理是根据经验将广泛使用的情感词进行归纳整理，当文本输入后就与词典内容进行匹配，寻找文本中与情感词典中重合的情感词，从而判断文本的情感极性。基于机器学习对文本进行情感分析的原理是人工提取文本特征后由计算机根据某种特定的算法对文本进行处理然后输出情感分类[32]。深度学习可以通过构建网络模型模拟人脑神经系统对文本进行逐步分析、特征抽取且自动学习优化模型输出，以提高文本分类的正确性[33]。

按照处理文本的不同粒度，也可分为三个级别的研究，分别是词语、句子和篇章；按照处理文本的类别不同，可分为基于产品评论和基于新闻评论的两种观点挖掘；按照处理文本的不同任务，可分为三项逐层递进的任务，即情感信息抽取、情感分类和情感检索[32]。

情感信息抽取旨在抽取文本中有价值的情感信息，一般包括评价词语的抽取和判别、评价对象的抽取、观点持有者抽取、组合评价单元的抽取。其中组合评价单元的抽取又分为主观表达式的抽取、评价短语的抽取、评价搭配的抽取三部分。情感分类最常用的有两种方法：一种是对情感信息的主、客观二元分类；另一种是只针对主观信息的情感分类，包括最常见的褒贬二元分类以及更细致的多元分类。文本的情感信息经过抽取和分类后，还需经过检索与归纳才能最终让用户使用。情感信息检索旨在为用户检索出主题相关，且包含情感信息的文档；情感信息归纳则针对大量主题相关的情感文档，自动分析和归纳整理出情感分析结果提供给用户参考，以节省用户翻阅相关文档的时间[32]。

7.3　语音智能

在多媒体系统中，音频信号要分为两类：语音信号和非语音信号。非语音信号又可分为乐音和杂音。非语音信号的特点是不具有复杂的语意和语法信息，信息量低，识别简单。语音是语言的物质外壳（载体）。语言是人类社会特有的一种信息系统，是社会交际工具的符号[34]。音频信号处理的特点如下[34]：

（1）音频信号是一种依赖时间的连续媒体。故此对其处理的时序性要求很严格。一般时间延迟不超过 25ms，否则人就会感到声音的断断续续。

（2）正常人接收声音通过左耳和右耳两个通道，故此，想让计算机模拟自然的声音，也应有两个声道，也就是立体声。

（3）由于人的语言、乐曲等语音信号还携带了情感的意向，故对语音信号不仅是语音信号的处理，还要抽取语意等其他信息。因此可能会涉及语言学、社会学、声学等学科知识。

本书主要是对语音智能的相关技术进行论述，语音智能有时也可以称为自然语言处理（NLP），NLP 使用和支持文本分析，通过统计和机器学习方法促进对句子结构和意义、情绪和意图的理解。另外，由于语音可以生成文本，那么语音的内容分析和处理可以采用文本智能的方法来解决。本节只介绍语音相关的智能技术。

7.3.1　自然语言分析

如何让计算机理解人类的语言，或者说如何让计算机像人一样和人类进行语言交流而无障碍，让计算机对自然语言进行“理解”，这些都属于语音智能的范畴。

要实现将自然语言输入转换成为一种满足某种应用需求的形式化表示这种“理解”能力，对计算机来说一般要经过如下的几个阶段：词法分析、句法分析、语义分析以及语境分析等。词法分析任务比较基础，但却有着非常广泛的需求和应用前景，仍是自然语言处理领域中的热点问题[35]。目前词法分析技术、句法分析技术发展相对成熟，而位于语义分析技术、语境分析技术还需要进一步的研究[36]。

1. 词法分析

词法分析指的是自然语言理解中以词为处理单位的分析方法和技术的总称。词法分析包括利用计算机技术进行形态分析、词语切分、词类标注等具体分析任务[36]。

中文的词法分析任务由中文分词和词性标注这两个基本任务组成。当语音转换成文本，语言分析就类似于文本分析，中文分词相关内容见 7.2.1 节。词性标注就是对组成句子的每一个词指定一个词性类别的任务。词类标注最基本的方法有基于规则和基于统计的两种方法。基于规则的方法是利用系统的知识库进行词类标注，基于统计的方法则是利用语料库计算概率来标注词类[37]。

这里的语料库是由大规模的真实自然语言文本组成的集合，其中收集了具有代表性的各种题材和体裁的语言规范的文本。语料库信息的加工处理也需要词类标注的工作，这时词类标注的任务就是给语料库中的每个词赋予一个合适的词类标记。词类的正确无误标注是后续句法标注乃至更高层次加工的基础和前提[38]。

2. 句法分析

句法分析处理的基本单位是句子，其主要目标是确定输入句子的结构是否符合自然语言的句法规则，符合的或者是良构的就会生成一种反映句子组成情况的树形结构，称作句法树。当然，对某种自然语言进行句法分析需要依赖该语言的句法知识。

句子分析方法主要有短语组成分析法和依存分析法。短语组成分析法主要基于上下文无关概率文法，也就是从标注句法树库中直接抽取语法规则，并且将相对出现次数计算为语法规则的概率。依存分析法基本思想就是将依存关系引入到语法中，将短语中心词和词汇等语义信息融入上下文无关语法规则。两种方法相比，前者的分析模型较易实现，然而分析模型的效果并不令人满意；后者比前者可以大大提高消歧效果，但会产生比较严重的稀疏数据难题[39]。

3. 语义分析

语义分析的研究主要有两类：一是词义分析，处理的单位是词；二是句义分析，处理的单位是句子。

（1）词义分析通常又称作词义标注或者词义排歧。由于自然语言中有许多多义词的存在，这些词在不同的语境中表现出不同的义项，词义排歧关注的就是如何利用计算机技术确定文本中的多义词在当前语境中所表现的义项，词义标注着眼于为自然语言文本中的词标注义项标记，对于其中的多义词，自然需要进行词义排歧处理[36]。

（2）句义分析以句子为单位进行，得到句子意义的形式化表示。句义分析通常在句法分析之后进行，基于句法和句义的连接理论，典型的做法是按照一定的语义规则在句法分析的基础上推导出句子的意义表示，这一过程有时也称作语义解释[36]。

7.3.2 自然语言生成

自然语言生成技术需结合人工智能和计算机语言学的知识和技术，而语言生成系统是基于语言信息处理计算机模型的。自然语言生成的过程是从抽象的概念开始，逐步通过系统的语法规则来生成文本。自然语言生成技术主要有两个主要用途：一是可利用语言知识来生成文本、分析报告、帮助消息等；二是可作为鉴定特殊语言的一种手段[40]。

自然语言生成系统接收结构化表示的语义，输出符合语法的、流畅的、与输入语义一致的自然语言文本。早期的自然语言生成技术多采用管道模型，将其划分为三个不同阶段的子任务：内容选择，决定哪些内容要表达；句子规划，决定篇章及句子结构，进行句子融合、指代表述等；表层实现，决定选择什么样的词汇实现一个句子的表达。近年来，基于数据驱动的自然语言生成技术的研究获得关注，从浅层的统计机器学习模型，到深层神经网络模型，对语言生成过程中每个子任务的建模，以及多个子任务的联合建模，开展了相关研究[41]。

自然语言生成技术一般有模板生成技术、模式生成技术、短语/规则扩展技术[42,43]。

1. 模板生成技术

作为最早使用、最简单的一种自然语言生成技术，模板生成技术的原理和填充方法相似。先考虑并设计好几种可能出现的语言情况，构造出每种情况相应的模板，每个模板包括一些常量和一些变量，当用户输入一定的信息后，文本生成器将这些信息作为字符串嵌入到模板中替代变量。该技术思路很简单，生成的自然语言文本质量不太高，且不易维护，但仍具有十分广泛的用途。例如：有许多应用软件都采用该技术处理出错信息、警示信息[42,43]。

2. 模式生成技术

模式（Schema）生成技术是基于语言学中的修辞谓词来表达文本结构的一种方法，它将文本中的句子功能进行分类，并把标准模式和修辞性谓语完备性相结合。同时采用谓语（Predicate）来描述文本结构的规律，是文本的基本结构框架的表示，该表示中明确了会话中心内容的表达顺序。文本都是由主题组成的，主题是指一个句子或者一个从句 Predicate 根据文本中的主题进行分类，每个主题都被归纳为特定的 Predicate。对一些特定的文本来说，存在着一些标准的 Predicate 组合模式来表示文本的基本结构，这种模式就称为 Schema。模式生成技术具有较好的维护性，输出的文本质量较高；缺点是只用于固定结构段落，生成的文本不够灵活[42,43]。

3. 短语/规则扩展技术

短语/规划扩展技术又被称为修辞结构理论 RST（Rhetorical Structure Theory），认为一篇文章的各个组成部分，无论是句子、段落甚至更大的组成单位之间都是由一些特定的关系按照一定的层次内聚在一起的。多数自然语言生成系统都包含一个修辞关系集，而与具体应用相对应的关系集是其子集。该技术的优势是灵活性很强，文本的总体结构会随着子树的生成而生成；缺点是不易建立文本规则和数据结构[42,43]。

4. 属性特征生成技术

属性特征生成技术相对来说是比较难的一项自然语言生成技术。在该系统中，每一个细微的变化都需要用一个属性特征表示出来。例如，生成的句子是主动语气还是被动语气，语气是问题、命令还是声明？这都将被属性特征表示出来，甚至输出的每个单元都与一个特定的唯一的属性特征集相连，达到一一对应。在句子水平级上，特征属性是句子语法，输出符号是句子词汇。该方法的优点是概念简单，任何一种不同类的语言都能轻易地作为特征加入进去，生成的文本相当灵活；其缺点是很难维护各属性之间的内容关系，难以控制特征集的选择，并且工作量很大[42,43]。

7.3.3　语音识别和检索

语音识别的目的是让计算机通过识别和理解过程把语音信号转变为相应的文本信息或命令信息。语音识别通过语音输入系统、控制系统以及对话查询系统使得机器收到人的语音指令，并完成相应操作[44]。

经典的语音识别系统结构主要包括信号预处理、特征提取、数据训练、匹配计算、识别判决[45]。下面从语音信号预处理、语音特征提取、语音训练与识别、语音检索几个方面对语音识别和检索技术进行论述。

1. 语音信号预处理

预处理的流程一般有端点检测、声道转换、预加重、去加重、分帧、加窗、重采样等。不同的语音识别在预处理顺序上有一定差别[46]。语音端点检测，就是从一段给定的语音信号中找出语音的起始点和结束点[47]。预加重技术可以抵消掉语音中低频能量过大、高频能量过低和环境中的其他语音信息。采用预加重技术增强原始语音信号的高频成分，通过叠加之后，原始语音信息在高频和低频段的能量相当，使得识别效率明显提升。而在语音识别系统的输出端采用相反的负能量信号将添加的高频成分去掉，这就是去加重，去加重可有效提高声音信号的信噪比。要想在接收端接收平稳的信号，就需对整段语音进行分帧，也就是切成几段。语音信号的分帧是采用可移动的有限长度的窗口进行加权的方法来实现的，称作加窗。为了满足对不同采样率的要求，常需要对语音进行重采样。重采样即将原始的采样频率变换为新的采样频率以适应不同采样率的要求。音频重采样分为上采样和下采样，即插值和抽取[46]。

2. 语音特征提取

对说话人的语音识别也叫声纹识别，这是一种通过语音信号中提取能够表征说话人的个性特征的语音参数，将特征参数运用到说话人识别系统中，进行说话人识别或是说话人确认。语音特征参数提取是整个说话人识别系统中最重要的关键问题[48]。

语音特征提取的目的是为后续的语音数据训练与识别提供分析数据。合理的语音特征选择不但可以提高识别模型的训练效率，而且还能有效提高模型的识别精度。对这些特征的参数要求：能将语音信号转换为计算机能够处理的语音特征向量；能够符合或类似人耳的听觉感知特性；在一定程度上能够增强语音信号、抑制非语音信号[49]。

常用的特征提取方法有：线性预测分析（LPC）、感知线性预测系数（PLP）、基于滤波器组的 FBank 特征、线性预测倒谱系数（LPCC）、梅尔频率倒谱系数（MFCC）等[50]。

3. 语音训练与识别

对语音的训练和识别包括数据训练、匹配计算、识别判决。数据训练就是采用某一识别方法，通过训练与聚类获得相关语音参数，并将其视为参考模板保存，同时构建参考模板库。模式匹配则是按照一定准则，使未知模式与模型库中的某一个模型获得最佳匹配。识别模型经过测试，达到一定的性能要求，就可以使用该识别模型进行语音识别和判决[51]。

作为语音识别系统的核心，目前常用的识别模型主要有：动态时间规整算法（DTW）、隐马尔可夫模型（HMM）、矢量量化算法、人工神经网络、支持向量机、深度学习等[52]。

4. 语音检索

在搜索系统中加入语音媒体文件，按搜索内容建立索引分类；只有在索引完成之后，才可通过相应的搜索功能对语音媒体进行检索。

语音检索包括关键音搜索和全文搜索两种。关键音搜索就是在媒体音频文件中快速找出与用户输入的查询词发音相同或相似的位置；全文搜索就是定位用户的查询词在媒体音频文件中出现的位置[53]。

在文本检索系统中，当用户提交一个文本查询关键词，检索系统就根据这个查询去计算查询关键词与索引中的每个索引项的相似度分数，再依照相似度分数由大到小排序给使用者，相似度越大的内容表示与用户的需求越相近。在语音关键词检索系统中，首先同样需要计算查询关键词与索引项之间的相似度，并根据相似度进行排序。然后，对排序后的关键词候选进行置信度评价[51]。

置信度评价可看作是一个模式分类问题，即根据不同的置信度特征或特征组合将检索候选标记为正确或错误两类。它主要包含两方面的内容，置信度特征选择和置信度判决模型。前者为选择与置信度相关的信息，后者为建立模型合理分析置信度特征，并做出合理的判决[51]。

文献［54］通过微信提供的语音识别 API，采用同步馆藏书目数据的方式，经过相应的检索程序处理，最终将检索结果通过微信 APP 推送给用户，实现语音识别馆藏书目检索的效果。

文献［55］设计开发了一站式检索和智能检索系统，读者说出要查询的内容，系统即可完成整个检索过程并显示查询结果。用户检索时无须考虑关键词、检索语法，只需像平时一样说出想检索的内容，检索系统会自动识别用户的语音，然后进行智能分词，再通过转换过程，过滤出关键词并生成专业的检索语法进行检索，并最终返回检索结果。整个识别、分词、转换过程由系统自动完成。

7.4 视觉智能

前面介绍了文本智能和语音智能，本节介绍视觉智能。图书馆现有的数据或者应用大多是基于文本、语音和图像 / 视频的。与视觉智能相关的技术，比如人脸检测、人脸识别、智能视频监控、图像的情感语义识别、图像的文本识别、物体分类检测、行为识别、场景的分类和理解以及视频的分类、摘要等都可以应用于图书馆的管理和服务中。

视觉智能是一个内涵或外延非常广的对象。本节仅从基于内容的图像检索以及基于内容的视频检索两个方面进行论述。

7.4.1 基于内容的图像检索

最初的图像检索是基于文本的图像检索技术（Text-based image retrieval，TBIR），也就是说在搜索系统里输入文本，检索出符合文本语义的图像。TBIR系统需要人为的利用文本描述的方式对图像进行文字标注，或者是计算机根据图像所在页面图像四周的文本来标注，然后把文本标注和图像路径在关系数据库中保存起来，最后通过文本信息的检索技术来实现对图像信息的检索。它的最大优点是：如果图像描述标注正确且完整适当，会产生较好的检索效果。缺点：一是不适合海量图像的标注；二是计算机利用图像所在页面文本标注的精确性较低；三是由于人的主观性和个人差异性，对同样一张图像的理解可能不尽相同，甚至差别很大，造成标注的结果也许差别很大，势必也会影响搜索的结果[56]；四是不能满足用户直接提交图像来进行检索。

基于内容的图像检索技术，给定一幅查询图像，检索系统依据图像的内容信息，在图像数据库中搜索并查找出符合与查询图像相似的图像。该技术俗称“以图搜图”，英文简称CBIR（Content-Based Image Retrieval）。其实质是使用索引图像的视觉特征和图像数据库进行匹配，由用户提供查询图像，经过机器学习算法提取查询图像的视觉特征，与图像数据库中已经提取的视觉特征进行比较（相似性度量），再根据度量距离大小返回查询结果图像给用户[57]。

基于内容的图像检索技术优点在于生成图像特征和计算相似性过程直接由机器自动完成，充分发挥了机器长于计算的优点，能有效提高检索精度。同时解决了 TBIR 面临的一系列缺点，为海量图像的检索需求开启了全新的一页。不过，基于图像内容检索的缺陷也是显著的，那就是图像特征表达与图像语义之间存在着难以填补的“语义鸿沟”，即算法从图像数据中提取出的信息与这些数据对用户的解释之间缺乏一致性[58]。为此，解决“语义鸿沟”问题一直是图像检索研究的重要问题之一。

一般情况下，基于内容的图像检索可分为三个层次[59]：

第一，依据提取图像本身的颜色、形状、纹理等低层特征进行检索；

第二，基于图像的低层特征，通过识别图像中的对象类别以及对象之间的空间拓扑关系进行检索；

第三，基于图像抽象属性（场景语义、行为语义、情感语义等）的推理学习进行检索。

目前的应用大多在第一层次，研究大多在第二和第三层次。要实现基于内容的图像检索，其工作过程主要由五个步骤组成：图像预处理、图像特征提取、图像相似性度量、输出检索结果、特征调整[60]。

1. 图像预处理

一般情况下，对于用户提交的待检索的图像，其在大小、像素、亮度、甚至格式上都存在着很大的差异，有的图像可能和检索系统要求的不同，因此就需要先对待检索图像进行相关的图像预处理，处理成检索系统要求的格式，这些工作一般由检索系统自动来完成，例如图像灰度化、平滑、归一化等。

2. 图像特征提取

图像的特征主要有两类。第一类是底层的视觉特征，视觉特征可以分为特定特征和通用特征。特定特征比如人脸、指纹等；通用特征包括图像的颜色特征、纹理特征和形状特征等。第二类是高层的语义特征，其组成可分为两部分，一部分是对图像内容含义的理解，另一部分是对原来客观场景的解释[61]。根据现有的研究和应用成果，目前对低层的视觉特征研究比较成熟，而对高层的语义特征还需要进一步的深入研究。

图像底层特征提取就是利用计算机技术及相关算法，提取经预处理后图像的各种底层特征。图像的特征一般有颜色、纹理和形状三种。有时为了研究和应用方便，按提取特征的过程可以分为全局特征的提取或局部（区域）特征的提取，全局特征一般指整幅图像，局部特征提取一般是针对某个目标的，比如图像中的某个区域等。

（1）颜色特征。

图像的颜色特征提取经常使用颜色直方图和颜色矩等特征。

颜色直方图反映的是图像中颜色的组成分布，即图像中各种颜色出现的概率。颜色直方图可以是基于不同的颜色空间和坐标系。颜色空间有 RGB 颜色空间、HSV 空间、LUV 空间和 Lab 空间等几种表示方法，其中 HSV 空间是直方图最常用的颜色空间。HSV 空间的三个分量分别代表色彩（Hue）、饱和度（Saturation）和值（Value）。

颜色矩是一种简单有效的颜色特征表示方法，有一阶矩（均值，mean）、二阶矩（方差，variance）和三阶矩（斜度，skewness）等。由于颜色信息主要分布于低阶矩中，所以用一阶矩，二阶矩和三阶矩足以表达图像的颜色分布，通过理论的计算及大量的实验验证，颜色矩可很好地描述图像的颜色分布情况。

（2）纹理特征。

将图像中局部具有不规则性，而宏观有规律的特性称之为纹理。纹理是与物体表面材质有关的图像特征，是一种不依赖于颜色或亮度反映的视觉特征。在基于内容的图像检索领域，纹理特征描述方法一般有统计法、结构法、模型法、频谱法四种[60]。

统计法用于描述纹理特征的常用的两种方法分别是灰度直方图和灰度共生矩阵法。在图像中，把白色与黑色之间按对数关系分为若干等级，称为灰度等级。灰度范围一般从 0 到 255，白色为 255，黑色为 0。灰度直方图是灰度级的函数，表示图像中具有某种灰度级的像素个数，反映了图像中某种灰度出现的频率。灰度直方图是统计法中最简单的一种方法，但是此方法缺少对像素相对位置的空间信息的描述。另一种统计法是灰度共生矩阵法，弥补了灰度直方图在空间关系方面的不足，可以通过研究灰度的空间相关特性来描述图像纹理。由于纹理是由灰度分布在空间位置上反复出现而形成的，因而在图像空间中相隔某距离的两像素之间会存在一定的灰度关系，即图像中灰度的空间相关特性。灰度共生矩阵法考虑了空间信息分布，在灰度图像像素对的基础上构造共生矩阵，再通过提取类似对比度、相关性、能量、熵和逆差距等统计量来表示纹理特征[62]。除了灰度直方图和灰度共生矩阵法以外，还有Tamura纹理特征、纹理谱统计方法、交叉对角矩阵等。其中Tamura纹理特征属性依次为：粗糙度、对比度、方向度、线像度、规整度和粗略度。

结构法假设纹理是由一些基本的单元按照某种排序组合而成的，对纹理特征提取的过程即是求取纹理单元并找到排序规律的过程。一般的过程为：给定一幅图像，首先用网格将图像划分为多个子窗口，再用测量自相关函数法确定子窗口的平均周期矢量，对子窗口进行归一化处理，然后将多个子窗口用傅里叶变化求和，最后得到完成的纹理图像。此外，还有马尔可夫模型、分形模型以及Wold分解模型等[63]。

在模型法中，描述图像的纹理主要是运用数学建模的方法，但此方法的计算量较大，一般也很少选用此方法。

在频谱法中，描述图像的纹理特征主要是利用频率特性来表示。具体来说，就是将图像本身用频率滤波器从时域范围转换为频域范围，接着在其转换的频域的范围内对其纹理特征进行提取。目前主要的纹理分析法有傅立叶变换分析法和Gabor小波变换法。

（3）形状特征。

形状特征指的是图像中的对象或区域的形状。通常情况下，形状特征有两类表示方法，一类是轮廓特征，另一类是区域特征。图像的轮廓特征主要针对物体的外边界，而图像的区域特征则关系到整个形状区域。

常用的形状特征描述方式有傅立叶描述子、形状不变矩、几何参数法等。

傅立叶描述子：傅立叶形状描述子用具有对象边界函数（即傅立叶函数）来表达其变换形状的信息，具有较好的几何不变性，往往用于对轮廓的描述。作为对基于边界/轮廓的方式进行形状描述的傅立叶描述子目前使用比较成功[64]。

形状不变矩：形状不变矩也可以称为形状无关矩，是基于区域的对象的表示形状的方法，其中最著名为Hu不变矩。在像素个数确定的前提下，Hu不变矩在对图像进行平移、尺度和旋转变化方式的情况下具有较好的不变性[65]。因此被频繁使用于CBIR情况下的各种以形状特征为主的场合。

几何参数法：形状的表达和匹配采用更为简单的区域特征描述方法，例如采用有关形状定量测度（如矩、面积、周长等）的形状参数法。在IBM的QBIC系统中，便是利用圆度、偏心率、主轴方向和代数不变矩等几何参数，进行基于形状特征的图像检索。

近年来，在形状的表示和匹配方面还出现有限元法、旋转函数和小波描述符等方法。

（4）局部特征。

局部特征主要是考虑图像的显著区域，显著区域就是看到图像时第一时间吸引人们大多数注意力的区域，所以显著区域往往携带了图像大部分的有用信息，体现了图像本身想传达的主要内容信息，对图像检索来说图像的显著区域会起到直接的影响。局部特征点是图像特征的局部表达，它只能反应图像上具有的局部特殊性，所以它只适合于对图像进行匹配，检索等应用。局部特征对于图像理解则不太适合，图像理解更关心一些全局特征，如颜色分布、纹理特征、主要物体的形状等。显著区域的特征一般有三阶颜色矩特征和显著区域Gabor特征等。

3. 图像相似性度量

如果想实现图像的基于内容检索，还需要对图像的相似性进行研究，这就涉及图像的相似性度量问题。在提取图像的底层特征之后，利用相应的判别准则判断待识别图像的相似性度量，再与数据库中的图像匹配比较，其中距离度量法是一个比较常用的度量准则。

图像检索的最终目的是为了判断查询的图像与图像库中的图像在内容方面是否相近或相似，而评判的标准就是对比两者之间内容的相似度。相似性度量不仅是指两幅图像间相似性距离的测算，也是衡量图像间相似性的标准。

常用的度量方法：街区距离、欧式距离、无穷范数、直方图相交、二次式距离、马氏距离、EMD距离。相似度测度有内积测度、余弦测度、皮尔森相关系数等。概率测度有KL距离、JS散度等。

4. 评价和调整

在信息检索和统计学分类领域中，一般通过查准率和查全率这两个度量值来评价质量性能的好坏。查准率，也叫准确率，用来衡量检索系统的结果准确性，指检索出目标的数量与检索结果总数的比率；查全率，也叫召回率，用来衡量检索系统的查找准确性，指检索出目标的数量与数据库中所有目标数量的比率[66]。

一般来说，在图像检索领域，查准率就是检索输出的图像中有多少个是目标图像，查全率就是在图像数据库有多少个目标图像被检索出来了，而 F 值就是查准率和查全率的调和平均值[67]。查准率、查全率和 F 值是在复杂庞大的图像数据库中，检索出目标图像的重要评价指标。它们的定义如下：

查准率 = 检索出目标图像个数 / 检索出的所有图像个数

查全率 = 检索出目标图像个数 / 数据库中目标图像的个数

F 值 = 查准率 * 查全率 *2/（查准率 + 查全率）

由此可见，查准率和查全率的取值范围在 0 和 1 之间，当数值越接近 1，表明检索系统的性能和检索效果越好，F 值，是用来评价查准率和查全率的指标[60]。

当检索效果没有达到目标时，就需要进行特征调整。可以以检索结果中某个满意的图像为标准，适当调整相关的特征参数，反馈到原检索系统中，重新查询。

7.4.2 基于内容的视频检索

随着多媒体和网络技术的发展，图书馆的各类视频数据库系统的建设也是如火如荼，随之对视频数据进行存储和管理成了电子资源管理的一项重要内容。在视频数据库系统的管理和使用中，传统的视频检索系统在视频入库时会对其中的数据进行一系列加工，通常采用人工标注数据的方法记录视频的内容，在用户搜索视频时，输入查询词，通过文本标记和查询词进行匹配，以此来查找视频中的目标[68]。

但是，随着视频数据库系统日常需要处理数据的增加，相应的视频标注工作量越来越大，这时如果还采用手工的方法对视频进行标注，那么处理效率就会变得异常低下；另外由于视频展现的内容较为丰富，有时很难用文字准确地进行描述，就是有了描述，也未必全面，而且不同的人、甚至同一个人在不同的时间或场景对同一段视频的标注也不尽相同，甚至差别很大。这些主观或客观的因素都会影响检索的结果及对视频检索的性能评估。而同时伴随着现代的数字图像处理技术以及人工智能技术的发展，基于内容的视频检索（Content-Based Video Retrieval，CBVR）技术便应运而生，并获得了较好的应用效果。

简单地说，基于内容的视频检索技术是指从海量的视频中检索到用户需要的视频片段。根据视频的内容，对结构化的视频数据的场景、镜头、视频帧等各层次单元进行有效分析并提取低层视觉特征以及高层语义描述特征，然后通过视频特征间的相似性度量匹配，从大规模的视频数据库中检索出用户最感兴趣的视频内容。CBVR 能够给用户带来更客观、更高效、更准确的信息检索结果，同时也提高了视频检索的效率和准确率[69]。

基于内容的视频检索系统，其基本功能可分为两部分：数据库模块和查询模块。数据库模块实现视频数据库的处理和管理。视频数据库包含三个库，分别是媒体库、特征库和知识库。其中，媒体库里存放的是图像、音频和视频等数据文件；特征库里存储的是对视频文件的低层视觉特征描述，这些特征可以从原始视频、场景、镜头、关键帧等视频数据的各个层次上提取；知识库包含各个领域的新信息新知识，利用有序化的信息和知识对视频数据进行高层语义描述。用户提交待检索的例子视频数据给查询模块，查询模块根据一定的规则提取待检索视频的特征，然后将这些特征与视频数据库中的特征进行计算与匹配，并将检索到的内容按照相似性的排序依次反馈给用户[69]。

基于内容的视频检索涉及的关键技术和查询功能如下。

1．视频处理

基于内容的视频处理包括：视频结构分析、视频索引和视频聚类。视频结构分析是指通过镜头边界的检测，把视频分割成基本的组成单元——镜头；视频索引包括关键帧的选取和静止特征与运动特征的提取；视频聚类就是研究视频流中镜头之间的关系，也就是把相近镜头进行组合，目的是提高检索效率[70]。

由于视频的非结构化特征，要想对视频内容进行有效分析、管理、浏览和索引等，首先要做的就是对视频进行结构化的处理，其中镜头边界的检测和关键帧的提取技术乃是重中之重的核心技术。

（1）镜头边界检测技术。

大部分视频是由一个个镜头连接并组合而成的，镜头是视频数据的基本单元，也是最基本的索引单元。要想对视频实现基于内容的检索，首先要把视频自动地分割为镜头，分割的过程就称为镜头边界的检测，也叫场景转换检测。

镜头分割的过程是为了从连续的视频中找到帧间的变化规律，检测其中的边界，得到独立的镜头后，在镜头的基础上再提取关键帧，最终利用关键帧检索到视频或其中的镜头。根据镜头连接方式的不同可将镜头切换分为渐变和突变两种。镜头突变指的是镜头变化时中间没有过渡帧，情景或人物等瞬间进入另一个状态；而镜头渐变一般是通过人工编辑使一个镜头淡入、淡出或溶解到另一个镜头中。因此对镜头分割就需要分别检测到这两种镜头的边界[68]。

目前已经提出了许多镜头边界检测算法，其主要思想是一致的，也就是识别确认视频内容的不连续点。无论哪一种检测算法，都由三个基本要素构成，即视频内容的表达、视频内容的连续性和对连续性取值的分类[71]。

由于不同镜头间会出现颜色、边缘、形状等视觉特征的变化，而在镜头转换点处，这些特征的差异最为明显，镜头分割算法的基本原理就是通过比较帧间的特征差与设置的阈值大小来找出镜头的边界。现今常用的镜头分割算法主要分为两类：像素域和压缩域[72]。

像素域指的是时间空间域，这时的视频流没有被压缩，镜头分割利用的是图像低层的颜色、纹理、形状等视觉特征来检测镜头的边界转换帧。像素域常用的检测算法一般有：基于直方图差、基于像素灰度差、基于块匹配、基于运动分析、基于双阈值的渐变等几种镜头分割算法等。压缩域中的镜头分割算法是直接从压缩的视频流中提取出用于检测镜头边界的特征，通常用于标准的视频。压缩域常见的镜头分割算法是基于离散余弦变换（DCT）系数[72]。

（2）关键帧提取技术。

关键帧提取技术是在视频被切割成多个镜头以后，从每个镜头中抽取多个反映该镜头主要内容代表帧的技术。视频的内容可以通过关键帧序列来表现，也就是说利用关键帧序列可以快速浏览视频的内容，也可以实现对视频内容的检索。

关键帧的提取时，要求所提取的关键帧一定要具有代表性，可以真实地反映出镜头中所包含的主要内容；另外提取出的关键帧的个数应与镜头内容的变化一致，即内容有较大变化的镜头所提取出的关键帧应较多。目前关键帧提取常用的方法有：基于镜头边界的方法、基于图像特征的方法、基于运动分析的方法、基于全局的顺序提取法、基于聚类的方法等[72]。

2. 特征提取及匹配

视频流含有丰富的特征信息，想要对视频进行有效浏览、索引、查询就需要对视频进行合理的组织并提取出有效的特征信息。特征提取贯穿于镜头分割与关键帧提取之中，直接影响到了镜头边界的判断和检索效果，也是视频相似性度量的依据[72]。

视频帧特征可以包括两个层面：一是低层特征，二是高层特征。低层特征主要是指帧的视觉特征，是图像本身所固有的物理属性，表现为客观的内容。一般包括颜色特征、纹理特征、形状特征和空间关系等几个方面的特征，低层特征是一切图像分析和处理的基础。高层特征往往是指图像内容的语义描述，它带有主观属性。从视频文件提取特征是指既要对原始视频序列进行特征提取，又要对场景、镜头和帧进行低层视觉特征和高层语义描述[69]。

特征的相似性匹配算法是图像或视频检索的另一个基本技术，比较常用的算法有欧几里得度量、马氏距离、余弦距离、直方图相交等方法。比如欧几里得度量又可以称为欧氏距离，是应用最广也最容易理解的一个定义距离的算法。在二维和三维空间里，欧氏距离指两点之间的直线段距离，在 N 维空间是指两点之间的真实距离。

3. 实现查询和检索

在实现查询和检索之前，需要对视频数据进行索引。这里的索引就相当于图书的目录，可以通过目录迅速找到所对应的内容。在对视频的内容进行分析与处理时，可以通过关键帧来建立视频目录（视频摘要），然后利用目录所包含关键帧的特征信息来找到所需要的视频内容，从而使查询和检索系统具有快速有效的浏览导航能力，加快检索速度。

查询功能主要是实现人机交互式的反馈系统来检验检索结果是否有效，所以首先要在基于内容的视频检索系统中建立一个友好的人机交互界面。当用户对检索效果不满意，用户可以修改和完善其查询需求，或者系统本身可以根据情况修改分析处理方法，并可接受用户的反复查询，经过反复迭代检索直到满足用户的需求。检索视频的时候最重要的是检索策略，通常利用相似性匹配算法，对特征间的距离进行计算，然后把最接近的内容作为检索结果，由系统输出给用户[69]。

7.5　人工智能在图书馆的应用

图书馆作为信息技术应用较多的一个行业，人工智能技术的应用也不可避免的获得图书情报界的关注，并获得了一定的应用效果。由于人工智能在图书馆的应用比较多，本节仅列举一些以说明目前的应用现状。

文献［73］对近年来国内有关人工智能技术在图书馆应用的研究文献进行了梳理，阐述每阶段研究的内容及特征，并认为未来人工智能技术在图书馆领域的研究热点为智慧图书馆、个性化服务、图书馆 4.0、人文研究等[73]。

文献［74］按智能检索、智能推送、智能辅导、文献分类、参考咨询、自动化等几个方面论述了人工智能在高校图书馆中的应用[74]。

文献［75］针对人工智能技术在图书馆中的应用，分别从文献检索、文献分类、图书馆自动化、编目、参考咨询几个方面进行分析和探讨[75]。

文献［76］从图书馆本质出发，提出一种图书馆与人工智能技术相融合的理论框架[76]。

文献［77］从智能管理和智能服务两个层面分析了智能图书馆建设的需求。智能管理层面包括智能入馆、智能采购、智能建库、智能监控、智能典藏；智能服务方面包括自助借还、智能咨询、智能阅读[77]。

文献［78］认为图书馆可以借鉴城市大脑技术开发“图书馆大脑”。通过实时收集图书馆的数据，对图书馆进行实时分析，解决读者的占座、图书资源、安保等一系列问题，给读者带来更满意的服务和体验[78]。

文献［79］从机器人在图书馆的应用、人工智能在图书馆知识组织中的应用、人工智能在读者服务中的应用以及其他几个方面的应用对人工智能在图书馆的应用进行了论述和探讨[79]。

文献［80］从图书馆智能化感应系统、智能化信息处理系统、智能化信息分析系统、智能化信息资源分类管理系统几个方面对人工智能技术在图书馆智能化服务中的应用进行了分析和探讨[80]。

文献［81］以人脸识别技术为例，探讨了人工智能时代图书馆服务模式的变革与演进，分析了人工智能技术在图书馆的应用方向以及对服务模式的影响与挑战[81]。

文献［82］列举了人工智能在图书馆资源检索中的文献资料分类系统、开展智能取送书功能、实现千人千面的资源推送实践应用[82]。

文献［83］分析了人工智能技术在数字图书馆个性化信息服务系统应用中所需要的个性化信息智能获取、个性化信息智能筛选、用户模型构建等关键技术。给出了基于人工智能技术的数字图书馆个性化信息服务系统的总体架构，并从个性化信息智能推送服务、个性化智能定制服务、个性化智能代理服务、专业化智能定题服务等方面分析了个性化信息服务系统服务模式的创新[83]。

文献［84］将情境感知技术应用于图书馆信息推荐服务中，实现对用户情境的智能感知，掌握用户的个性化需求，构建图书馆情境感知推荐服务平台，提高信息推荐的有效性[84]。

文献［85］提出了一种基于人工智能技术的图书馆咨询机器人的设计方案，并详细介绍了系统的设计和实现过程。该智能咨询机器人具有便捷、智能、友好等特性，能够提高图书馆实时咨询服务的效率和质量，延长服务时间，减轻咨询馆员的压力[85]。

文献［86］探究了基于人工智能技术的图书馆仓储模型设计要点，包括馆藏资源数据库设计、图书信息分配、物理信息地址、智能辅助工具等，总结出了基于人工智能技术图书馆仓储模型的设计方法[86]。

以上列举了一些近几年来人工智能技术在图书馆的应用文献，研究内容涉及图书馆的方方面面，对智慧图书馆的建设具有促进作用。总之，人工智能在图书馆的应用还处于初级阶段，目前正是尝试的阶段，可以从某些方面进行突破或创新。对图书馆来说，要结合本馆的实际情况，这个实际情况一是需求的实际，二是技术的实际，三是其他实际，比如财力等情况，选择一个或几个方面进行研究，并把人工智能技术应用于图书馆的管理或服务中。

7.6　基于情感感知的面料图像数据库系统

随着网络信息技术和多媒体技术的发展，在服装数字图书馆中，建立面料图像数据库系统以实现对面料及其图像的管理、开发和应用具有重要的意义，并且已经成为一种必然趋势。在面料图像数据库系统中，一般对面料的属性描述有：织物原料、纱线形态、纱线细度、织造方式、组织结构、颜色、产地等[87]。用户（设计师、读者等）在浏览或挑选面料的时，可以通过面料图像数据库中这些面料图像的描述进行查找或检索。

目前，大多面料的网站或数据库系统提供文本的检索以方便用户的浏览或挑选，也有少部分系统提供"以图搜图"的功能。在满足文本搜索或"以图搜图"的需求同时，却忽略了用户的主观情感需求[88]，也就是说让用户通过情感语义对面料进行检索。而对图像的信息描述、组织、存储及检索一直是业内研究的热点之一[89]。为了实现基于内容的图像情感语义检索，辅助人们对图像内容的情感语义进行理解，需要计算机对图像的情感语义内容进行感知，并有效的标注[90]。本节采用人工智能技术对面料图像本身表述的情感语义进行研究，以实现在面料图像数据库系统中让计算机对面料图像的情感语义自动感知和标注，进而实现基于情感语义的图像检索。虽然目前国内外在图像的情感语义识别和检索方面的研究还处于初级阶段，但随着人们对美好生活的向往，人们对服装、装饰等蕴含的感性需求也越来越强烈，该研究对提高人们的艺术欣赏水平或着装品位等，都具有一定的促进作用。

7.6.1　基于内容的面料图像情感语义识别

为了实现面料图像情感语义的感知和识别，现有的方法就是建立面料图像低层特征和情感语义描述之间的映射关系。根据面料图像的特殊性，结合面料领域知识，通过对面料的情感描述词筛选、投票、相关分析、因子分析等进行研究，得出最能表述面料图像情感的形容词有 7 对，分别是："强烈的—柔和的""温暖的—凉爽的""华丽的—简约的""高雅的—朴素的""张扬的—文静的""厚重的—轻薄的""丰富的—纯净的"。并设置情感词对的数值范围为［-3,+3］，比如对于"强烈的—柔和的"词对，如果数值越接近于-3，那么面料的情感语义越“强烈”。由此建立7维的面料图像的情感语义心理空间[91]，并进行降维得到3维的情感因子空间[92]；利用模式识别的理论和方法，通过编程对面料图像的情感因子空间和图像低层特征之间的关系进行了分析，得出两空间之间的关联关系[93]；利用支持向量机（SVM）等技术通过C++编程建立两空间之间的映射关系模型实现面料图像的情感语义识别[94]。

利用Visual Studio 2008的C++编程对面料图像的低层特征进行了提取和计算，然后用SVM回归进行机器学习训练和实验。训练样本是已经经过主观测试的60张面料图像样本。对这些面料图像样本提取图像的低层特征作为向量输入到SVM中，利用SVM的回归方法对样本进行回归分析。经过试验，并对实验结果进行分析，最终得出了实现面料图像情感语义识别的映射关系模型。根据该模型，可以对任一张面料图像按照相应的方法提取特征并进行3个因子值的预测，从而实现了让计算机对面料图像情感语义的自动识别[94]。从而为本节基于情感感知的面料图像数据库系统的设计和开发打下了基础。

7.6.2 基本功能设计

为了在面料数据库系统中实现基于情感感知的面料图像自动感知计算和展示，对该系统的功能首先要进行设计，以下是基本功能的设计。文中的“前台”是指面料数据库系统中普通用户可以使用的系统功能，“后台”是指管理员可以使用的系统功能。基本功能设计如下：

1. 前台基本功能

可按面料种类进行显示。由于面料种类众多，所以需要对面料进行分类管理，前台显示可以按种类进行查看。

实现基于文本的检索功能。当用户输入情感词或面料属性的相关描述，可以搜索到相关的图像，方便用户搜索和查询。

类别展示页面可按描述进行分类检索。比如按“图案”的“植物花卉”就可以搜索到带有“植物花卉”图案的所有面料图像。

可展示每款面料图像的基本属性描述，其中包括情感描述。情感描述分两部分：一是由计算机自动识别和标注的数据，二是用户利用面料显示页面进行打分，后台计算机对打分数据进行统计的数据平均值。

可对面料图像的情感语义描述进行打分，用户通过页面对面料图像进行情感语义描述的打分。

前台具有新闻或通知显示功能。主要是新闻或通知的列表以及详细页面的展示。

用户在前台页面可以注册成网站会员。

2. 后台基本功能

后台可对面料图像的类别进行管理，包括增加、删除、修改等。

后台可对面料图像进行管理。主要是上传、删除和修改。上传时可输入属性描述，并自动计算情感语义描述值，一般每款面料可能有几种图像，比如正面的、折叠时的图像，把其中一张正面的图像设置成“主图”，计算机自动感知主图的情感语义描述并计算出情感语义描述值，其他附图可不予计算。

后台可对前台面料图像的投票打分进行统计，并提供统计报表。

后台可对新闻或通知管理的类别、内容等进行管理，包括增加、删除和修改。

后台可对会员进行管理，包括审核、删除、增加、修改、权限分配等功能。

以上是该数据库系统的基本功能，其他功能还有访问统计、数据维护等功能，不再一一赘述。

在确定了系统基本功能，以及面料图像的类别和属性描述以后，就可以对系统的数据库进行设计，数据库管理系统采用 MS SQL Server 2015。

7.6.3　动态链接库技术

动态链接库（Dynamic Link Library）技术是重要的代码重用技术之一，是微软公司为 Windows 系统设计的供应用程序调用的共享函数库，简称 DLL。动态链接库是应用程序的一种扩展，它包含了可以由多个程序同时使用的代码和库资源，可提供给其他进程进行调用，是软件共享和重用的重要技术之一。

在 Visual C++ 中，动态链接库主要分为三类：非 MFC 的 DLL，MFC 规则 DLL 和 MFC 扩展 DLL。本书采用第一类 DLL。非 MFC 的 DLL（Non-MFC DLL）使用 SDK API 进行编程，能被所有编程语言调用，体积相对较小，也称为 Win32 动态链接库。这种 DLL 不使用 MFC 类库，直接用 C 语言编写，导出函数的接口一般为标准的 C 接口，既能被非 MFC 程序调用，也可以被 MFC 编写的程序调用[95]。

一般有两种调用动态链接库的方式：动态调用和静态调用[96]，本文采用的是动态调用。动态调用就是在程序中使用 LoadLibrary（）/FreeLibrary（）动态的获得函数，类成员变量的指针，然后通过指针调用函数 / 成员函数[97]。

动态调用的主要步骤，首先定义一种存放函数地址的变量类型，和该类型的变量,再定义一个 FARPROC 类型的变量用来存放 GetProcAddress（）的指针，一个 HINSTANCE 类型的变量，用来存放 DLL 的句柄。调用 LoadLibrary（）函数，并将返回值赋给 HINSTANCE 类型的变量；调用 GetProcAddress（）函数，将返回值赋给 FARPROC 类型的变量；将 FARPROC 类型的变量强制转换成存放函数地址的变量，然后调用动态链接库中的函数。

7.6.4 系统开发

在 C++ 编程和 SVM 进行机器学习实现面料图像情感语义识别的基础上，利用动态链接库技术，把 C++ 和 SVM 的识别程序进行打包生成 DLL 文件，然后再通过编程在面料图像数据库系统中调用，从而在面料图像数据库中可以自动的对面料图像的情感语义进行感知和识别，并进行数据标注。这时，计算机可对数据库中每张面料图像自动提取其低层特征，并自动计算出其 7 对情感语义描述值。

根据以上思路，经过编程和数据库设计，采用 .netframework4.0 架构，对基于情感感知的功能进行了实现。

图 7–1 是面料数据库系统中面料图像上传时页面的截图，一款面料可能有几张图像来展示，但这里设置了只计算主图的情感语义描述值，主图一般是该面料的正面图像。当设置好“主图”后，图 7–1 的右下角区域自动显示计算出的该“主图”7 对情感语义描述值。

图 7–2 是面料图像的情感语义分类和检索界面截图，在面料数据库系统前台点击一个类别，比如“天然纤维”，就显示这类下面的面料图像缩略图，在这里不但可以按“织造方式”“图案”等类别来查看，而且还可以按情感语义来查看。比如“温暖的—凉爽的”，点击“温暖的”就把这个类别最“温暖的”图像排在前面展示，同样，点击其他情感词，也把该情感词描述值绝对值最大

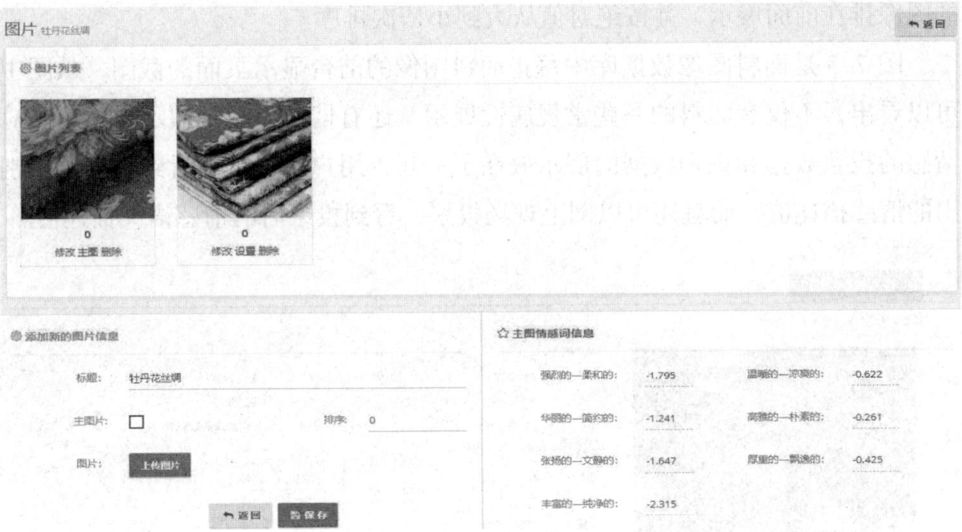

图 7–1　面料图像上传页面截图

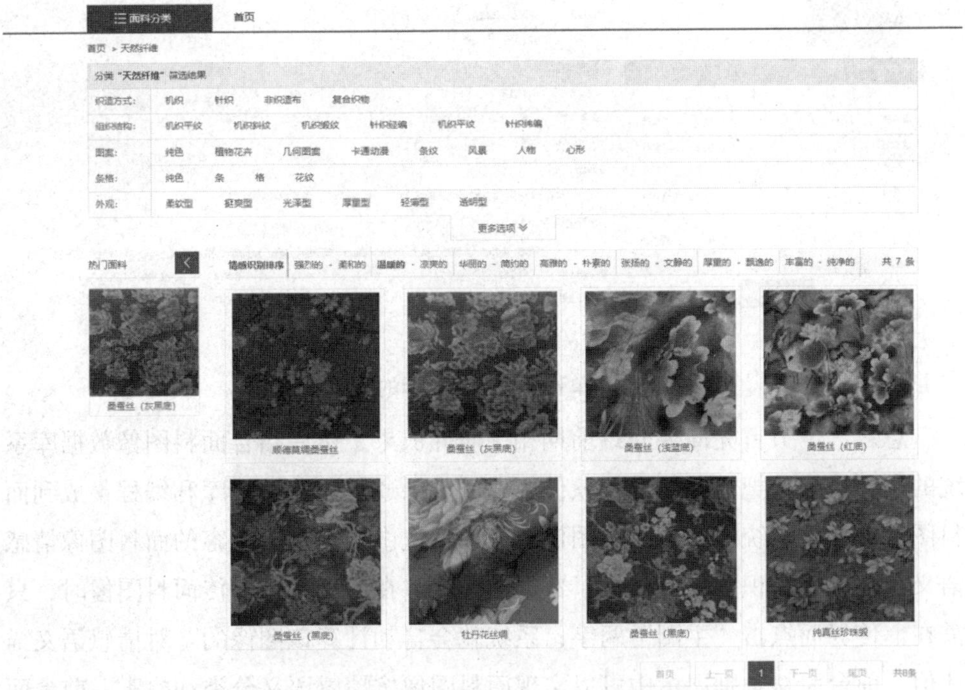

图 7–2　面料图像的情感语义分类和检索界面截图

的图像排在前面展示，并按绝对值从大到小依次排序。

图 7–3 是面料图像数据库中每张面料图像的前台显示页面的截图，从图中可以看出，不仅有面料的一些常规属性展示，还有情感语义的展示，这里把对情感的投票数据和识别数据的展示放在了一起，用户不仅可以看到计算机识别出的情感描述值，而且还可以网上现场投票，看到投票后的情感语义描述值。

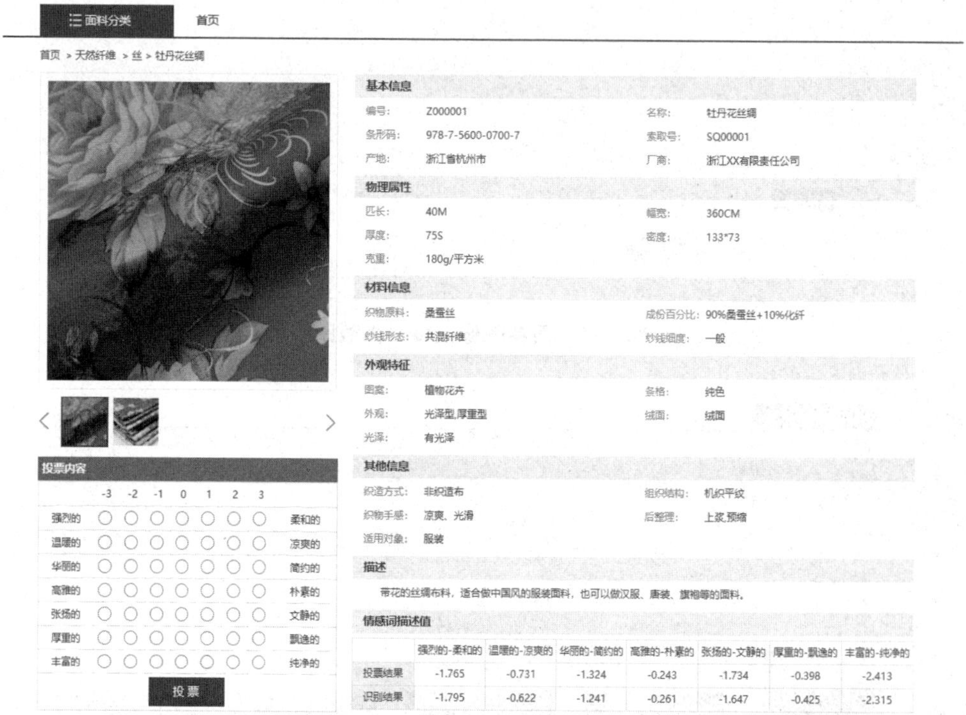

	强烈的-柔和的	温暖的-凉爽的	华丽的-简约的	高雅的-朴素的	张扬的-文静的	厚重的-飘逸的	丰富的-纯净的
投票结果	-1.765	-0.731	-1.324	-0.243	-1.734	-0.398	-2.413
识别结果	-1.795	-0.622	-1.241	-0.261	-1.647	-0.425	-2.315

图 7–3　单张面料图像显示的页面截图

总之，本节首先简要介绍前期相关研究成果，然后结合面料图像数据库系统的实际情况，把前期研究和软件开发的成果通过动态链接库和编程集成到面料图像数据库系统中，在面料图像数据库系统中实现基于内容的面料图像情感语义自动感知和识别，并进行了数据的标注。在后台系统上传面料图像时，只需在上传界面点击“主图”两字，系统就会自动计算该图像的 7 对情感语义描述值；前台面料类别展示中可以实现面料图像按情感语义分类和检索，前台面料详情展示页面可对识别出的面料图像的情感语义值进行显示。从而实现了帮助用户对面料图像的情感语义描述进行判断，丰富了面料图像数据库系统的内容，获得了较好的感知和应用效果。

在本项目的研究中，使用了支持向量机、图像识别等人工智能技术，是人工智能在服装数字图书馆中的一个应用。

本章小结

人工智能的外延和内涵非常丰富，本章仅从概述、文本智能、语音智能、视觉智能几个方面对人工智能的技术进行了论述，然后简要列举了一些人工智能技术在图书馆方面的研究与应用案例，最后以实现面料图像数据库系统的情感语义自动识别和标注为例对人工智能在具体某一方面的应用进行论述。

随着人工智能技术的发展，在图书馆的应用会越来越多，另外应用的越来越深入，而应用的深入是本文特别强调的。目前在图书馆的应用虽然比较广泛，但深度还欠缺，还需要进一步地加大应用。如果要实现本书所说的图书馆智慧化，一方面在技术方面还需要进一步地发展，尤其是人工智能技术，另一方面在图书馆方面的应用要进一步地深入。

本章主要参考文献

[1] 刘柯.马文·明斯基人工智能哲学思想研究[D].江西财经大学,2018.
[2] 吴建中.人工智能与图书馆[J].图书与情报,2017(06):1-5.
[3] CSDN.人工智能的定义详解[EB/OL].(2017-08-30)[2019-03-26].https://blog.csdn.net/zhaosansao/article/details/82834462.
[4] 邹蕾,张先锋.人工智能及其发展应用[J].信息网络安全,2012(02):11-13.
[5] 刘成军整理编辑. 学会名誉理事长李德毅院士最新演讲:“人工智能在奔跑”,兼论AI的内涵和外延[EB/OL].(2017-08-30)[2019-03-26].http://news.ifeng.com/a/20170904/51864143_0.shtml.
[6] 军民融合科技创新资讯平台整理编辑. 李德毅院士:机器人的智能代表了中国人的智能! [EB/OL].(2018-05-14)[2019-03-26].http://dy.163.com/v2/article/detail/DHPOLHQS0511DV4H.html.
[7] 林命彬.智能机器的哲学思考[D].吉林大学,2017.
[8] 徐心和,么健石.有关行为主义人工智能研究综述[J].控制与决策,2004(03):241-246.
[9] 百度百家.原来人工智能该这样分层次才能正确认识其发展方向,你知道吗? [EB/OL].(2018-02-03)[2019-04-15].https://baijiahao.baidu.com/ s?id=1591381414534118034&wfr=spider&for=pc.
[10] CSDN.人工智能三大学派[EB/OL].(2018-12-27)[2019-04-15]. https://blog.csdn.net/vrix/article/details/85272045.
[11] CSDN.人工智能的三个层次[EB/OL].(2017-11-24)[2019-04-15]. https://blog.csdn.net/qq_31532979/article/details/78625071.
[12] Nick Bostrom.Will humanity’ s technological advancements ultimately destroy us?[EB/OL].[2019-04-15].https://www.ted.com/ speakers/nick_bostrom.

[13] 刘玉德.基于深度学习的中文分词方法研究[D].华南理工大学,2018.
[14] 奉国和,郑伟. 国内中文自动分词技术研究综述[J]. 图书情报工作, 2011, 54(02):41-45.
[15] 何冠辰.人工智能与中文分词的研究[J].中国新通信,2019,21(04):66-68.
[16] 博客园.中文分词原理及工具[EB/OL].(2018-09-11)[2019-06-15]. https://www.cnblogs.com/palace/p/9629614.html.
[17] 蔡灿民.基于词典的智能分词系统的研究与实现[D].昆明理工大学,2008.
[18] 王磊,杨学良.图书馆检索系统及其汉语自动分词的实现[J].计算机与通信,1999(09):60-63.
[19] 丁晓青.汉字识别研究的回顾[J].电子学报,2002(09):1364-1368.
[20] 博客园.[OCR技术系列之一]字符识别技术总览[EB/OL].(2017-11-29)[2019-04-15].https://www.cnblogs.com/skyfsm/p/7923015.html.
[21] 杨敏.基于文本识别的图书智能管理[J].自动化技术与应用,2018,37(12):145-150.
[22] 明拓思宇.基于AMR图的文本摘要技术研究[D].战略支援部队信息工程大学,2018.
[23] 侯圣峦,张书涵,费超群.文本摘要常用数据集和方法研究综述[J].中文信息学报,2019,33(05):1-16.
[24] 明拓思宇,陈鸿昶.文本摘要研究进展与趋势[J].网络与信息安全学报,2018,4(06):1-10.
[25] 徐彤阳,尹凯.基于深度学习的数字图书馆文本分类研究[J].情报科学,2019,37(10):13-19.
[26] 鲍凌云.数字图书馆文本分类特征提取方法研究与改进[J].农业图书情报学刊,2014,26(07):33-35.
[27] 汪岿,刘柏嵩.文本分类研究综述[J].数据通信,2019(03):37-47.
[28] 陈涛,谢阳群. 文本分类中的特征降维方法综述[J]. 情报学报,2005,24(6):690-695.
[29] 王国薇.基于深度学习的文本分类方法研究[D].新疆大学,2019.
[30] 陈巧红,孙超红,贾宇波.文本数据观点挖掘技术综述[J].工业控制计算

机,2017,30(02):94-95,102.
[31] 李青松.文本情感分析研究[J].现代计算机(专业版),2019(04):21-25.
[32] 赵妍妍,秦兵,刘挺. 文本情感分析[J]. 软件学报,2010,21(8):1834-1848.
[33] 洪巍,李敏.文本情感分析方法研究综述[J].计算机工程与科学,2019,41(04):750-757.
[34] 赵淑芬.多媒体技术教程[M],清华大学出版社,2012,3.
[35] 郁振庭.基于神经网络的词法分析研究[D].南京大学,2017.
[36] 常宝宝.自然语言分析与生成术语简介[J].术语标准化与信息技术,2010(04):19-22,25.
[37] 刘启和,詹思瑜,杨国纬.基于统计语言模型的双向词类标注方法[J].计算机科学,2003(09):59-60,168.
[38] 王朔.神经网络与规则相结合的词类标注方法[J].天津理工大学学报,2005(02):86-88.
[39] 袁里驰.融合语义类信息的句法分析统计模型[J].数据采集与处理,2017,32(01):175-181.
[40] 张建华,陈家骏.自然语言生成综述[J].计算机应用研究,2006(08):1-3,13.
[41] 于振龙. 基于LSTM的自然语言生成技术研究与实现[D].北京邮电大学,2018.
[42] 司畅,张铁峰.关于自然语言生成技术的研究[J].信息技术,2010,34(09):108-110.
[43] 赵娇娇.基于自然语言生成的关联规则表示方法[D].河北师范大学,2013.
[44] 陆昱方.简述语音识别的实现过程[J].科技传播,2019,11(02):121-122.
[45] 冀瑞国.神经网络在语音识别中的应用[J].电子技术与软件工程,2019(03):249.
[46] 付学桐.语音识别预处理过程及其存在问题[J].科技传播,2019(08):135-136.
[47] 邢亚从.几种语音端点检测方法简介[J].福建电脑,2011,27(11):67-68.
[48] 钟浩,鲍鸿,张晶.一种改进的语音动态组合特征参数提取方法[J].电脑与信息技术,2017,25(03):4-7.
[49] 周盼.基于深层神经网络的语音识别声学建模研究[D].中国科学技术大学,2014.
[50] CSDN. 语音识别之特征参数提取(一)[EB/OL].(2018-01-05)[2019-04-18].https://blog.csdn.net/w_manhong/article/details/78977833.

[51] 李宝祥.语音关键词检索若干问题的研究[D].北京邮电大学,2013.
[52] 李雪林.基于人机互动的语音识别技术综述[J].电子世界,2018(21):105.
[53] 刘新.人工智能时代广播电台融媒体语音智能检索技术[J].科技传播,2019,11(14):136-137.
[54] 张建中,谭海兵,袁小一.基于微信的语音识别馆藏书目检索研究[J].高校图书馆工作,2017,37(03):65-67.
[55] 叶小榕,邵晴.语音识别技术在数字图书馆检索系统中的应用[J].科技导报,2008(18):75-79.
[56] 胡友春.基于内容的图像检索关键技术的研究[D].中国石油大学(北京),2017.
[57] 董国华,骆志刚.基于内容的图像检索技术在大规模图像情报数据处理中的应用[J].国防科技,2017,38(05):23-25.
[58] 聂一亮.基于深度学习与特征融合的图像检索方法研究[D].华侨大学,2018.
[59] CSDN.基于内容的图片检索CBIR简介[EB/OL].(2013-07-11)[2019-04-20].https://blog.csdn.net/carson2005/article/details/9304913.
[60] 罗伟芳.基于内容的图像检索技术研究[D].华南理工大学,2018.
[61] 梁美丽.基于颜色和纹理综合特征的图像检索技术研究[D].太原:太原理工大学,2014.
[62] 王晓飞.基于纹理特征图像检索的研究与实现[D].兰州:兰州大学,2011.
[63] 王拓.基于内容的图像检索技术研究与应用[D].贵州师范大学,2017.
[64] 曹玉东,图像检索中的特征表示和索引方法的研究[D].北京:北京邮电大学,2011.
[65] Bay H, Tuyteplaars T, van Gool L. Speeded-up robust features(SURF)[J]. Computer Vision and Image Understanding, 2008,110(3):346-359.
[66] 朱文燕.基于内容的图像检索中特征性能分析[D].天津:天津大学,2009.
[67] 王栋.基于内容的图像检索关键技术的研究与实现[D].北京:北京邮电大学,2013.
[68] 白梅.基于内容的视频检索方法研究[D].陕西科技大学,2016.
[69] 萨齐拉.基于内容的视频检索[D].内蒙古大学,2018.
[70] 武献宇,夏树伟.基于内容的视频处理和检索技术[J].科技情报开发与经

济,2007(13):228-230.
[71] 赵缙.视频镜头边界检测和关键帧提取技术研究[D].西安电子科技大学,2008.
[72] 范添翼.基于内容的视频检索关键技术研究[D].北京交通大学,2015.
[73] 沈玲.人工智能技术在图书馆中的应用研究综述[J].图书馆学刊,2019,41(04):134-142.
[74] 刘琼.人工智能技术在高校图书馆中的应用探析[J].信息记录材料,2019,20(07):81-83.
[75] 李亚琪.人工智能技术在图书馆中的应用[J].兰台内外,2019(16):48-49.
[76] 梁玉芳,刘丹儒.人工智能时代的图书馆:技术、问题及应用[J].情报资料工作,2018(05):107-112.
[77] 陈善敏.人工智能技术在图书馆的应用与展望[J].办公自动化,2019,24(18):61-64.
[78] 李沛.人工智能技术应用于图书馆服务探讨[J].情报探索,2019(03):102-106.
[79] 布和宝力德.人工智能技术在图书馆的应用、挑战及发展趋势[J].图书与情报,2017(06):48-54.
[80] 谭继雄.人工智能技术在图书馆智能化服务中的应用研究[J].河南图书馆学刊,2019,39(01):81-83.
[81] 李建伟.人工智能时代图书馆服务模式的变革与演进——以人脸识别技术为例[J].情报探索,2018(04):122-125.
[82] 梁宇红.人工智能技术在图书馆馆藏资源检索中的应用研究[J].农业网络信息,2018(06):57-60.
[83] 刘彧菲.基于人工智能技术的数字图书馆个性化信息服务系统研究[J].图书馆学刊,2015,37(05):110-113.
[84] 徐进.基于人工智能技术的图书馆情境感知推荐服务研究[J].图书馆学刊,2018,40(08):112-115,133.
[85] 覃显晶,王祥伟,庄卉卉.基于人工智能技术的图书馆咨询机器人设计与实现[J].情报探索,2019(03):91-97.
[86] 莫济江.基于人工智能技术的图书馆智能仓储模型研究[J].农业图书情报学刊,2018,30(08):23-26.

[87] 贾琳,王朝晖.基于JSP的服装面料信息管理系统的设计与实现[J].天津纺织科技,2010(02):7-10.

[88] 赵思成,姚鸿勋.图像情感计算综述[J].智能计算机与应用,2017,7(01):1-5.

[89] 戚红梅.基于内容的图像信息资源检索技术进展研究[J].情报杂志,2008(01):124-125,127.

[90] 张海波.基于内容的服装图像情感语义识别和检索[M]. 中国纺织出版社,2014.

[91] 张海波,黄铁军,万飞飞.基于Web的服装面料图像情感测试系统[J]. 针织工业,2012(8):55-58.

[92] Haibo Zhang, Tiejun Huang, Li Liu. Study on the emotion factor space of fabric[C]. International Conference on Kansei Engineering and Emotion Research, Taiwan, May,22, 2012.

[93] 张海波,黄铁军,修毅,等.基于颜色和纹理特征的面料图像情感语义分析[J].天津工业大学学报,2013,32(4):26-32.

[94] 张海波,黄铁军,刘莉,等.基于支持向量机的面料图像情感语义识别[J].天津工业大学学报,2013,32(06):23-27.

[95] 张春艳. 电商网站中面料商品的情感自动分类研究[D].北京服装学院,2017.

[96] 邓俊.自定义动态链接库的实现[J].电脑编程技巧与维护,2009(23):22-24.

[97] CSDN.动态链接库全面浅析——Win32动态链接库[EB/OL].(2011-09-03)[2019-05-30].https://blog.csdn.net/lh844386434/article/details/6734528.

第八章　智慧图书馆建设

8.1　技术应用及设想

智慧图书馆实现的是管理和服务的智慧化，其中的管理智慧化还应该包括决策的智慧化。本书认为“智慧图书馆就像具有智慧的人一样给读者提供服务”，当然，这个“人”，不可以简单地认为就是一个馆员，或者是一个/多个优秀的馆员，而是在图书馆内部空间，甚至周边全方位的一个存在，并尽其所能随时随地对馆员做到“我帮你”，对读者做到“我懂你”[1]。从技术层面来说，智慧图书馆的建设需要全馆层面的共享数据中心，以及利用大数据和人工智能等技术[2]。图书馆的智慧化水平需要随着技术的发展而提高，这里的技术主要是物联网、云计算、大数据和人工智能等技术[3]。由于图书馆的管理和服务大多是融合在一起的，比如对自习座位的管理，同时也是对上自习读者的管理，所以本节以各个基本功能为类别，从技术的角度，分别探讨在智慧化阶段应该实现什么功能，需要指出的是有些功能可能实际上应用时包含在一个系统里，比如借阅系统和采编系统一般都是一个实际应用的系统。总之，由于图书馆提供的服务繁多，使用的信息系统众多，本节仅从几个常用的、基础的几个功能谈起。

1. 纸质书刊采购

在智慧化图书馆阶段，纸质书刊可以实现智慧化的采购，采购的书刊更加符合读者的需求。基本思路是把图书借阅的历史和当前借阅信息、图书的信息、网上的书评信息、学校专业信息等数据进行采集和整理，并利用大数据的方法进行处理，建立人工智能模型，通过软件开发实现计算机对图书的智能采购，也就是说，只需把书名、书的简介等信息输入该系统，计算机就会把需要挑选的图书自动的选择出来。对纸质刊物来说，采用同样的方法，也可以把需要订阅的刊物给挑选出来。

2. 纸质书刊编目

纸质书刊的编目一直以来是图书馆的一个比较烦琐的工作，在智慧化图书馆阶段，可以尽可能少的使用人力，尽可能多地使用计算机或其他智能机器来完成编目工作。比如可以采用文本智能技术，对外部的图书信息进行采集和匹配，实现本馆的图书和期刊的编目工作，计算机也会对有问题的条目进行标识并提示编目人员，编目人员对有问题的数据进行检验并矫正即可，可大大提高编目的工作效率。

另外，在标签打印和粘贴方面，可以采用具有图像识别智能的机器人来完成，机器人自动打印并找到需要粘贴的书刊。当然除了图像识别的技术，还涉及机器人相关的技术。

文献［4］针对目前图书馆编目外包中存在的质量与效率的困境，通过机器学习技术构建了图书智能采编模式。结合机器学习技术实现自动批量智能采访、批量智能套录、智能分类和智能生成索书号的功能，提高采访和编目效率，最后由本馆的编目人员进行编目数据审核和图书实物验收。

3. 纸质图书借阅和推荐

在智慧化图书馆阶段，读者不但可以使用自动化设备借阅和归还图书，而且还可以享受到更好的服务。在图书馆大数据平台的支持下，可以对图书的借阅数据、外网和内网上的书评数据、读者的专业、读者的喜好、社会上图书流行情况等数据进行人工智能建模和分析，从而实现图书有针对性的推荐。推荐有两个方面，一是针对群体读者的推荐，推荐的图书符合本馆大多读者的口味；二是针对个人读者的推荐，推荐的图书符合读者个人的口味。

图书馆的用户画像研究，用途之一就是对读者进行个性画像，然后考虑如何对其推荐图书。用户画像是建立在一系列真实数据之上的、描述读者需求和偏好的目标用户模型，其目标是为了了解读者，猜测读者的真实需求和潜在需求，实现精准服务。真实数据包括读者背景、能力、性格、兴趣、习惯、行为等能够全方位、立体化地反映读者特征的数据[5]。

画像一般分为单个读者画像的构建和群体读者画像的构建两个部分。比如文献［6］选取图书情报领域的读者作为研究对象，通过收集读者在借还书过程中产生的各类数据为其构建用户画像，并分别对单个用户画像和群体用户画像进行了构建。单个用户画像要求用尽可能详尽的数据去标签化一个用户，标签化是构建用户画像的核心，是对用户的精炼概括，具有语义性和短文本性等特点，对用户属性和特征的标签化处理既可以方便人们的阅读理解，又为数据后续的进一步挖掘处理奠定了基础。群体用户画像是指运用一定的统计、分类、聚类等数据挖掘方法对用户间的相似性进行计算，将其分门别类，划分成若干个具有相似特征的用户群体，再对每个用户群体的共性特征进行提炼和表示，“绘制”出能够表征该用户群体特性的虚拟的用户画像代表[6]。

推荐的方式可以有多种，比如群体推荐的图书可以显示在图书馆的 Web 网站、移动网站、移动 APP 等重要入口系统的首页醒目位置；个人推荐在读者登录图书馆信息系统后进行显示的推荐，其他方式比如短信、微信消息等。

4. 图书预约和荐购管理

图书预约是允许读者对已被借出而暂时无法借到的某种图书进行预定借阅的一种图书流通服务方式[7]。预约数据统计分析可使得本馆在保障文献建设系统性、完整性、连续性的前提下，使馆藏文献资源建设更具有针对性、实用性[8]。

图书荐购系统不受时间、地域等因素的限制，读者可通过网络利用网页或 APP，甚至微信公众号随时向图书馆推荐个人需要的图书资源，有的荐购系统会定期推出最新的图书出版信息，读者可依据自身需求浏览相应的书目和文献后，向图书馆推荐自己选中的文献资料[9]。

对图书预约和荐购数据进行统计分析[10-12]，甚至对数据进行数据挖掘，在实践中取得了较好的效果。在智慧化图书馆阶段，还需要进一步的结合大数据技术，把考虑的因素更加全面一些，比如读者本身的信息和需求，然后采用人工智能技术，把读者真正的需求提取出来，同时做到举一反三，结合智慧化图书采购系统，做到智慧化采访，最终最大限度地满足读者的需求。

5. 电子资源推荐

电子资源是以数字化形式记录的，以多种媒体形式表达的，分布式存储在非纸质的光、电、磁等载体上，通过网络通信、计算机终端的方式传递和再现的信息资源的集合[13]。

图书馆的电子资源大多是文献信息资源，按出版发行形式，文献信息源一般可分为多种文献类型：图书、期刊、会议文献、学位论文、专利、科技报告、标准、报纸、档案文献和产品样本等。其中，前七种是科研工作者较常使用的文献类型。依据常用的文献类型，高校图书馆的数字资源主要可分为数字型的期刊、图书、会议论文、科技报告、学位论文、专利、标准、统计数据以及免费的网络资源等[14]。

文献资源作为目前电子资源的重要类型之一，同样面临着信息超载的问题，如何有效地使用，为师生提供更加优质的文献资源服务一直以来是图书馆需要考虑的重要问题之一。目前常用的电子文献推荐算法可分为基于网络的推荐、基于内容的推荐、协同过滤推荐[15]。

而这些推荐技术低层还是基于文本智能的人工智能技术，以高校图书馆为例，根据读者的信息、电子资源的浏览和下载信息、学校的专业信息等可以实现群体推荐和个人推荐。群体推荐体现了本校这个群体对电子资源的整体需求，而对教师个人的推荐体现了这位教师的专业、爱好、科研方向等方面的需求，对学生个人的推荐体现了这位学生的专业、爱好、发展方向、科研方向等方面的需求。

由于电子资源种类很多，每一种电子资源一般由一个厂商来提供，对所有电子资源使用情况，尤其是非镜像的电子资源的使用情况进行掌握的话需要有电子资源管理系统（现有的系统未必叫这个名字）。通过该系统，图书馆可以了解各个电子资源的访问和使用情况，有些电子资源管理系统可以采集到文献的下载数据，这些数据还对应着本校的师生数据，也就是说可以掌握每个师生的浏览和下载的具体数据。浏览和下载数据里包括文献名称、文献概要或内容、浏览或下载的时间段等，所有这些都可以作为大数据分析和电子资源个人画像系统的基础数据。镜像和高校自建的电子资源站点一般在本地，图书馆在建立大数据平台时，也需要把这些系统的数据整合进来。

6. 电子资源管理

对电子资源的管理可包括两部分：一是对电子资源信息系统的管理，二是对电子资源采购等方面的管理。

在电子资源信息系统管理方面一般需要一个全馆层面的电子资源管理系统来完成，一般把电子资源管理系统定义为电子资源的选择、评估、获取、维护等相关信息和工作流程的管理，并根据商业协议和授权规定为读者提供有效的资源访问方式[16]。

国内外的电子资源管理系统的发展已经有30年左右的历史，在图书馆的应用获得了一定的成绩，尤其在统一资源管理方面获得较好的应用效果[17]。

在智慧图书馆阶段，电子资源管理系统还需要从以下几个方面进一步的完善和发展：一是需提供更加灵活和易用的数据接口，把一些原来接入有一定技术或操作难度的信息系统，比如图书馆自建的信息系统也接入进来进行统一的管理；二是要更加适应大数据平台，最好能和图书馆的大数据平台进行融合，在电子资源管理系统层面对图书馆的大数据进行管理；三是研究和云计算、大数据、人工智能相结合的技术，根据电子资源信息系统运行情况，在网络、存储、内存、CPU等硬件方面进行自动或人为配置和优化，使得各个电子资源信息系统保证一个最优或较优的运行状态，大大提高图书馆硬件资源的利用率；四是把大数据和人工智能技术应用于电子资源管理系统，在软件层面对各个电子资源系统的运行进行优化。

智慧化的电子资源管理系统可以和电子资源推荐系统整合在一起，更好地对图书馆各种电子资源系统进行优化，实现智慧化电子资源的管理、访问、控制和推荐。

7. 参考咨询管理

高校图书馆参考咨询服务主要包括图书馆馆员为读者解答有关图书馆数据资源的所有疑问和困惑，比如信息资源参考咨询、馆内提供的服务业务、办公室咨询接洽服务等[18]。如果想做好参考咨询工作，一是需要知识，二是需要智慧。这里的知识包括图书馆的各种业务以及资源的情况，智慧则需要馆员在掌握知识的前提下有一个升华，更好的满足读者提出的各种咨询服务。

由于人本身知识水平的限制，所以难免出现馆员针对一些具体问题的解答让读者不尽满意。而随着大数据、人工智能等技术的发展，让计算机代替馆员对现有的图书馆各种数据进行处理和学习，从而具有一定的智慧，只要技术水平足够高，那么计算机的智慧水平就可以高到足以给读者提供较为满意的咨询。

让计算机代替或辅助馆员进行参考咨询已经有了初步的尝试，随着人工智能的发展与机器学习在专家系统、自动推理、自然语言理解、智能机器人等领域的应用为这种应用提供了可能[19]。

智慧化的参考咨询信息系统一定要建立在图书馆大数据的基础上，并采用人工智能等技术进行实现，只有这样，计算机通过对图书馆的各种数据进行机器学习，才可能产生一定的智慧。在智慧化参考咨询信息系统的基础上，可以通过智能微信[20]、智能 QQ[21]、智能机器人[22]、智能在线问答[23]等方式或工具为读者提供智慧化参考咨询服务。目前这些方式的技术水平还处于初级阶段，相信随着智慧图书馆阶段的到来，这些工具会变得更加智慧，可以提供更加人性化的服务。

8. 座位管理

图书馆的座位管理常用的是自习室和讨论室的座位管理。图书馆座位预约系统是为了解决图书馆座位预约管理的问题，将座位实时信息与数据库以及前端页面结合起来，方便图书馆管理员管理座位的同时，也为读者使用座位提供一个统一的、方便的路径，使座位使用效率与使用秩序有较大的提升[24–26]。

目前图书馆的座位管理基本上都是信息系统，还没有上升到智能化管理。虽然目前有的研究尝试采用了物联网[27]、北斗导航[28]、区块链[29]等较为先进的技术对座位进行管理。如何对座位管理产生的数据进行分析，目前还处于空白阶段[30]。

在智慧化图书馆阶段，座位的选择应该实现智能化，各个分馆、各个楼层、各个自习室的选座及使用应该做到人数比较均衡，尽量避免有的车水马龙，有的门可罗雀。智能选座系统也可以基于读者的专业、喜欢、自习室学习情况的数据进行分析，从而为读者提供智能座位推荐。当然，如果想实现这些功能，就需要数据及相关的算法，数据不仅是座位管理系统本地的数据，还可能有其他系统的数据，算法一般是数据挖掘、人工智能算法。另外，自习座位和讨论室座位要分开研究。

9. 读者画像

读者画像一般可以和其他信息系统结合起来，比如每种信息系统都可以有一种读者画像，当然图书馆也可以建设馆层面的总体读者画像。读者画像一般可以分三种，一种是本馆读者的总体画像，一种是本馆读者的分群体画像，再有就是读者的个体画像。文献［31—33］偏向于对分群体画像，而文献

[34,35]偏向于个体的画像。

文献[36]利用用户画像方法和技术，构建读者的个人画像与群体画像，并综合两者所反映出的读者借阅行为特征，实现图书的个性化推荐。

读者画像的低层技术都用到了数据挖掘、人工智能等技术，目前需要进一步地对数据进行整合，对各种因素考虑的要更加全面，另外画像的实时性也需要进一步的探讨。在智慧图书馆阶段，还需要与其他信息系统进行融合，从而从总体和全面的角度对读者群体和读者个人进行画像。

10. 决策智慧化

管理就是决策，在图书馆的管理中，面临着很多一个又一个的决策，比如在图书馆服务[37,38]、采访采购[39,40]、咨询[41,42]等方面。借鉴文献[43]，我们认为图书馆的智慧化决策，就是以图书馆的需求为目标驱动，以图书馆丰富的文献资源、数据资源为基础，结合馆员专业的文献搜集技能和情报分析方法，在建立图书馆层面的共享数据中心及大数据分析平台的基础上，采用人工智能技术为图书馆提供决策支持的信息系统。在图书馆层面，决策涉及的因素很多，在大数据的基础上，如何逐步的实现馆层面决策的智慧化，是一个需要长期研究的问题。

11. 全面全方位的智慧化

以上论述的无非是智慧化图书馆这个“人”的四肢或身体器官，尽管只提到了几种功能。在全面全方位的智慧化层面，智慧图书馆就像拥有“大脑”的一个完整的人一样智慧。这个“大脑”可以把身体各个部分的数据和感应进行再加工，从而具有一个全面全方位的智慧。从某个层面来说，本书提出的智慧图书馆这个“人”和数据中台有异曲同工之妙。

数据中台的概念来自于阿里巴巴“大中台，小前台”业务战略下的数据化实践，是关于“数据价值化和数据资产化”的一整套解决方案，内容包括数据中台方法论、组织、数据产品三个方面。数据中台定位于计算后台和业务前台之间，其关键职能与核心价值是大数据以业务视角而非纯技术视角出发，智能化构建数据、管理数据资产与提供数据调用、数据监控、数据分析与数据展现等多种服务。承技术启业务，是建设智能数据和催生数据智能的引擎；关注着与大数据能力相关的上下游，以大数据为中轴线，基于技术而又深入业务，它

以数据产品 + 数据技术 + 方法论 + 场景实现的综合性输出，同时为智能化数据、技术极致提升和数据智能化业务负责[44]。

智慧图书馆这个“人”的身体就是一个数据中台，那么他做出的各种表情和动作就是前台。在数据中台的技术发展到一定的阶段，或者有专业的智慧图书馆数据中台出现，那么智慧图书馆的建设水平会有一个极大的飞跃。

8.2　考虑的主要因素

本书在第一章提出了一种新的智慧图书馆概念，并以高校图书馆为例提出了一种智慧图书馆技术架构，随后的章节主要介绍和论述了各种技术及其在图书馆的应用情况，本章的第一节从技术的角度，谈了一下智慧图书馆的建设设想。为了实现“我懂你”和“我帮你”的智慧图书馆，从宏观的角度，还需要考虑以下五个因素[1]：

第一，要有需求。需求就是图书馆到底想干什么？想做什么？智慧图书馆的建设涉及很多方面、很多层次、很多技术。不可能一个图书馆一下子全部实现“智慧化”，就是参考其他图书馆的成功案例，也不可能一步到位，因为别的图书馆需求未必是你的需求，别人理解的智慧图书馆也未必和你理解的一样。所以说必须明确自己的需求，这是建设智慧图书馆的前提。比如，对一个高校图书馆来说，购买纸质书和电子书，在总经费一定的前提下，如何分配购买纸质书和电子书的款项以达到最大的效益或最优的效果？具体购买纸质书或电子书的时候，购买什么专业的、哪个出版社的、中文的还是外文的，等等，才能最大化的满足读者的需求？所有这些问题都需要根据本校的经费情况、学科建设情况、特色专业情况等因素综合考虑，不可能原封不动的全盘引进其他高校的成功案例就能实现。所以说建设智慧图书馆，对高校图书馆来说，必须首先了解和明确师生、学校、馆员等人的“智慧”需求，依此需求进行智慧图书馆的建设，才能真正做好“以人为本”的服务。

第二，要有数据。在有需求的前提下，必须有相关的数据做支撑。没有数据的智慧图书馆就像“无源之水，无本之木”。比如图书馆想分析读者借书信息和读者学习成绩之间的关系，那么没有读者的学习成绩，谈何分析？所以说数据要满足智慧图书馆建设的需要，不仅需要图书馆的信息系统产生的数据，而且还需要高校其他业务系统的数据。另外数据一般分结构化的数据和非结构化的数据，结构化的数据容易理解，比如学生的学号、年龄、班级等数字或文本信息，非结构化的数据包括很多，比如办公文档、文本、图片、XML，HTML、各类报表、图像和音频 / 视频信息等等。所以说有了数据，还要有大数据的管理平台，否则对数据连起码的管理都实现不了，更勿论数据分析。

第三，要有算法。明确需求了，相应的数据也有了，那么怎么实现智慧呢？必须有算法，当然一些算法还是智能算法。智慧图书馆的建设需要给只懂“0”和“1”的计算机赋予“智慧”，根据目前计算机的体系结构，只能用算法、智能算法来实现。当然算法有很多，只有在明确需求和获得相关数据以后，才能选择合适的算法去实现“智慧”。同时，智慧图书馆的“智慧水平”随着算法的进步而提高。

第四，要有人。对高校图书馆来说，这里的“人”包括图书馆的管理者（馆领导、有关校领导）、全体馆员、读者三种。要建设智慧图书馆，都要群策群力，共同努力，三者缺一不可。文献［45］认为：馆长是图书馆管理的核心，馆长的创新意识决定着图书馆的改革进程；服务是图书馆员的天职，改革创新是全面提高图书馆服务质量的动力。在智慧图书馆的建设中，管理者的角色主要是建设的引导者、项目实施的负责者、各种需求的决策者、所有工作的支持者等；馆员的角色主要是项目的实施者、需求的提出者、服务的反馈者、利用平台进行服务者等；馆员之中直接负责智慧图书馆建设的馆员，必须了解和掌握相应的计算机技术，比如数据库、人工智能、大数据、智能算法、软件开发等相关知识。当然智慧图书馆的建设也离不开广大的读者，其主要角色就是“上帝”，其对提供的服务满意不满意是检验智慧图书馆建设工作成败的关键。

第五，要有财。没有相关充足资金的支持，智慧图书馆这个大厦不可能拔地而起。

总之，可以把智慧图书馆建设比作一个人的成长，“需求”可比作这个人的大脑，这个人想成为什么样的人由大脑决定，“数据”是血肉，“算法”是骨骼，“人”是这个人的家长、导师、引导者，“财”就是这个人成长的费用。

在智慧图书馆的建设中，五个因素既彼此独立又互相联系，缺一不可。只有五个因素互相协调、和谐共进才能让图书馆实现具有一定“智慧”。这里的“一定”指的是一个层次，以后会随着技术的发展，智慧的图书馆会更加“智慧”，最终实现真正意义上的“我懂你”和“我帮你”。

本章主要参考文献

[1] Haibo Zhang, Peifa Lin, Xiaoyan Li. The Construction of University's Smart Library[C].Asia-Pacific Social Science and Modern Education Conference (SSME 2018),Sep.,20,2018:12-15.

[2] 张海波.智慧图书馆概念研究综述及再认识[J].内蒙古科技与经济,2019(11):112-113.

[3] 张海波.智慧图书馆功能架构研究综述及再认识[J].大众科技,2019,21(04):120-122.

[4] 周聪,张德林.基于机器学习的图书智能采编模式的构建[J].中华医学图书情报杂志,2018,27(12):43-49.

[5] 陈慧香,邵波.国外图书馆领域用户画像的研究现状及启示[J].图书馆学研究,2017(20):16-20.

[6] 何娟.基于用户个人及群体画像相结合的图书个性化推荐应用研究[J].情报理论与实践,2019,42(01):129-133,160.

[7] 杜亮,朱广智.基于图书预约数据的大学生阅读倾向研究[J].大学图书情报学刊,2014,32(05):86-90.

[8] 彭美玲.中文图书预约数据分析和馆藏优化策略——以内蒙古大学图书馆为例[J].图书馆学刊,2016,38(10):62-66.

[9] 郝艳艳.基于读者荐购系统的高校图书采访模式优化策略研究[J].中国管理信息化,2019,22(18):181-182.

[10] 王欢,郭春阳.中文图书预约数据分析与馆藏建设优化策略——以黑龙江东方学院图书馆为例[J].上海高校图书情报工作研究,2018,28(04):49-54.

[11] 谢玲.高校中文图书荐购数据分析及启示——以武汉大学图书馆为例[J].图书馆杂志,2019,38(07):37-43.

[12] 李澎林,郑莉,李伟.一种基于数据挖掘的图书荐购模型研究[J].浙江工业大

学学报,2019,47(01):80-85.

[13] 杨爱英,魏群义,杨新涯.电子资源管理现状分析及改进构想[J].图书馆杂志,2018,37(11):40-46.

[14] 刘佳音.国内高校数字资源利用效能综合评价研究[D].武汉大学,2013.

[15] 李阔.电子文献资源的推荐方法研究[J].电子技术与软件工程,2019(22):170-172.

[16] 张文竹,邵波.电子资源管理系统的研究现状与演进趋势探析[J].图书馆学研究,2019(04):10-16.

[17] 陈大庆.电子资源管理系统的发展及未来思考[J].大学图书馆学报,2014,32(03):74-79.

[18] 张玲.借助大数据提升高校图书馆参考咨询服务能力[J].榆林学院学报,2019,29(06):113-114,117.

[19] 邢海鑫.数字参考咨询的智能化推荐模式研究[D].辽宁师范大学,2018.

[20] 马坤.智能时代图书馆微信平台咨询服务研究——以江苏省本科院校图书馆为例[J].图书馆工作与研究,2019(04):91-95.

[21] 褚乐玮.浅谈QQ在图书馆实时参考咨询服务中的运用[J].中国科技信息,2013(19):81-82.

[22] 王婷婷.IM智能机器人在图书馆实时参考咨询中的应用与改进[J].晋图学刊,2018(01):9-12.

[23] 胡潇戈,戚越,王玉琦,等.面向智能问答的图书馆参考咨询知识库体系设计及构建[J].图书情报知识,2019(05):101-108,119.

[24] 李海华.华南农业大学图书馆座位自动管理系统初探[J].农业图书情报学刊,2015(1):29-32.

[25] 成继福.图书馆座位预约系统的设计与实现[J].河南科技学院学报(自然科学版),2019,47(02):72-78.

[26] 于琦.高校图书馆智能化管理研究——以河南财经政法大学图书馆座位预约系统为例[J].创新科技,2018,18(03):93-96.

[27] 李艺,王世佳,吴佳丽,等.基于物联网的校园自习室可用座位的统计及引导系统[J].电脑编程技巧与维护,2015(16):67,74.

[28] 陶帅,刘瑞,邹精龙,等.基于北斗定位系统的自习室座位索引系统研究[J].科技与创新,2016(17):10-12.

[29] 艾琼,杨晨,游林.高校图书馆讨论室新型预约系统的设计与实现[J].计算机应用与软件,2019,36(06):26-30.

[30] 储文静,储昭辉,许晓云.基于座位管理系统数据的图书馆读者自习行为探究[J].图书馆研究,2017,47(05):107-112.

[31] 姚龙飞,何利力.基于云模型理论的群体用户画像模型[J].计算机系统应用,2018,27(06):53-59.

[32] 徐海玲,张海涛,张枭慧,等.基于概念格的高校图书馆群体用户兴趣画像研究[J].情报科学,2019,37(09):153-158,176.

[33] 邱云飞,张伟竹.基于网络结构和文本内容的群体画像构建方法研究[J/OL].图书情报工作:1-10[2019-12-09].https://doi.org/10.13266/j.issn.0252-3116.2019.22.003.

[34] 李雅.基于读者用户画像的高校图书馆精准化服务研究[J].农业图书情报学刊,2018,30(12):108-111.

[35] 潘宇光.高校智慧图书馆读者信息需求的用户画像[J].合肥工业大学学报(社会科学版),2018,32(02):113-119.

[36] 何娟.基于用户个人及群体画像相结合的图书个性化推荐应用研究[J].情报理论与实践,2019,42(01):129-133,160.

[37] 刘敏,卫芸.高校图书馆开展决策支持服务的实践探索与思考——以杭州师范大学图书馆为例[J].图书馆研究,2019,49(03):45-49.

[38] 李媛.高校图书馆决策支持服务研究概述[J].图书馆学刊,2018,40(12):67-71.

[39] 雷悦.高校图书馆图书采访决策研究[J].教育现代化,2018,5(26):255-257.

[40] 王卫霞.基于用户数据挖掘的图书馆图书采访决策模型研究[J].图书馆学刊,2017,39(10):1-4.

[41] 徐路,程煜,姜晔.智库视角下图书馆决策咨询服务策略研究[J].图书馆研究与工作,2019(03):30-34.

[42] 施雁冰.图书馆循证决策咨询研究:概念及运用[J].图书馆建设,2018(01):60-64,70.

[43] 李峰,马芳珍,张春红,等.我国高校图书馆决策支持服务的调查与思考[J].大学图书馆学报,2017,35(02):56-61.

[44] 谭虎.详解阿里云数据中台[N].中国信息化周报,2019-10-28(014).

[45] 程焕文,王蕾.21世纪高校图书馆管理的新理念[J].大学图书馆学报,2003,(02):15-21.

后　记

一年多的思考，一年多的写作，几千份文献和资料的浏览和参考，精心打造的这块“小砖头”终于要粉墨登场了。爱也罢，厌也罢，这块“小砖头”仅是参与智慧图书馆大厦建设的一块小砖头，或者一片小瓦片；另外也希望这块“小砖头”的掷出能把真正的玉给引出来。

智慧图书馆涉及技术众多，本书仅是把认为比较重要的技术及应用论述了一下，还有很多技术需要进一步的补充。

除引用的观点以外，书中本书作者的一些观点比较主观，在没有全面全方位地实现图书馆智慧化之前，仅是本书作者在这方面的一些思考和设想。

受个人眼界和知识水平所限，不妥之处，希望业内专家、读者批评指正！

张海波

2020 年 1 月